Klaus Teuber

Mein Weg nach Catan

Für Claudia, meine Familie und Reiner

MIX
Papier aus verantwortungsvollen Quellen
FSC® C014496
FSC www.fsc.org

Umschlaggestaltung: Nele Schütz
unter Verwendung einer Fotografie von lichtpunkt, Michael Ruder
Redaktion: Juliane Voorgang
Layout: Nakischa Scheibe
Satz: Satzwerk Huber, Germering
Druck und Binden: GGP Media GmbH, Pößneck
Printed in Germany

ISBN 978-3-7844-3547-3

KLAUS TEUBER

Mein Weg nach CATAN

LANGENMÜLLER

INHALT

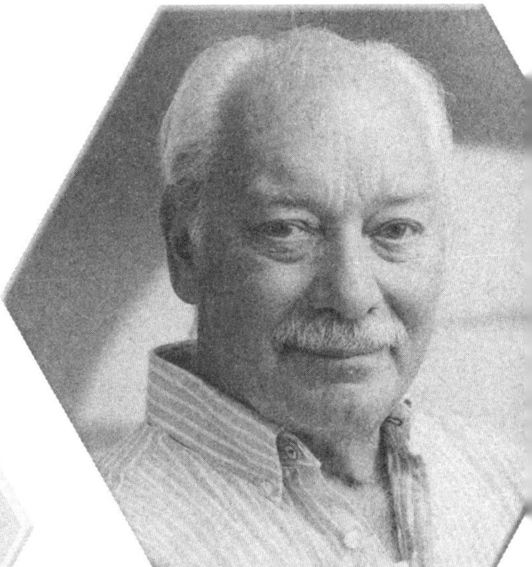

VORWORT – ERFOLG HAT VIELE VÄTER

Die Sehnsuchtsinsel Catan steckt voller Überraschungen. Die zweieinhalb Zentimeter lange catanische Straße zum Beispiel. In der Spielregel steht: Die längste Straße bringt Siegpunkte! Die Gesamtlänge aller Straßenstückchen reichte, als dieses Buch erschien, vom Kosmos-Verlag in Stuttgart weit, weit über die Antipode Waitangi auf der Nordinsel von Neuseeland hinaus. Die tatsächliche Strecke führt wahrscheinlich locker um den Äquator. Doch bei der weltweiten Verbreitung von Catan lässt sich das nicht mehr ermitteln, sondern nurmehr schätzen.

Catan ist ein Welterfolg. Selbst wenn man die Anfrage bei Google auf die deutsche Sprache einschränkt, bringt die Suche nach *Die Siedler von Catan* weit über 600.000 Ergebnisse. Das Wort *Catan* allein führt zu über 17 Millionen Einträgen. Da möchte man doch allzu gern wissen, welches Geheimnis dahintersteckt.

Spieler lassen sich ja normalerweise ebenso wenig in die Karten schauen wie Spieleautoren. Klaus Teuber macht mit diesem Buch eine Ausnahme. Er lüftet die Geheimnisse seines großartigen Erfolgs. Und wirft damit eine spannende Frage auf: Gibt es ein Rezept, ein übertragbares System, wie aus einer Idee ein auflagenstarkes, weltweit gesuchtes Spiel wird? Was lässt sich von *Die Siedler von Catan* lernen?

Jede Buchhandlung bietet haufenweise Ratgeber an, wie man zu Erfolg und Ansehen kommt. Wie auch immer formuliert, laufen alle Erkenntnisse stets aufs Gleiche hinaus: Es müssen zwei Einflussgrößen zusammenkommen. In erster Linie sind es natürlich die persönlichen Eigenschaften. die Rahmenbedingungen müssen aber schon auch dazu passen. Sozusagen: die richtige Idee, das richtige Verhalten am richtigen Ort und zur richtigen Zeit.

Wenn Klaus Teuber seinen Lebensweg beschreibt, werden alle erfolgsträchtigen Eigenschaften sichtbar. Er arbeitet an jedem Detail mit beharrlichem Fleiß. Er glaubt an seine Ideen. Claudia, seine Frau, bestärkt ihn und hält ihm den Rücken frei. Das Familienleben ist intakt. Und er hat die unschätzbare Gabe, die richtigen Freunde und Weggefährten zu finden, sie für seine Ideen zu begeistern und in seinen Erfolg einzubinden.

Klaus Teuber ist ein Mensch wie du und ich. Er sieht oder liest, was wir alle sehen oder lesen können. Doch was ihn unterscheidet, ist die Vorstellungskraft, Vorgänge im realen Leben oder Erzählungen aus Büchern in einen ereignisreichen, nachvollziehbaren Ablauf zu bringen. Er gestaltet erlebte Wirklichkeit, aber auch fiktive Welten als reales Modell.

Ein Modell muss vereinfachen. Es ist ja naturgemäß kleiner als die Vorlage. Klaus Teuber hat den Blick für das Wesentliche und konzentriert sich darauf, den Kern einer Geschichte, einer Erzählung, eines Vorgangs oder eines Ereignisses klar und sauber strukturiert darzustellen. Zierrat, Schnörkel, Verästelungen lässt er weg, auch wenn die Verlockung noch so groß ist, sie zu erhalten oder gar auszuwalzen.

Klaus Teuber war zur rechten Zeit am rechten Ort. Als *Die Siedler von Catan* erschien, war die Auszeichnung „Spiel des Jahres“ in gut eineinhalb Jahrzehnten zu einem mächtigen Multiplikator herangewachsen. Mit Reiner Müller hatte er einen Partner gefunden, der für Catan eine revolutionäre Form einer Regel erfunden hatte. Denn das gab es bis dato noch nicht, dass man ein komplexes Spiel rasch aufbauen und nach der Lektüre von acht kurzen Sätzen spielen konnte. Die Kombination aus spannendem Spiel und einer umwerfend neuen Regelform hat uns damals in der Jury von Anfang an überzeugt.

Doch ein weiterer glücklicher Umstand musste hinzukommen,

um die *Siedler* auf die Startrampe zum Welterfolg zu schieben. Natürlich war es damals auch Insidern der Branche nicht bekannt, dass das Management der Verlagsgruppe, zu der auch Kosmos gehört, den bis dahin defizitären Spielebereich aufgeben wollte. Trotz des *Sherlock Holmes Criminal Cabinet*, das zehn Jahre vor *Catan* unter dem Label Franckh-Kosmos zum „Spiel des Jahres“ gewählt worden war, liefen die Spiele einfach nicht. Das änderte sich mit den Siedlern schlagartig. Dahinter stand mit Michael Fleissner ein kluger, zupackender Chef der Verlagsgruppe und mit Axel Meffert ein ebenso kluger, zupackender Manager des Kosmos-Verlags. Damit begann ein Zahnradwerk zu laufen. Klaus Teuber baute die Welt der *Siedler* systematisch aus, Kosmos wuchs rapide und wurde rasch zum begehrten Verlag auch für andere Autoren.

Zur rechten Zeit am rechten Ort: Den *Siedlern* fiel es leicht, die wunderbare, leuchtend bunte Insel einzunehmen, die begeisterte Spieler inzwischen zu einer ganzen Welt des Spiels ausgeweitet hatten.

Und damit ist das Geheimnis des Erfolgs von Klaus Teuber entschlüsselt: ein fantasievoller, aufmerksamer Blick auf sein Umfeld, die kreative Verkleinerung der Welt in einem Modell, Fleiß und Geduld, der Mut, die eigenen Ideen immer wieder auf den Prüfstand zu stellen und notfalls auch alles wieder zurück auf Start zu setzen. Dazu Familie, Freunde und Partner. Eben die richtige Idee zur richtigen Zeit am richtigen Ort. Zur Nachahmung empfohlen!

Tom Werneck
Journalist und Gründungsmitglied „Spiel des Jahres“

PROLOG

„Wie kamen Sie auf diese Idee?“ So lautet die häufigste Frage, die mir von Journalisten in den vergangenen Jahren zu *Catan* gestellt wurde Die Frage selbst ist einfach. Die Antwort hingegen ist es nicht.

Eine Idee kommt nicht von heute auf morgen. Es gibt immer eine Vorgeschichte, die eine Erfindung bis zur Reife nährt. Auch *Catan* hat diese Vorgeschichte, die schon in meiner Kindheit begann. Eine Vorgeschichte, die mir heute wie ein großes Puzzle vorkommt.

Einige Puzzleteile stehen für Wendungen und Zufälle in meinem Leben, die mir heute – mit Abstand betrachtet – wie das launige Werk des Schicksals erscheinen, das mich partout nicht von einem mir bestimmten Weg abkommen lassen wollte. Von einem Weg, den ich mir nicht ausgesucht hatte.

Jeder Mensch stellt sich wohl die Frage, wer oder was für sein Schicksal verantwortlich ist. Sind es mythische Figuren wie die Nornen, die am Fuße des Weltenbaums die menschlichen Geschicke spinnen? Sind es göttliche Mächte, die unseren Lebensweg schon bei unserer Geburt vorherbestimmt haben, oder ist es der blanke Zufall, der erbarmungslos mit schlechten oder Glück verheißend mit guten Ereignissen in unser Leben grätscht? Ich neige dazu, dem Zufall den Vorzug zu geben. Doch mit dem Zufall kann man nicht reden, nicht mit ihm hadern oder ihn gar beschimpfen. Er ist zu abstrakt. So bemühe ich in meiner Geschichte einen Geist, der mir auf meinem Weg nach *Catan* in meinen Träumen begegnet und die Rolle des Zufalls übernimmt.

Andere Puzzlestücke stehen für Menschen, die kleinere oder größere Rollen auf meinem Weg nach *Catan* spielten. Erst als alle Puzzlestücke zusammenpassten, konnten *Catan* und nicht zuletzt sein großer Erfolg entstehen.

Dieses Buch ist keine Autobiografie im üblichen Sinne. Hätte ich eine Geschichte über mein bisheriges Leben verfasst, wäre *Catan* im Hintergrund geblieben. In den Vordergrund hätte ich dann meine Familie und liebe Freunde gerückt, die auf meinem Lebensweg eine große Rolle spielten. Es gibt viele schöne, manchmal auch traurige Erlebnisse mit ihnen, über die ich hätte berichten können. Da sie aber keine Puzzlestücke meines Weges nach *Catan* sind, habe ich – oft schweren Herzens – darauf verzichtet, sie in diesem Buch zu erzählen.

Auf den folgenden Seiten werde ich das Puzzle meines Weges nach *Catan* zusammensetzen. Wenn ihr, liebe Leser, mir dabei über die Schulter schauen möchtet, seid ihr herzlich willkommen.

MEIN BERUFSWUNSCH-GEIST

Mit sieben Jahren hatte ich einen Traum, in dem mir ein Geist erschien. Es war ein traditioneller Geist, wie ich ihn aus meinen Bilderbüchern kannte. Er verbarg seine Gestalt unter einem weißen Tuch mit zwei Augenschlitzen.

Sein Anblick erinnerte mich an meine liebe Großmutter Anna, die meinen Glauben an das Christkind, den Nikolaus und den Osterhasen unabsichtlich mit einem Schlag vernichtet hatte.

Ich war fünf Jahre alt, als sie mir am Weihnachtsabend als Christkind erschien. Meine Großmutter hatte sich einen halb durchsichtigen Stoff übergezogen. Wahrscheinlich hatte sie sich kurzfristig ihrer Gardinen bedient, die sie am nächsten Tag wieder aufhängen würde. Ihre Verkleidung hatte allerdings keine Löcher für die Augen. In den 50er-Jahren des vergangenen Jahrhunderts hatten die meisten Menschen gewiss nicht so viel Geld, wegen eines – wenn auch geliebten – Enkels ihre teuren Gardinen zu ruinieren.

Ich erinnere mich, wie ich das vermeintliche Christkind erstaunt und ehrfurchtsvoll anblickte. Das Christkind war für mich auf die Erde gekommen? Welche Geschenke würde es mir bringen? Erwartungsvoll stand ich da, als es sich zu mir hinunterbeugte und mir einen schmatzenden Kuss durch die Gardine gab. Mein schöner Glaube an das Christkind war mit einem Mal erloschen. So inbrünstig küsste mich nur meine Großmutter Anna. Selbst durch eine Gardine. Und das echte Christkind wäre sicher nicht so füllig gewesen. Damit verpufften auch meine Illusionen vom Osterhasen und vom Nikolaus. Alles Lug und Trug! Wenn auch aus meinem kindlichen Paradies verstoßen, genoss ich dennoch meine Geschenke an diesem Heiligabend.

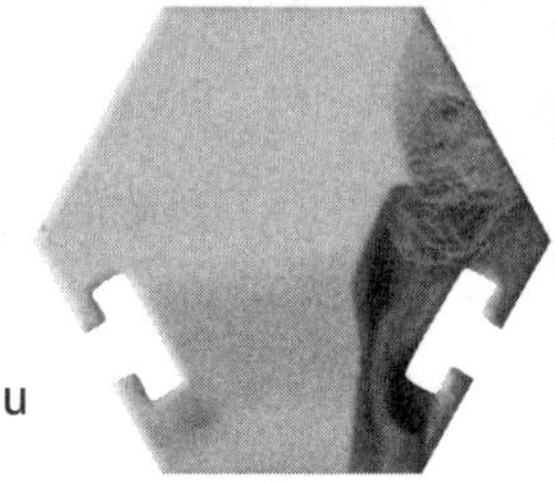

„Hallo, kleiner Junge", meldete sich der Geist etwas ungeduldig zu Wort. „Ich bin nicht deine Oma. Ich bin ein wahrhaftiger Geist und du sollst MIR gefälligst zuhören!"

Da der Geist keine Anstalten machte, mich zu küssen, steckte hinter seiner Verkleidung wohl tatsächlich nicht meine liebe Großmutter Anna. „Ja, Herr Geist", antwortete ich höflich und widmete ihm mit weit offenen Augen meine volle Aufmerksamkeit. Seltsamerweise empfand ich keine Furcht vor ihm. Vielleicht lag es an seiner großväterlichen, vertrauenerweckenden Stimme, vielleicht aber auch daran, dass die Geister in meinen Kinderbüchern immer nur gute Vertreter ihrer Zunft waren.

„Also", sprach der Geist, „ich bin dein Berufswunsch-Geist. Daher frage ich dich: Was möchtest du denn gern einmal werden?"

Darüber hatte ich mir noch keine Gedanken gemacht. Ich überlegte lange. Mir fiel nichts ein. Der Geist räusperte sich. Mir fiel danach auch nicht mehr ein.

Doch dann wusste ich plötzlich, was ich werden wollte! „Lieber Herr Geist, ich möchte ganz schnell groß werden!" Erwartungsvoll blickte ich die weiße Erscheinung an.

Ich wusste, wenn man groß war, gab es keine Langeweile mehr, die für kleine Jungen und Mädchen meist so unerträglich war.

Ich hatte jedenfalls nie das Gefühl, meine Eltern hätten sich gelangweilt. Beide waren immer rund um die Uhr beschäftigt. Mein Vater hetzte zur Arbeit und kam gehetzt zurück. Meine Mutter kochte freudig mittags und abends die leckersten Speisen, die meinen Vater im Lauf der Nachkriegsjahre zu einem stattlichen Mann heranreifen ließen.

Heute würde man die damalige physische Präsenz meines Vaters schlicht als „zu dick“ bezeichnen. In den 50er-Jahren aber galt Körperfülle als Zeichen des Wohlstands und des Erfolgs. Kein Wunder, denn die Erinnerung an den Krieg, der viele Menschen ihrer Heimstatt beraubte und sie hungern und frieren ließ, war in der Nachkriegszeit in den Köpfen der Menschen noch präsent.

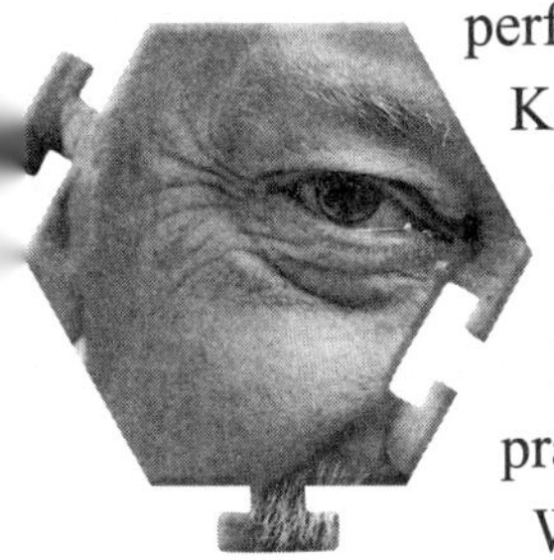

Wenn meine Mutter nicht gerade kochte, putzte oder spülte, umsorgte sie mich. Schließlich war ich ein Einzelkind, auf das sie zwangsläufig alle Fürsorge konzentrierte. Da ich keine Geschwister hatte, mit denen ich mich balgen und streiten konnte, bedankte ich mich für die Fürsorge meiner Mutter mit kleinen Streichen. So hatte ich sicher einen nicht zu unterschätzenden Anteil daran, dass sie selbst in ihren Koch- oder Putzpausen nie Langweile empfand. Nach einem besonders gelungenen Streich setzte es dann schon mal eine leichte Backpfeife. Die war damals leider noch ein gebräuchliches Erziehungsmittel, half letztlich aber auch gegen Langeweile.

Der Geist hüstelte. „Hallo, kleiner Junge, die Langeweile kleiner Kinder und deine Eltern sind nicht unser Thema. Wenn du brav deine Butter auf dein Brot streichst und es auch isst, wirst du sicher zumindest mittelgroß werden. Aber ich bin dein Berufswunsch-Geist und ‚schnell groß werden‘ ist kein Beruf. Also noch mal: Was möchtest du werden?"

Vergangene Woche war ich mit meinen Eltern am Bahnhof gewesen, die dort eine Freundin abholten. Die vielen Züge, die anhielten, abfuhren oder einfach nur durch den Bahnhof ratterten, hatten mich fasziniert. Gespannt blickte ich den Geist an: „Ich möchte Lokomotivführer werden!"

„Ahhhrg", stöhnte der Geist, „nicht das schon wieder, das wünschen sich fast alle Buben. Ich bin es so leid, immer denselben Wunsch erfüllen zu müssen. So viele Züge kann es niemals geben, dass so viele Jungen Lokomotivführer werden könnten. Bitte, überleg doch noch mal."

Der Geist war resigniert in sich zusammengesackt und seine Stimme hatte brüchig und kläglich geklungen. Anscheinend hatte man nicht nur als Kind, sondern auch als Geist von Zeit zu Zeit Langeweile. Ich bekam Mitleid mit ihm und überlegte fieberhaft. Eisverkäufer? Rennfahrer? Fußballer? Das waren alles Berufswünsche, die meine Klassenkameraden ständig aufzählten. Aber würde ich sie äußern, würde der Geist wohl noch weiter verzweifeln.

Ich erinnerte mich an das Kartenspiel „66", das ich mit meiner Oma Anna gern spielte. Gerade gestern hatten wir die Karten wieder hervorgeholt. Das Spiel war toll und ich wollte es immer und immer wieder spielen. Meine Oma leider nicht. Unter dem Vorwand, das Abendessen zubereiten zu müssen, zog sie sich geschickt aus der Affäre. Ich fügte mich murrend meinem Schicksal. Schließlich hatte sie in den zwei Stunden zuvor schon als geduldige Passagierin eines mit allen in der Wohnung verfügbaren Stühlen und Sesseln nachgebauten Eisenbahnwaggons ihre Pflicht erfüllt. Natürlich war ich der Lokomotivführer und Schaffner in einer Person, der sich äußerst aufopferungsvoll um seinen einzigen Fahrgast kümmerte.

Plötzlich kam es mir so vor, als würde die helle Birne Daniel Düsentriebs, des genialen Erfinders in meinen Comics, über meinem Kopf aufglimmen. Ich hatte eine Erleuchtung. „Herr Geist, ich weiß jetzt, was ich werden will! Spieleerfinder!"

Der Geist zuckte und wurde wieder ein kleines bisschen größer. „Spieleerfinder? Das ist etwas Neues, wirklich etwas

Neues", murmelte er und schaute eine Weile in eine Glaskugel, die – wie aus dem Nichts – vor ihm aufgetaucht war. „Mein lieber Junge, das wird eine große Herausforderung für mich, dich auf deinem Weg zum Beruf des Spieleerfinders zu begleiten. Das wird schwer, sehr schwer."

„Warum schwer?", hinterfragte ich. „Ich denke mir etwas aus, bastle ein bisschen und dann spielen alle fröhlich mein Spiel."

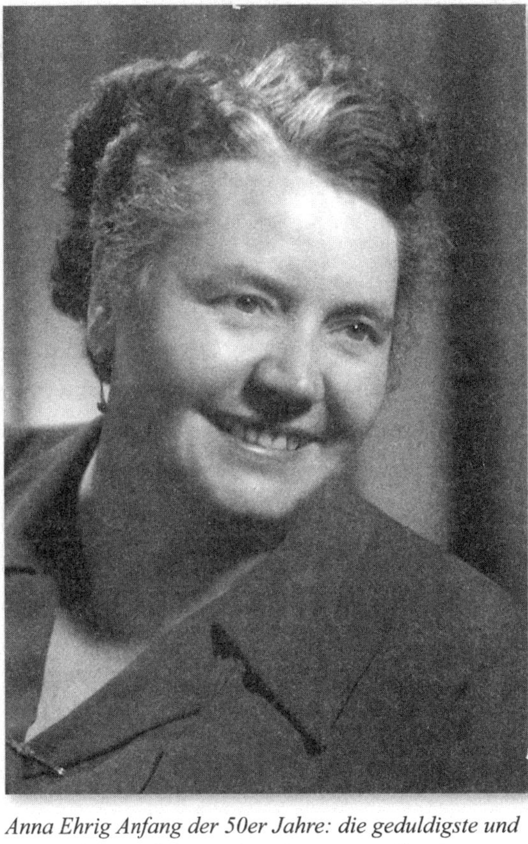

Anna Ehrig Anfang der 50er Jahre: die geduldigste und liebevollste Großmutter, die ich mir vorstellen kann.

„Wenn das Ausdenken eines Spiels so einfach wäre, wie du glaubst, und jeder einfach mal so ein Spiel erfinden könnte, das die Menschen erfreut, dann würden alle Menschen sehr oft glücklich miteinander spielen. Tun sie das denn?"

Nein, das taten sie nicht, musste ich zugeben.

Meine Eltern spielten kaum. Dazu hatten sie einfach keine Zeit oder nahmen sich keine. In den 50er-Jahren des 20. Jahrhunderts galt es aufzubauen, Wohlstand zu mehren und die Gräuel des vergangenen Krieges zu vergessen. Spielen wurde den Kindern überlassen, die manchmal – wenn sie Glück hatten – eine liebende, aufopferungsbereite Großmutter oder einen gutmütigen Großvater zum Mitmachen überreden konnten.

„Also fangen wir an, dich auf deinen Weg zum Beruf des Spieleerfinders vorzubereiten", dozierte der Geist. „Zunächst musst du träumen lernen, um kreativ sein zu können." Der Geist zögerte einen Moment. „Entschuldige, kleiner Junge, sicher verstehst du nicht, was ‚kreativ' bedeutet. Ich meine mit ‚kreativ', du musst lernen, in deinen Gedanken ins Jenseits des Alltäglichen zu reisen, um Unbekanntes zu entdecken."

„Träumen kann ich schon", erwiderte ich stolz. „Gestern habe ich mein erstes Zeugnis erhalten. Dort steht drin: ‚Klaus träumt sehr oft. Seine Leistungen leiden darunter.' Das ist doch ein erstklassiges Zeugnis für einen angehenden Spieleerfinder", triumphierte ich.

Tatsächlich bekam ich in der ersten Klasse nicht viel vom Unterricht mit. Oft sah ich aus dem Fenster und sinnierte über die Comics, die ich gelesen hatte. Comics wie *Tarzan*, *Falk* oder *Sigurd*. Ich malte mir aus, wie meine Helden im nächsten Band agieren könnten. Oder ich fantasierte, wie ich die Feinde noch heldenhafter in die Flucht geschlagen hätte.

Manchmal überlegte ich auch nur ganz profan, wie ich auf dem Nachhauseweg von der Schule am besten den Rabauken ausweichen konnte, die es ganz besonders auf kleine Jungs abgesehen hatten, die gern träumten. Offenbar waren meine Überlegungen hilfreich, denn verprügelt wurde ich nie.

Der Geist unterbrach meine Gedanken: „Hey Junge, du hast ja schon ganz glasige Augen! Wach auf! Du hast mich überzeugt. Offenbar kannst du sogar im Traum träumen. Aber träumen zu können allein reicht nicht. Du musst auch gut in der Schule sein und viel lernen."

Träumen und gut in der Schule sein? Das passte für mich gar nicht zusammen und ich machte den Geist darauf aufmerksam.

„Irgendwann wirst du lernen, deine Träume zu zügeln, mein lieber Junge. Spätestens in der Pubertät ...", flüsterte er mehr zu sich selbst als zu mir.

Der Geist erhob seine Stimme wieder. „Aber das ist bei Weitem nicht alles, was du können musst. Um ein Spieleerfinder zu werden, brauchst du viele Fähigkeiten: Du musst zeichnen und malen können, handwerklich geschickt sein und dich schriftlich verständlich ausdrücken können. Von keinem dieser Talente solltest du jedoch zu viel besitzen. Ansonsten könntest du dich womöglich verirren und gar ein Maler, Schriftsteller oder Bildhauer werden. In Anbetracht deines Berufswunsches möchtest du das doch sicher nicht, oder?"

Ich schüttelte den Kopf, eher aus Furcht vor der zuletzt fast drohenden Stimmlage des Geistes als aus Verständnis für das, was der Geist von sich gab.

„Weiterhin solltest du Menschen gut einschätzen können und ihre Bedürfnisse verstehen. Du solltest dich mit Freude der Geografie und der Geschichte widmen, dir zumindest durchschnittlich gute mathematische Kenntnisse aneignen und lernen, nicht ziellos, sondern kreativ zu träumen. Du musst Spiele lieben und dich mit ihnen beschäftigen. Außerdem musst du …"

Mir wurde schwindelig. Die Stimme des Geistes nahm ich nur noch als unangenehmes Gebrabbel wahr. Das war einfach zu viel für mich. So vieles sollte ich in meiner Zukunft leisten, um Spieleerfinder zu werden? Ich bekam Angst. Hatte ich den falschen Berufswunsch geäußert? Vielleicht konnte ich den Geist doch noch überzeugen, dass er mich lieber auf dem Weg zum Lokomotivführer begleiten sollte? Ohne innezuhalten, fuhr der Geist gnadenlos fort:

„… und dann, mein lieber Junge, wenn du dich gut vorbereitet hast, brauchst du Zufälle, die dich auf den richtigen Weg bringen. Viele, viele Zufälle", seufzte der Geist. „Für die Zufälle bin ich zuständig. Ich kann Weichen für deine Zukunft stellen. Leider bin ich auch nicht unfehlbar, und ich gebe zu, manchmal muss ich würfeln. Schließlich bin ich nicht Gott, sondern nur ein Geist. Meine Weichenstellungen werden dir nicht immer gefallen, aber sie sind ab sofort dein Schicksal. Ich werde mein Bestes geben."

Gefährlich gütig klang die Stimme des Geistes, als er verschwand und ich traumlos weiterschlummerte.

Am nächsten Morgen hatte ich den Traum vergessen und damit auch den Berufswunsch, den ich dem Geist gegenüber geäußert hatte.

ANGELSPIELE

Als ich ein kleiner Junge war, nahm mich mein Großvater Heinrich, der Mann meiner Großmutter Anna, oft mit zum Angeln an die Mümling im Odenwald. Ihm gehörte das Fischereirecht an einem idyllisch gelegenen Stück des schmalen Flüsschens, ganz in der Nähe meines Geburtsortes Rai-Breitenbach.

Mein Großvater war ein erfolgreicher Autohändler und gewiefter Geschäftsmann, der vor dem Krieg zwei Mietshäuser in Darmstadt gekauft hatte. Beide waren im Zweiten Weltkrieg zer-

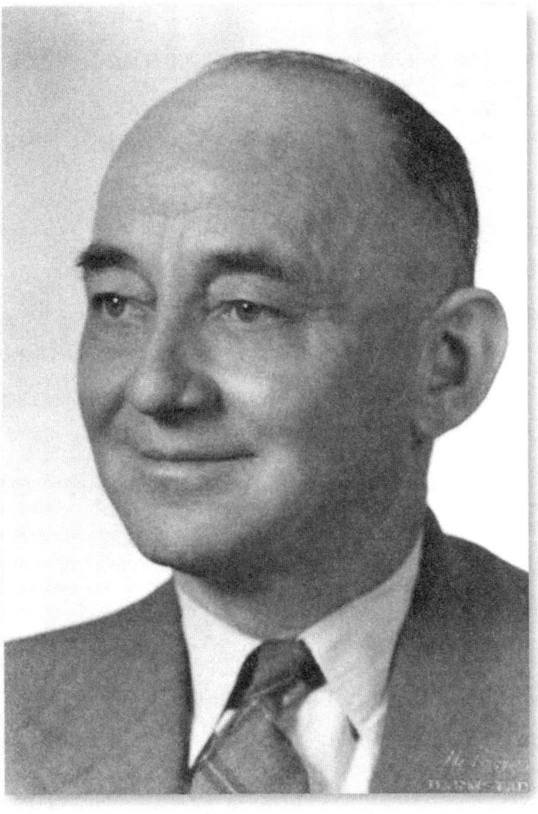

Mein Großvater Heinrich Ende der 50er Jahre.

stört worden. Nur sechs Jahre nach Kriegsende hatte er sie wiederaufgebaut.

Immer wenn ich bei ihm war, zum Beispiel in seinem schicken Mercedes auf der Fahrt von Darmstadt zur Mümling, fühlte ich mich geborgen und beschützt, geborgener als bei jedem anderen Menschen meiner Familie. Mein Großvater strahlte gleichermaßen Autorität, Kraft und Dynamik aus. Ich spürte auch Härte in ihm, die er wohl haben musste, wenn er in der rauen Geschäftswelt bestehen wollte, aber auch eine große Herzenswärme, die er mir jedoch nicht so überschwänglich angedeihen ließ wie meine Großmutter Anna. Es waren kleine Gesten, kurze Blicke seiner Augen, flüchtige Berührungen, die ich aber gerade wegen meiner großen Zuneigung zu ihm besonders intensiv wahrnahm.

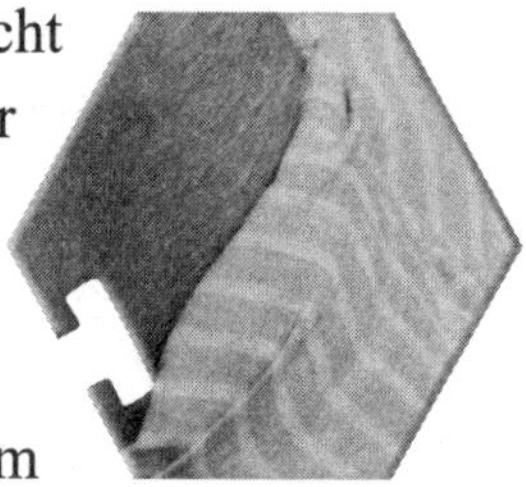

Mein Großvater Heinrich spielte zwar nicht Karten mit mir wie Großmutter Anna, aber er brachte mir das richtige Angelspiel bei, das unvergleichbar spannendender war als das öde Angelspiel, das ich als Kind von meinen Eltern geschenkt bekommen hatte. Nachdem ich ein paarmal mittels eines an einer Schnur befestigten Magneten ein paar Fische und einen Stinkstiefel aus einer Box aus Pappe gefischt hatte, landete das Spiel ziemlich schnell in einer Ecke meines Zimmers und blieb zukünftig unbeachtet.

Wenn mein Großvater und ich unsere Angeln auswarfen und uns auf unseren Klappstühlen niederließen, schwiegen wir meist. Mein Großvater hatte mir weisgemacht, die Fische würden verschreckt und nicht anbeißen, wenn wir auch nur flüsterten. Als ich älter war und selbst Kinder hatte, schmunzelte ich über diese dreiste Lüge. Mit ihr hatte er sich eine Auszeit von meinem meist belanglosen Kindergeplapper gestohlen, um etwas Zeit für die Ordnung seiner Gedanken zu haben.

Wenn wir beieinandersaßen und meist stumm auf die Schwimmer unserer Angelruten starrten, war es mir selten langweilig. Meine Neugier war einfach zu groß auf den Fisch, der in meiner Vorstellung bestimmt schon im trüben Wasser mit meinem am Haken befestigten Wurm kokettierte und gleich zubeißen würde.

Wenn dann plötzlich der Schwimmer meiner Angel unter die Wasseroberfläche gezogen wurde und die Spitze der Rute zuckte, war es so weit: Ein Fisch hatte sich an meinem Köder verhakt. Handelte es sich um ein größeres Exemplar, übernahm mein Großvater die ersten Male den Kampf, was hieß: Schnur lassen, um dem Fisch trügerische Freiheit zu geben, Schnur einziehen und wieder ein wenig lassen. Letztlich war es das Ziel, den Fisch zu ermüden, um ihn dann am Ufer ohne große Mühe mit dem Kescher einzufangen. Später, als ich genug gelernt hatte, ließ er mich allein walten.

Jeder Fang, und es gab nicht wenige, war ein grandioser Höhepunkt für mich. Er war die Belohnung für das geduldige Warten zuvor. Geduld zu üben, um ein Ziel zu erreichen, hatte ich beim Angelspiel mit meinem Großvater gelernt, was mir später bei der Entwicklung meiner Spiele zugutekam.

HEIMATKUNDE

An meine Grundschulzeit kann ich mich nur noch schwach erinnern. Trotz der Langeweile, die ich im Unterricht empfand, müssen sich meine Träumereien in Grenzen gehalten haben, denn ich brachte in meinen ersten vier Schuljahren zumindest durchschnittliche Noten nach Hause. Noten zwischen Zwei und Drei mit Tendenz zur Drei. Eine Vier hatte ich regelmäßig in der Kopfnote „Aufmerksamkeit“. Vor der Fünf hatten sich meine Lehrerinnen wohl geziert.

Nur eine Eins prangte in meinem Zeugnis. Diese erhielt ich regelmäßig im Fach Heimatkunde. Ich liebte die alten, muffig riechenden, an den Kanten eingerissenen Landkarten, die im Unterricht ausgerollt wurden. Ich liebte es, in Gedanken in ihnen zu reisen. Über Gebirge in Brauntönen, grüne Täler, blaue Flüsse und Seen. Zu Hause klappte ich oft meinen Schulatlas auf und vertiefte mich in die Landschaften. Gegen Ende meiner Grundschulzeit malte ich eigene Karten, erstellte Geländeprofile und erfreute mich an dem selbst gemalten Auf und Ab zwischen grünen Tälern und bewaldeten Bergen.

Als die Wetterau Unterrichtsthema war, lehrte uns unsere Lehrerin, dass die mittelhessische Landschaft die Kornkammer Hessens sei. Dieser Satz hatte sich tief in mein Gedächtnis eingeprägt. Denn als ich in späteren Jahren mit meiner Frau erstmals durch die Wetterau fuhr, erklärte ich ihr, dass wir gerade durch die Kornkammer Hessens fuhren. Diesen Satz muss ich wohl jedes Mal geäußert haben, wenn wir danach wieder die Wetterau durchquerten. Irgendwann kam mir eines meiner Kinder zuvor und fragte mich kurz nach Frankfurt mit einer Mischung von gut gemeintem Spott und listiger Erwartung, wo wir denn jetzt hinfuhren. Ich konnte nur eine Antwort geben: „In die Wetterau,

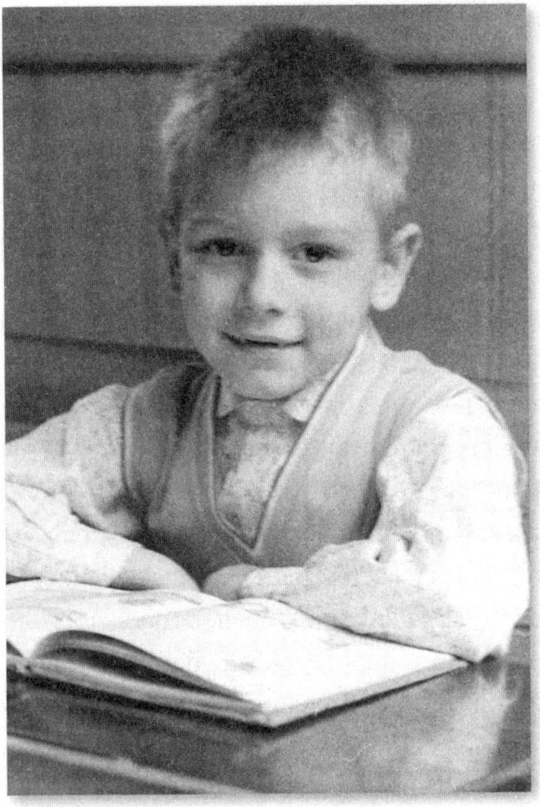

Im April 1959 saß ich zu Beginn der ersten Klasse brav vor einem Buch, das ich noch nicht lesen konnte.

die Kornkammer Hessens." Diese Frage wird mir seitdem immer wieder gestellt, wenn wir Frankfurt in Richtung Norden verlassen. Die Neckerei meiner Familie wurde zu einer Tradition, gegen die ich mich jedes Mal etwas sträube, die ich aber letztlich doch gern über mich ergehen lasse.

Am Ende der vierten Klasse wurde es ernst. Es ging um die Frage, ob ich reif für den Besuch eines Gymnasiums sei. Ich erinnere mich, wie meine Lehrerin meine Eltern besuchte. Meine

Eltern gingen mit ihr ins Wohnzimmer und schlossen die Tür. Ich ahnte: Hinter der Tür verhandelten die gedämpften Stimmen über meine Zukunft. Ich verstand nichts, aber vermutete nichts Gutes. Offenbar war ich kein leichter Fall. Wann kam denn schon mal eine Lehrerin zu den Eltern?

Meine Mutter und mein Vater hatten beide einen Volksschulabschluss. Ich weiß heute, meine Mutter Anita war sehr intelligent. Sie hatte in der damaligen Zeit aber keine Chance, ihre Intelligenz für eine selbstbestimmte Zukunft zu nutzen. Ihr Bruder durfte studieren und wurde Gymnasiallehrer. Meiner Mutter aber wurde von ihren Eltern beschieden, dass sie heiraten würde und ihrem zukünftigen Mann als Mutter seiner Kinder und als Hausfrau zur Seite zu stehen habe. Eine Ausbildung sei für eine Frau verschwendete Zeit.

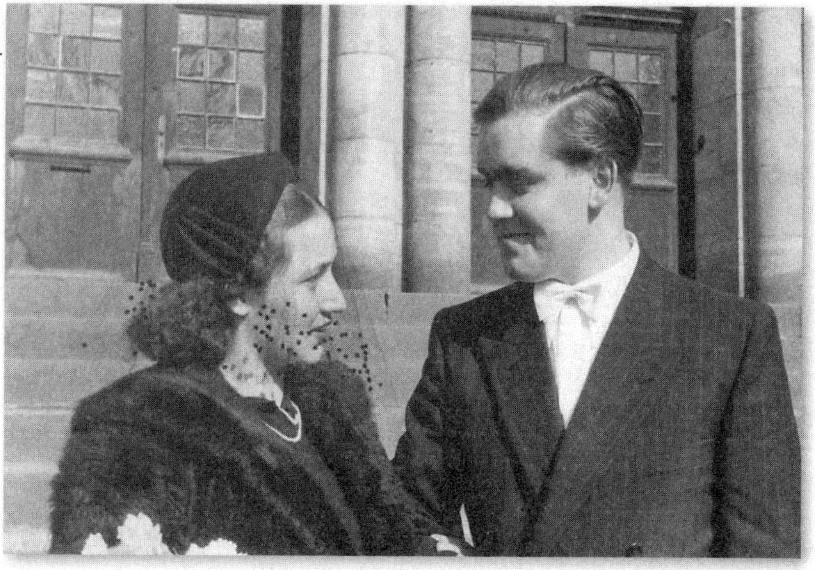

Bei der Hochzeit meiner Eltern Anita und Klaus Helmut im März 1952 war ich schon dabei – wenn auch nicht als Augenzeuge.

Meine Mutter konnte gut singen, sie hatte großes Talent für die Schauspielerei, sie war wortgewandt und stets diejenige, die in einer Gesellschaft im Mittelpunkt stand. Doch sie hatte keine andere Möglichkeit, als die ihr auferlegte Bestimmung anzunehmen, wie viele Mädchen in den 50er-Jahren und die vielen Mädchen und Frauen in den vielen Jahren zuvor.

Mein Vater Klaus wurde im Jahr 1944 mit 17 Jahren zur Wehrmacht einberufen. Er durchlitt wie viele junge Menschen jener Zeit unschuldig die letzten Kriegstage und geriet gegen Ende des Krieges in Gefangenschaft, die vier lange Jahre währte. Mein Vater war ein lieber, ruhiger, wortkarger Mensch. Ich glaube, ohne das Temperament meiner Mutter, das ihn immer wieder wachrüttelte, wäre sein Leben sehr viel eintöniger und weniger erfüllt gewesen. Auch wenn er oft meiner dominierenden Mutter nachgab, setzte er in einigen wichtigen Belangen, die mich betrafen, seinen Willen durch. Einer dieser wichtigen Belange betraf meine Liebe zu Comics. Mein Vater war der festen Überzeugung, Comics machten dumm und ließen die Fantasie verkümmern.

Eines Tages, für mich wie ein Blitz aus heiterem Himmel, verbot er mir, Comics zu lesen. Meine geliebten Comics verschwanden in einem abgeschlossenen Schrank. Warum sie nicht im Ofen landeten, ist mir bis heute ein Rätsel. Vielleicht hatte meine kluge Mutter ein Hintertürchen offen gehalten?

Oft saß ich vor diesem Schrank und trauerte. Nur ein blöder Schlüssel trennte mich von meinen Schätzen, trennte mich von den Welten Falks, Sigurds, Tarzans oder Nicks, des tapferen Weltraumfahrers.

Ich bemerkte, dass meiner Mutter meine Trauer nicht entgangen war. Um ihr Mitleid zu fördern, saß ich jeden Tag etwas länger vor dem verschlossenen Schrank. Zumindest so lange, bis die Sehnsucht nach meinen Comics von der untätigen, letztlich drögen Sitzerei so sehr geschwächt war, dass ich mich erhob und mich anderen Tätigkeiten zuwandte.

Schließlich gab meine Mutter ihrem Mitleid nach. Hin und wieder benutzte sie den nun nicht mehr so verhassten Schlüssel, schloss den Schrank auf und ließ mich in meinen Comics schwelgen. Natürlich nur, wenn mein Vater nicht da war. Und das war er meistens.

Manchmal brachte sie mir sogar einen neuen Comic mit, der dann auch im Schrank verschwand – allerdings erst nachdem ich ihn gelesen hatte.

Eines Tages blieb der Schrank offen, auch wenn mein Vater zu Hause war. Er verlor kein Wort darüber. Ich wusste nicht, was sich hinter den Kulissen abgespielt hatte. Aber ich ahnte es.

Allzu lang dauerte meine Liebe zu Comics dann auch nicht mehr. Ich fand mehr Gefallen an Büchern. An *Lassie*, *Fury* und wenig später dann an den Büchern Enid Blytons.

Ich bin meiner Mutter heute sehr dankbar, dass sie ein Einsehen mit mir hatte. Denn die Comics beflügelten meine Fantasie und stärkten meine Fähigkeit, kreativ zu sein. Meinem Vater habe ich sein Verbot nie nachgetragen. Er handelte in dem festen Glauben seiner Zeit, Comics seien schädlich für Kinder.

Meine Eltern wollten für mich, ihr einziges Kind, nur das Beste, und die Ausbildung auf einem Gymnasium sollte der erste Schritt sein. Mein Vater, der als Zahntechnikermeister inzwischen das von meinem Großvater 1936 gegründete Dentallabor leitete, wünschte sich für mich eine Zukunft als Zahnarzt, und meine Mutter hoffte wohl, dass mir mit bestandenem Abitur alle Wege offen standen, für die ich mich eignete und die ihr verwehrt geblieben waren.

Trotzdem folgten sie dem Rat meiner Lehrerin. Ich kam nach der vierten Klasse nicht ins Gymnasium, sondern in die fünfte Klasse der Volksschule, wie sie damals noch hieß.

Das war gut so, denn noch immer war ich oft zu verträumt. Und das nicht nur in der Schule, sondern auch bei anderen monotonen, sich wiederholenden Tätigkeiten. Ab meinem zehnten Lebensjahr gehörte es zu meinen täglichen Pflichten, zwei leere Eimer drei Stockwerke tiefer in den Keller zu tragen, sie dort mit Kohle zu befüllen, um sie dann wieder drei Stockwerke hoch in die elterliche Wohnung zu schleppen. Eine andere Pflicht war es, meinen Eltern Bier zu besorgen. Praktischerweise befand sich im Erdgeschoss unseres Hauses ein italienisches Restaurant. So musste ich mit einem leeren Bierkasten in der Hand nur zwei Stockwerke überwinden, die schwere Stahltür öffnen und stand dann schon vor der Küche der Gastwirtschaft. Dort wurde mein leerer Bierkasten gegen einen vollen ausgetauscht. Die Angestellten in der Küche kannte ich gut und sie mochten mich. Als ich noch etwas jünger war, durfte ich ihnen beim Belegen von Pizzen helfen und die eine oder andere Margheritha sogar vom Ausrollen des Teiges bis zur Beschickung mit Käse allein herstellen.

Als mich meine Eltern eines Tages zum täglichen Kohleholen abkommandierten, stieg ich zwei Stockwerke hinab, öffnete gedankenversunken mit einem Ellenbogen unter großer Anstrengung die schwere Stahltür ein Stück, zwängte mich mühsam mit meinen beiden Eimern durch den entstandenen Spalt und stand danach etwas erschöpft am Eingang der Küche – in jeder Hand einen leeren Kohleeimer.

Mit einem Schlag war ich hellwach und erkannte, dass ich mit falschem Gerät am falschen Ort gelandet war. Die Angestellten brachen in schallendes Gelächter aus. Ich murmelte etwas Unverständliches und verließ, sicher mit hochrotem Kopf, den Ort der Peinlichkeit.

Auch in der fünften Klasse ging der Großteil des Unterrichts fast spurlos an mir vorbei. Ich kann mich heute noch nicht einmal daran erinnern, wie die Klassenlehrerin hieß. Immerhin fand ein Spruch von ihr Eingang in mein Gedächtnis: Noblesse oblige – Adel verpflichtet. Dieser Spruch kam ihr immer über die Lippen, wenn ein Schüler sich unsozial verhalten hatte. Seltsam. Denn weder ich noch einer meiner Mitschüler waren adelig. 27 Jahre später gab ich einem meiner Spiele genau diesen Titel.

EIN NEUER ANFANG

Trotz meiner durchschnittlichen Noten gab es Fürsprecher im Lehrerkollegium der Darmstädter Goethe-Schule, die mir nach der fünften Klasse den Sprung ins Justus-Liebig-Gymnasium ermöglichten. Warum sie sich für mich einsetzten, kann ich mir bis heute nicht erklären. Vielleicht war es die Eins in der Kopfnote „Betragen“, die ihr Wohlwollen gefördert hatte?

Denn betragen konnte ich mich. Dafür hatte meine Mutter gesorgt. Ihre Erziehung war so eindringlich, dass ich sogar „Guten Tag“ sagte, wenn ich die Verkaufshalle unseres Kaufhofs in Darmstadt betrat. Dass mich keiner der vielen Leute dort zurückgrüßte, irritierte mich schon etwas. Nach einigen Malen der Missachtung meiner Höflichkeit verzichtete ich auf das „Auf Wiedersehen“ beim Verlassen des Kaufhofs. Wenig später kam mir dann auch kein „Guten Tag“ mehr über die Lippen.

Am ersten Tag im Gymnasium hatten alle ihr Abschlusszeugnis von der Grundschule mitgebracht. Ich staunte. Meine neuen Klassenkameraden hatten fast alle Noten zwischen Eins und Zwei mit der Tendenz zur Eins. Meine Zweier und Dreier mit Tendenz zur Drei nahmen sich dazwischen mehr als bescheiden aus. Ich fühlte mich als Exot in meiner neuen Umgebung und hatte keine Hoffnung, das Abitur jemals zu bestehen.

Doch ich schaffte es. Zum einen wurde ich auf dem Gymnasium richtig gefordert, zum anderen hatte ich gelernt, meine Träumereien zu kontrollieren. Ich wurde nach einem hoffnungslosen Start von Jahr zu Jahr besser. Als ich 1972 das Abitur machte, war ich der Zweitbeste meiner Klasse.

In den ersten Jahren schlich sich sogar eine Eins in mein Zeugnis. Nein, die Eins erhielt ich nicht in der Kopfnote „Betragen“. Das hatte hormonbedingt eher etwas nachgelassen. Die Eins bekam ich regelmäßig im Fach Geschichte. So wie ich früher in Gedanken gern Länder und Landschaften durchstreift hatte, faszinierte mich jetzt die Reise in andere Epochen. Ich liebte mein Geschichtsbuch, das mich in die Zeit der alten Ägypter, Griechen und Römer entführte. Ich verblüffte meine Lehrerin, als ich ihr in chronologischer Reihenfolge alle römischen Kaiser aufzählte – inklusive der Daten ihrer Regierungszeiten. Heute weiß ich, dass es nicht jeder Kaiser wert gewesen war, von mir aufgezählt zu werden.

„Hallo, mein lieber Junge, ich bin's, dein Berufswunsch-Geist. Ich hoffe, du kannst dich an meinen letzten Besuch noch erinnern?"

Da ich träumte, konnte ich das.

„Wenn ich dich so anschaue, kommst du mir schon viel aufgeweckter vor. Das ist gut. Gut ist auch, dass du dich mit Geografie und Geschichte befasst hast. Das wird dir gewiss weiterhelfen. Schlecht ist, dass du noch keine so richtig leidenschaftliche Beziehung zum Spiel hast. Ich befürchte, ich muss jetzt zum ersten Mal eine Schicksalsweiche für dich stellen."

Ich erschrak. Eine Schicksalsweiche stellen? Das klang übel. Das bedeutete hoffentlich nicht, mein Hund Dickie würde krank werden oder meine Lieblingswurst, Bierschinken, würde aus dem Angebot der Metzgerei verschwinden.

Der Geist hatte meine Furcht mitbekommen und sprach beruhigend weiter: „Keine Angst, mein Junge, ich muss nur deine Eltern ein wenig schubsen, damit sie dir etwas Passendes zum Geburtstag schenken ..."

EIN SPIEL BEGEISTERT MICH

Auch wenn meine Eltern sehr selten Gesellschaftsspiele mit mir spielten, hatten sie trotzdem wahrgenommen, dass ich sie mochte. Und da sie nur das Beste für ihren Sohn wollten, schenkten sie mir Spiele an Geburtstagen oder an Weihnachten. Ich bewahre heute noch einige meiner ersten Spiele in meinem Archiv auf.

Ich liebte es, ein neues Spiel zu öffnen. Die geöffnete Schachtel verströmte einen für mich unverkennbaren und unwiderstehlichen Geruch nach Pappe, Druckfarben und Holz. Unwiderstehlich, weil dieser Geruch ein Abenteuer versprach, das in der Schachtel wohnte und das ich ihr entlocken konnte. Zunächst erlebte ich das Abenteuer eines Spiels meist allein. Das waren eigentlich die schönsten und intensivsten Erlebnisse. Wenn ich es dann mit Freunden spielte, gab es oft Missverständnisse, denen Streit, Ärger und oft der Abbruch des Spiels folgten. Eher selten wurde eine Partie wiederholt.

Im Jahr 1965, zu meinem 13. Geburtstag, schenkten mir meine Eltern das Spiel *Römer gegen Karthager* von der Firma Hausser. Ich geriet ganz aus dem Häuschen, als ich die große Schachtel auspackte und einen martialisch aussehenden römischen Soldaten auf dem Cover erblickte.

Was für ein fantastisches Spiel! Schon das Öffnen der Schachtel war ein Genuss. Ein prächtig bemalter Spielplan mit Wäldern, Grasland, Hügeln und einem Fluss in der Mitte. Und tolle Figuren: römische Legionäre, karthagische Soldaten, Reiter und ein Kriegselefant. Das waren keine billigen 08/15-Gummifiguren, sondern detailgetreu gestaltete Kunststoffkrieger. Ich war begeistert, denn jetzt konnte ich Geschichte spielen. Überschwänglich dankte ich meinen Eltern. Wie waren sie nur auf diese tolle Idee gekommen?

Bei dem im Jahr 1964 erschienenen Spiel *Römer gegen Karthager* geht es um eine Schlacht im Zweiten Punischen Krieg. Auf der einen Seite stehen die Römer mit ihrer starken Reiterei, auf der anderen Seite die Karthager mit ihren fast unüberwindlichen Kriegselefanten. Treffen sich zwei gegnerische Figuren, kämpfen sie gegeneinander. Die Würfel entscheiden, welche Figur den Kürzeren zieht und den Fährmann im Hades trifft.

Wer zuerst den gegnerischen Feldherrn schlägt oder das Feld mit der gegnerischen Fahne erobert, gewinnt. Eugen Oker schrieb im Jahr 1964 in der ZEIT über *Römer gegen Karthager:*

„Da macht einfach alles Spaß: der Spielplan (natürlich in historischer Treue), die Schwertfuchtler und Lanzenwerfer und schnellen Reiter und der wuchtige Elefant und die edlen Feldherren. Hasdrubal und ... ja, wer ist der andere? Livius, Porcius, Nero? Man suche sich einen aus."

Ich spielte zunächst allein. Abwechselnd schlüpfte ich in die Rolle der Römer und der Karthager. Auf Dauer war das doch etwas eintönig, da Strategie und Taktik der beiden Parteien eindeutig immer dieselbe Handschrift trugen. Schließlich lud ich meine Freunde zum Spielen ein. Klar, auch bei diesem Spiel gab es Streit um Regelauslegungen. Aber wir einigten uns immer, und nie brachen wir das Spiel ab. Es machte uns einfach zu viel Spaß.

Irgendwann wollten wir mehr. Eine größere, abwechslungsreichere und variable Landschaft, größere Armeen, noch mehr Strategie und Taktik.

Wir kauften uns von unserem Taschengeld neue Elastolin-Figuren der Firma Hausser. Das waren überwiegend germanisch oder wikingisch aussehende Kämpfer. Fortan spielten wir nicht mehr *Römer gegen Karthager,* sondern *Römer gegen Germanen.* Da die karthagischen Krieger ohnehin wie römische Legionäre aussahen, wurden sie ohne großes Federlesen ins römische Heer

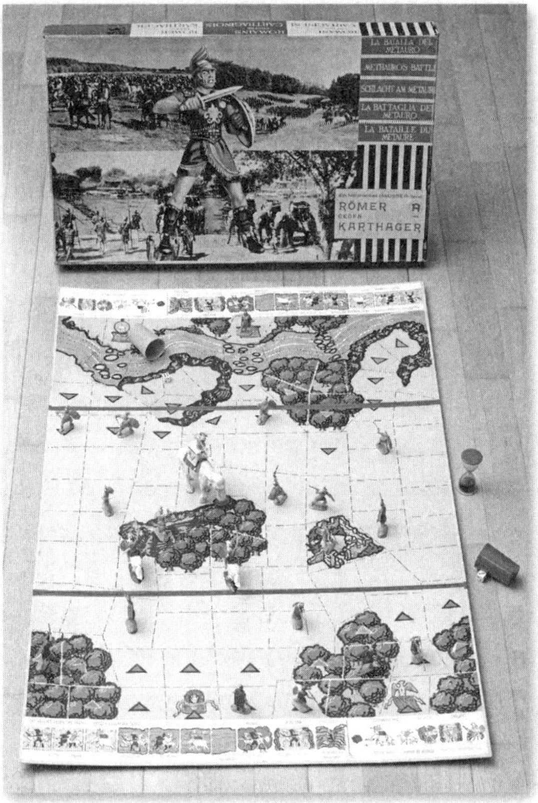

Der kampfbereite Römer meines damaligen Lieblingsspiels scheint zu brüllen: „Mach die Schachtel auf, du Milchgesicht, und spiel mit mir!“

integriert. Der Spielplan von *Römer gegen Karthager* blieb fortan in der Schachtel, ebenso wie der karthagische Kriegselefant, der nicht so recht ins germanische Umfeld passen wollte.

Der Boden meines relativ großen Kinderzimmers diente als Spielfeld. Die Umrisse der Landschaften markierten wir mit Wollfäden. Grüne Fäden umschlossen Wälder, braune Fäden Hügelland und blaue Fäden Flüsse oder Seen. In unserer Fantasie füllten wir die Leere zwischen den Wollfäden mit im Wind wogendem Grasland, sattgrünen Wäldern und sanft-welligem Hügelland.

Jeder Spieler hatte in einer Ecke eine Burg, in die geschlagene Krieger flüchten konnten. Besonders für die jeweilige Figur des Feldherrn war es überlebenswichtig, sich so zu retten. Denn der Spieler, der diesen verlor, verlor auch das Spiel. Und in der Burg ließ sich der Feldherr mit seinen ihm verbliebenen Mannen besser verteidigen.

Wenn ich mich recht erinnere, wurde in keinem unserer Spiele ein Feldherr geschlagen. Meist reichte die Zeit nicht, ein Spiel zu beenden. Als es einmal einem Feldherrn wirklich an den Kragen ging, behauptete sein Besitzer frech, dieser habe durch einen unterirdischen Geheimausgang seine Burg verlassen und rekrutiere neue Krieger. Bedrohlich hatte er seine gefallenen Krieger in einer Ecke des Fußbodens neu aufgestellt und zum Leben erweckt. Die Zombies warteten dann wohl nur noch auf ihren Anführer, der sich mühsam unterirdisch zu ihnen durchgrub.

Uns, seinen Widersachern, blieb der Mund offen stehen. Gab es da vielleicht Lücken im Regelwerk?

Die gab es leider zuhauf. Denn die erweiterten Möglichkeiten des Spiels schufen auch neue Regelfragen. Die erste Regel, die wir verfassten, legte die Bewegungsweite der einzelnen Figuren fest. Schließlich war der Boden meines Zimmers nicht in Felder unterteilt, wie wir es von dem originalen Spielplan her kannten. Also musste ein Maßband her. Pro Zug durften sich die Fußsoldaten eine bestimmte Anzahl von Zentimetern in eine beliebige Richtung bewegen. Reiter waren dreimal so schnell. Weitere Regeln folgten.

Um die Übersicht über die Regeln des Spiels zu erhalten, hielt ich die Regelfortschritte und -änderungen in einem kleinen Vokabelheftchen fest.

Nach einigen Monaten intensiver Kämpfe verlor sich unser Interesse an *Römer gegen Germanen.* Ich weiß heute nicht mehr genau, warum. Aber ich vermute, dass mein Vokabelheftchen, das ich heute leider nicht mehr besitze, vollgeschrieben war und mir die Regelfragen einfach über den Kopf gewachsen waren.

In dieser Zeit habe ich zwei Erkenntnisse gewonnen. Erstens, dass ein Regelwerk ein schweres Werk ist.

Zweitens, dass der Weg das Ziel ist. Diesen Spruch von Konfuzius kannte ich damals noch nicht. Aber mit unserer Erweiterung von *Römer gegen Karthager* hatte ich erlebt, dass ein Spiel auch befriedigen und Freude schenken kann, wenn man nicht gewinnt.

EXPERIMENTE

In dem Maß, in dem mein Interesse am endlosen Kampf der Römer gegen die Germanen schwand, wuchs mein Interesse an Chemie. Meine neue Leidenschaft begann mit einem Chemie-Experimentierkasten von Kosmos, den mir meine Eltern zu meinem 14. Geburtstag schenkten.

Als ich den Kasten zum ersten Mal öffnete, wollte ich ihn gleich wieder schließen. Es roch darin gar nicht nach einem Spieleabenteuer. Ein ganz anderer, fremder, aber nicht unangenehmer Geruch drang stattdessen in meine Nase. Ein Gemisch von Düften verschiedener Chemikalien, die schließlich doch meine Neugier weckten.

Noch an meinem Geburtstag vertiefte ich mich in das Experimentierbuch und fand Gefallen an den vielen Experimenten.

Als meine Mutter mich an den folgenden Tagen fröhlich mit Feuer, Säuren und Laugen hantieren sah, schlichen sich zunehmend Sorgenfalten in ihr Gesicht. Im Geist sah sie wohl schon, wie ich mich schreiend unter meinem in Flammen stehenden Schreibtisch wälzte, die Hände verzweifelt an das von Salzsäure verätzte Gesicht gepresst.

Als Erstes, beschloss meine Mutter, musste eine feuerfeste Unterlage her, die meinen Schreibtisch vor den chemischen Angriffen schützte. Zweitens hätte die Experimentiererei sofort ein Ende, sollte sie mich ohne Schutzbrille erwischen.

Ein paar Tage später schleppte mein Vater eine große Platte aus Asbest an, die meinen Schreibtisch großzügig abdeckte. Ich konnte mich glücklich schätzen, dass mich meine Eltern vorsorglich nicht noch in einen Asbestanzug steckten.

Jedes Mal, wenn ich meine Experimente beendet und ordentlich alle Chemikalien und Geräte in der Schachtel verstaut hatte, reinigte ich die Asbestplatte grob und stellte sie danach aufrecht hin, um die letzten Reste Schmutz und Staub abzubürsten.

Mitte der 60er-Jahre war die karzinogene Wirkung von Asbest noch unbekannt. So hatte meine Mutter – unwissend, aber in bestem Glauben – den Teufel mit dem Beelzebub ausgetrieben. Immerhin hatte mein Schreibtisch dank der Asbestplatte keinen Schaden genommen. Und ich bis heute auch nicht. Toi, toi, toi.

Chemie wurde zu meinem neuen Lieblingsfach. Die Eins im Zeugnis war obligatorisch. Bis zum Abitur.

Inzwischen verschlang ich die *Perry-Rhodan*-Heftromane. Das kam nicht von ungefähr. Zum einen hatten mir meine Eltern ein dickes Buch über das Weltall geschenkt und zum anderen hatte ich mit zehn Jahren ein sehr eindrucksvolles Erlebnis, das mich den Sternen nahebrachte.

Meine Eltern hatten mich zu einer Tour durch den Odenwald mitgenommen. In einem abseits gelegenen Gasthaus kehrten wir abends ein. Nach dem Essen hielt ich es nicht länger in der verräucherten Gaststube aus und erkundete die Umgebung. Es war eine klare, mondlose Nacht. Eine Nacht mit einem so prächtigen Sternenhimmel, wie ich ihn zuvor noch nie gesehen hatte.

Ich ließ mich auf einer Wiese nieder, blickte in das funkelnde Sternenmeer der Milchstraße und staunte. Zum ersten Mal in meinem Leben fühlte ich Unendlichkeit. Das machte mich klein und unbedeutend, gleichzeitig aber auch groß und einzigartig. Denn ich war ein Teil dieser faszinierenden Welt und würde innerhalb einer winzigen Zeitspanne die Chance erhalten, Dinge zu gestalten und zu verändern.

Wenn ich einen Ort in meinem Leben heute als magisch empfinde, dann war es diese sternenumspannte Wiese im tiefen Odenwald. Denn sie berührte mich, gab mir Lebenskraft und steht noch heute so klar vor meinen Augen wie vor inzwischen fast 60 Jahren.

So begleitete ich Perry Rhodan gern auf seinen Reisen in die faszinierenden Weiten des Weltalls, was gut zu meinen Ausflügen in die Welt der Chemie passte.

Zusammen mit meinen Freunden Michael und Gerhard experimentierte ich mit Schwarzpulver, wovon meine Eltern allerdings nichts mitbekamen, da ich meine chemischen Studien in den Gewölbekeller unter dem Dentallabor meines Vaters verlegt hatte. Der hielt so einiges aus. Selbst den Zweiten Weltkrieg hatte er heil überstanden.

Wir bastelten Schwarzpulverraketen, die zwar recht weit in den Himmel düsten, jedoch nie so weit, dass sie Perry Rhodan zum Mond hätten tragen können. Auch wenn sie das in unserer Fantasie taten.

Unser Raketenversuchsgelände befand sich bei Gerhard auf dem Land. Mein Vater war so freundlich, Michael und mich hin und wieder dorthin zu fahren. Hätte er von den Raketen gewusst, die er gut verpackt im Kofferraum transportierte, wäre er wahrscheinlich weniger hilfsbereit gewesen.

Meine Freunde und ich waren uns sicher, dass wir bei unseren Feuerwerksbasteleien die nötige Sorgfalt walten ließen. Das änderte sich, als Gerhard seine Schwarzpulverraketen auf dem Heizungsradiator des elterlichen Wohnzimmers trocknete. Unerwartet wurde es dem Schwarzpulver zu heiß, und nachdem es munter explodiert war, war das halbe Wohnzimmer abgebrannt.

Danach war uns die Lust vergangen, unsere Raketen immer höher in den Himmel steigen zu lassen. Ich verlor das Interesse an meinem

Labor im Gewölbekeller. Der Staub, der sich über die vielen Chemikalien, Erlenmeyerkolben und Reagenzgläser zu legen begann, zeugte von meiner geschwundenen Leidenschaft, zu köcheln und zu experimentieren.

AUFBRUCH

Mit 16 Jahren, an der Schwelle zum Erwachsensein, eröffnete sich mir eine neue Welt. Ich pflegte erste Beziehungen zum anderen Geschlecht. Ich spielte Tennis – mehr schlecht als recht. Ich wurde zum Klassensprecher gewählt und veranstaltete Klassenpartys. Ich war in Aufbruchsstimmung. Ich wollte alles ausprobieren, was mich interessierte.

Ich kaufte mir Ölfarben und eine Leinwand. Als Erstes malte ich in Reminiszenz an meine Liebe zur Geschichte die Pyramiden mit einem im Sonnenuntergang glänzenden Nil davor. Währenddessen fühlte ich mich wie ein Zeitreisender. Als würde ich zu einem Teil der Geschichte vor über 5000 Jahren werden.

In einem der nächsten Bilder beschäftigte ich mich mit den gelangweilt und unnahbar wirkenden Schönheiten in der Disco, deren größtes Vergnügen es zu sein schien, jungen Männern, die nicht zu hundert Prozent angesagt waren oder ihrem absoluten Idealbild entsprachen, hochmütig einen Korb zu geben. Ich karikierte sie gesichtslos und beliebig austauschbar im schummrigen Licht hinter einer beleuchteten, leeren Tanzfläche.

Eines Tages gab mir Wilhelm, mein Großvater väterlicherseits, ein paar Ansichtskarten, die er von seinem Urlaub mitgebracht hatte. Er bat mich, ein stimmungsvolles Bild von Teneriffa zu malen, das er seiner Freundin als Erinnerung an die gemeinsame Zeit auf der schönen Kanareninsel schenken wollte. Stolz nahm ich den Auftrag an und war zufrieden mit dem Ergebnis. Noch etwas stolzer war ich, dass das erste meiner Bilder es als Geschenk in eine fremde Wohnung geschafft zu haben schien.

Heute glaube ich nicht, dass die Freundin meines Großvaters meine naive Malerei in ihrer Wohnung aufgehängt hatte. Die Beduinen und Kamele vor einer Oase, die man in der Sahara, aber nicht auf Teneriffa antraf, fanden wohl eher einen unrühmlichen Weg auf den Sperrmüll. Zumal ich das Wahrzeichen Teneriffas, den Teide, im Hintergrund des Bildes unterschlagen hatte.

Neben der Malerei schrieb ich auch Kurzgeschichten. Zum Beispiel von einem eitlen und zugleich pflichtbewussten Panzerkommandanten, der sich mit seinem Gefährt im Einsatz befand. Während der holprigen Fahrt seines Panzers versuchte er sich zu rasieren. Das war eine blutige Angelegenheit. Für jeden überfahrenen Feind eine zukünftige Narbe. Dumm war nur, dass die zurückgebliebenen Leichen gar keine Feinde gewesen waren, sondern zu seinen eigenen Leuten gehört hatten.

In einer anderen Geschichte stritten sich die Häuptlinge zweier steinzeitlicher Dörfer. Die Gründe waren belanglos. Es waren Fragen der Eitelkeit, wie ‚Wer hat den schöneren Apfelbaum?'. Keiner der beiden Streithähne wollte sein Gesicht verlieren und so eskalierte der Streit. Schließlich drohten die Häuptlinge einander, ihre Steinschleuder zu gebrauchen und das gegnerische Dorf zu vernichten. Um ihrer Drohung mehr Gewicht zu verleihen, ließen sie Felsbrocken neben ihren Steinschleudern aufschichten. Als das den jeweiligen Kontrahenten nicht beeindruckte, befahlen sie ihren Untertanen, zur Abschreckung noch mehr und noch mehr Felsbrocken herbeizuschaffen. Am Ende entstanden zwei riesige Felsberge, in denen es bald gefährlich knirschte. Bevor die beiden Häuptlinge ein Einsehen hatten und ein Abrüstungsabkommen miteinander vereinbaren konnten, wollte es ein dummer Zufall, dass beide Berge zusammenbrachen und unzählige Felsen beide Dörfer samt Häuptlingen unter sich begruben.

Die Idee zu dieser Geschichte hatte ich bei einem Besuch des Felsenmeers im Odenwald bekommen. Mit ihr habe ich meine Ängste verarbeitet, als die Mauer in Berlin gebaut wurde und die Kubakrise die Welt in Atem hielt.

Auch die Musik hatte es mir angetan. Ich kaufte mir eine Gitarre und brachte mir alle wichtigen Griffe darauf bei. Ich tat mich mit Klassenkameraden zusammen und wir gründeten eine Band.

Ich spielte Gitarre, Michael spielte Leadgitarre, Dieter zupfte den Bass und Thomas bediente die Bongos. Ein Schlagzeug konnten wir uns noch nicht leisten. Zudem war auch kein Schlagzeuger in Sicht. Unser Highlight war Uli, der einzig wirklich begabte Musiker von uns. Wenn er Zeit hatte, verstärkte er uns mit seiner Hammondorgel.

Mit dem Abstand der vergangenen Jahrzehnte gebe ich zu: Wir spielten nicht sonderlich gut, wahrscheinlich sogar richtig schlecht. Aber in unserer Euphorie bemerkten wir das nicht oder wollten es einfach nicht wahrhaben. Die Zeit war einfach zu spannend und aufregend.

Dann kam unser erster Auftritt als Vorband auf einem Dorffest. Immerhin sollte uns der Auftritt 50,– DM in die Kasse spülen. Inzwischen hatten wir sogar ein altersschwaches Schlagzeug ergattert. Nur an einem Schlagzeuger mangelte es immer noch. Kurz entschlossen sprang eine frühere Freundin von mir ein. Leider hatte sie noch nie mit uns geprobt.

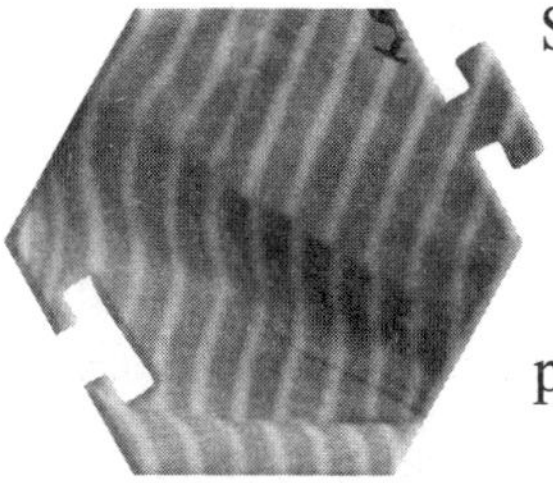

Den Gesang übernahm ich, nachdem unsere Sängerin nach den ersten Proben keine Lust mehr hatte. Vielleicht hatte sie das absolute Gehör. Leider hatte uns auch Uli im Stich gelassen.

Wir sollten drei Titel spielen. Unsere Verstärker waren nicht mehr die jüngsten und daher etwas schwach auf der Brust. Das kam uns zugute, da unsere Songs so mehr als rockiger Lärm ankamen und Dissonanzen gnädig verschluckt wurden. Es schien den Zuhörern in der Halle wohl auch gar nicht aufzufallen, dass ich den Text des zweiten Songs vergessen hatte und ersatzweise immer wieder den Text der ersten Strophe wiederholte.

Immerhin brachten wir die ersten beiden Songs einigermaßen leidlich hinter uns. Wir bekamen sogar Applaus.

Beim dritten Song jedoch kamen wir alle aus dem Takt. Es spielte zwar jeder seinen Part, jedoch ohne auf die anderen zu achten. Das mag daran gelegen haben, dass wir uns in unserem selbst produzierten Lärm nicht mehr hörten.

Einer nach dem anderen hörte auf zu spielen. Nur Michael ganz vorn, nicht mehr ganz von dieser Welt, leidenschaftlich seine Leadgitarre zupfend, als verkörpere er Jimi Hendrix persönlich, spielte unverdrossen weiter.

Schließlich – für mich gefühlt unendlich lange – bemerkte auch Michael, dass etwas nicht stimmte, und ließ seine Leadgitarre verstummen. Vereinzelt klatschten ein paar Leute. Vielleicht hatten sie gemutmaßt, der Song sei von uns umgeschrieben worden. Eine Zugabe wollte keiner.

Wir waren geheilt von unserem musikalischen Abenteuer und lösten die Band einvernehmlich auf.

In der zwölften Klasse, ein Jahr vor meinem Abitur, fasste ich den Entschluss, Arzt zu werden. Obwohl sich mein Vater wünschte, dass ich mich der Zahnmedizin verschrieb, konnte ich ihm diesen Wunsch nicht erfüllen. Ich wollte nicht tagaus, tagein nur in Münder schauen und Zähne richten. Ich wollte den ganzen Menschen sehen, seine Probleme erkennen, um ihm dann helfen zu können. Da ich in der Stadt aufgewachsen war und in meiner Kindheit der betonierte, kahle Hinterhof meines Elternhauses mein spielerischer Lebensmittelpunkt war, sehnte ich mich nach dem Land. Genau genommen wollte ich Landarzt werden.

Ich hatte inzwischen ziemlich gute Noten und rechnete damit, mein Abitur mit einem Durchschnitt unter zwei zu bestehen. Damit hätte ich mein Medizinstudium so gut wie in der Tasche gehabt.

Am ersten Advent 1971, einem tristen Novembertag, hatte ich nichts Besseres zu tun, und so machte ich mich auf den Weg ins Smuggler's Inn, eine damals angesagte Diskothek in Darmstadt, die auch sonntagsnachmittags ihre Pforten öffnete. Ich hatte zu dieser Zeit keine Freundin und so wäre es mir nicht ungelegen gekommen, eine neue Bekanntschaft zu machen

Ich ließ meinen Blick durch die gut besuchte Diskothek schweifen. Den unnahbaren, gelangweilten Schönheiten, die auf ihren Prinzen warteten, schenkte ich keinen zweiten Blick.

Dann entdeckte ich ein Mädchen mit einer dunklen, lockigen Mähne, das mit drei anderen Mädels an einem Tisch saß. Wahrscheinlich ihre Freundinnen. Eine Schöne, die nicht gelangweilt dreinschaute, sondern neugierig und wach ihre Umgebung musterte.

Ich gab mir einen Ruck und bewegte mich auf den Tisch mit der unbekannten Schönen zu. Ich forderte sie zum Tanzen auf. Sie sah mich überrascht mit ihren großen, grünen Augen an, zögerte kurz und folgte mir dann auf die Tanzfläche. Wir wechselten beim Tanzen ein paar Worte und ich erfuhr, dass sie Claudia hieß. Ich tanzte inzwischen im siebten Himmel, denn ich hatte mich verliebt.

Später erzählte mir Claudia, dass sie mich wegen meiner roten Weste für einen Kellner gehalten hatte. Wahrscheinlich wäre sie mir auch ohne diese Weste zur Tanzfläche gefolgt. Aber sie war so überrascht, von einem Kellner zum Tanzen aufgefordert zu werden, dass sie gar nicht nein sagen konnte. Claudia war damals 16 Jahre alt.

Ja, die rote Weste. Die hatte mir meine Mutter von einem Einkauf mitgebracht. Ich hatte sie an jenem Sonntag eher zufällig angezogen, denn ich legte auf Mode keinen Wert. Mein Leben lang wurde ich von Frauen eingekleidet. Zunächst von meiner Mutter, dann gaben mir meine Freundinnen und später meine Frau wohlgemeinte Tipps, was ich anziehen sollte oder anzuziehen hatte. Anfang der 70er-Jahre waren das Clarks, Jeans und ein weißes Hemd. Ich widersprach und widerspreche auch heute selten.

„Hallo, junger Mann!", eröffnete der Geist mit gut gelaunter Stimme meinen Traum. „Glückwunsch zu deiner neuen Bekanntschaft! Ich habe in meine Glaskugel geschaut und erfreut festgestellt, dass mir diese Claudia nicht ins Handwerk pfuschen wird."

„Ins Handwerk pfuschen?"

„Na ja, sie wird dich nicht daran hindern, ein Spieleerfinder zu werden. Nein, sie könnte dich sogar dabei unterstützen, tolle Spiele zu entwickeln, die selbst deiner Großmutter Anna gefallen würden. Bei deinen bisherigen Freundinnen, alle durchaus liebenswerte Mädels, war ich mir da nicht immer sicher."

Inzwischen war ich auch in meinen Träumen erwachsener und selbstsicherer geworden und so fuhr ich den Geist etwas respektlos an: „Hast du in meinen vergangenen Beziehungen etwa auch Weichen gestellt, Geist?"

„Nein, nein", erwiderte der Geist erschrocken. „Um Geistes willen, das darf ich gar nicht. Das hätte meine sofortige Degradierung zur Folge. Du musst wissen, jeder Mensch hat einen Berufswunsch-Geist, auch deine ehemaligen Freundinnen. Wenn ich eine gemeinsame Weiche für dich und eine deiner Freundinnen hätte stellen wollen, hätte ich mir das Einverständnis des Berufswunsch-Geistes dieser Freundin einholen müssen."

„Und wie gedeihen deine Verhandlungen mit Claudias Berufswunsch-Geist?"

„Wir sind uns noch nicht ganz einig. Der Geist-Kollege meint, Claudias ungewöhnlicher Berufswunsch bereite ihm Probleme. Claudia habe darauf bestanden. unabhängig und frei zu werden."

„Unabhängig und frei werden? Ist das ein Beruf?"

„Nicht so richtig", antwortete der Geist erheitert. „Erinnere dich bitte, als ich dich bei unserer ersten Begegnung fragte, was du werden willst. Dein erster Wunsch war es, ganz schnell groß zu werden. Das war ja nun wirklich kein Beruf. Hättest du nicht Mitleid mit meiner immer kleiner werdenden Gestalt gehabt, dann hättest du sicher auch bei meinem dritten Versuch darauf beharrt, schnell groß werden zu wollen. Ich hätte dich dann gezwungenermaßen etwas schneller wachsen lassen und wäre kurz darauf vom Geisterrat degradiert worden." Der Geist schluckte betroffen, als er an eine mögliche Zukunft als einfacher Schutzgeist dachte, in der er dafür sorgen müsste, dass Schulkinder auf den Verkehr achteten und brav ihr Schulbrot aßen.

„Claudia jedoch war nicht so naiv wie du und hat den Trick ihres Geists durchschaut und auch beim dritten Mal auf ihrem Wunsch bestanden, unabhängig und frei werden zu wollen. Nun, meinem armen Kollegen blieb nichts anderes übrig, als ihren Wunsch zu akzeptieren. Der Geisterrat debattiert immer noch darüber, ob er ‚unabhängig und frei' als Berufswunsch anerkennen kann und meinem werten Kollegen das Schicksal einer Degradierung erspart bleibt.

Im Übrigen bin ich sehr, sehr zufrieden mit dir. Du interessierst dich für Geschichte und hast Freude am Experimentieren, was ein wichtiger Pfeiler bei der Entwicklung eines Spiels ist. Du malst Bilder und schreibst Kurzgeschichten. Das alles sind gute Voraussetzungen für deinen späteren Beruf eines Spieleerfinders oder auch Spieleautors, wie man dich dann nennen wird. Vorausgesetzt natürlich, du bleibst weiterhin offen für Neues und konzentrierst dich nicht zu sehr auf eine deiner augenblicklichen Leidenschaften.

So kannst du dir gewiss aus dem Kopf schlagen, deine Brötchen mit der Malerei zu verdienen. Ich habe dich beobachtet, als du verzweifelt an deinen Bildern herumgedoktert hast." Zuvor ernst, fuhr der Geist mittlerweile kichernd fort: „Dein Pinsel hat mir leidgetan, als du ihn dazu missbrauchtest, die schönen Farben auf der Leinwand zu verschwenden. Den Beduinen auf dem Teneriffa-Bild hast du dreimal übermalt. Danach sah er auch nicht besser aus. Das Kamel ...", prustete der Geist, „glotzte das nicht eher wie ein Esel mit zwei Höckern aus dem Bild? Und dann ... deine ... Kurzgeschichten ..."

Der Geist machte eine Pause, um sich von einem Lachanfall zu erholen. Ich stand im Nirgendwo meines Traumes betreten da und fragte mich, ob ich meine Fähigkeiten falsch eingeschätzt hatte oder der Geist mich einfach nur manipulieren wollte, damit ich bloß nicht Maler oder Schriftsteller werden wollte. Wahrscheinlich lag die Wahrheit in der Mitte.

Der Geist hatte sich wieder etwas beruhigt. „Deine Kurzgeschichten", nahm er seinen Faden belustigt wieder auf, „wirken konstruiert und lesen sich holprig. Zudem strotzen sie von Fehlern."

Der Geist hielt kurz inne, und ich dachte, immerhin hatte wenigstens einer meine Kurzgeschichten gelesen, wenn es sich dabei auch nur um einen Geist in meinen Träumen handelte.

„Und dann noch deine musikalischen Ausflüge. Die waren köstlich. Selten habe ich mich so über talentfreie Dilettanten amüsiert, die glauben, begabt zu sein. Wäre ich bei eurem ersten Auftritt ein Mitglied eurer Band gewesen, hätte ich mich vor Scham im Erdboden eingebuddelt.

Aber jetzt eine gute Nachricht: Deine künstlerischen Fähigkeiten werden ausreichen, Karten und Spielpläne von Spieleprototypen mit Symbolen und Motiven zu illustrieren, und aufgrund deiner sprachlichen Fähigkeiten halte ich es nicht für ganz ausgeschlossen, dass du eines Tages Spielregeln einigermaßen verständlich zu Papier bringen wirst.

Was mir allerdings sehr große Sorgen bereitet, ist dein Wunsch, Arzt zu werden. Das kann und werde ich nicht zulassen."

„Und warum nicht?", unterbrach ich den wieder ernst gewordenen Geist. „Ich kann doch beides machen, Arzt werden und Spiele erfinden."

„Nein, das kannst du nicht! Wenn du Landarzt wirst, wirst du ausgeglichen und zufrieden sein", polterte der Geist aufgebracht. „Dein Beruf wird dir Spaß machen und wird dich ausfüllen. Da wird kein Platz sein, um Spiele zu entwickeln. Deine Kreativität wirst du voll und ganz zum Wohle deiner Patienten einsetzen. Statt deine freie Zeit mit der Entwicklung von Spielen zu verbringen, wirst du wohlig Patientenakten studieren."

Der Geist holte tief Luft und beruhigte sich wieder etwas. „Mit deinem Wunsch, den Spieleerfinder-Beruf zu ergreifen, hast du mich an dich gebunden. Ich muss dir diesen Wunsch erfüllen."

Selbst in meinem Traum war ich davon überzeugt, dass Landarzt zu werden die beste Option für mich wäre. So schwieg ich einfach, was den Geist nicht gerade begeisterte.

„Gut, du willst es nicht anders. Ich muss nun leider härtere Saiten aufziehen. Ich stelle zwei Weichen, die dir nicht gefallen werden. Dein Traumabitur kannst du jedenfalls vergessen." Mit diesen trotzigen, fast bösartig ausgestoßenen Worten verschwand der Geist.

Ich erwachte wie bisher auch ohne Erinnerung an den Geist und freute mich darauf, nach der Schule mein aktuelles Bild fertig zu malen, das eine Küste mit einem Leuchtturm in der nächtlichen See* darstellte.

---

* *Zu den mit * markierten Passagen findet sich eine Abbildung im Farbteil dieses Buches.*

ABITUR

Ich ging nicht ungern zur Schule. Meist war der Unterricht interessant und manchmal sogar spannend. Nur in einem Fach langweilte ich mich fast zu Tode und das war Physik. Es war aber nicht der Unterrichtsstoff selbst, der mich langweilte; es war der Lehrer, nennen wir ihn Herrn Vogel, der versuchte, ihn zu vermitteln.

Herr Vogel gab Sätze von sich, die meist ohne Zusammenhang waren. Manchmal fing er ein Unterrichtsthema von hinten an, arbeitete sich ein Stück nach vorn, verlor zwischendurch den Faden und hüpfte dann völlig willkürlich an irgendeine Stelle seines Themas. Genauso gut hätte er chinesisch sprechen können. Den Unterrichtsstoff hätte ich auch nicht schlechter verstanden.

Ich entschloss mich, den Physikunterricht hin und wieder zu schwänzen. Ich konnte mir das leisten, da ich schriftlich eine gute Zwei hatte. Zu Hause holte ich den Stoff nach, den ich im Unterricht ohnehin nicht verstanden hätte. Als mir auch mein Physikbuch nicht weiterhalf, die Schwingungslehre zu begreifen, baute ich mit meinem alten Märklin-Baukasten einen Schwingungsapparat. Danach hatte ich die Schwingungslehre im Griff.

In der Nähe meiner Schule befand sich eine verrauchte Kneipe mit einem Flipper. Dort traf ich mich mit Klassenkameraden, die wie ich den Unterricht schwänzten. Nach ein paar Runden Flipper spielten wir meist Skat miteinander und tranken Cola. Das war jedes Mal eine wunderbare Auszeit von einem langweiligen, sinnlosen Unterricht.

Herr Vogel hatte mein häufiges Fehlen natürlich bemerkt, und gegen Ende des Schuljahres, kurz vor dem schriftlichen Abitur, nahm er mich zur Seite und fixierte mich mit seinen wässrig blauen Augen. Schadenfroh erklärte er mir, dass es nichts mit der

Zwei im Abiturzeugnis werde. Zu oft hätte ich gefehlt, sodass er mir trotz meiner guten schriftlichen Leistungen höchstens eine Drei in Physik geben könne.

Ich dachte, da kommt dieser komische Vogel einfach so daher und stellt mich vor vollendete Tatsachen. Hätte er mich nicht vorher warnen können?

Ich gönnte Herrn Vogel seinen Triumph nicht. Daher zuckte ich gleichmütig meine Schultern und wünschte ihm einen guten Tag. Natürlich wurmte mich die Drei. Hatte ich dafür meinen Schwingungsapparat gebaut?

Aber mein Medizinstudium sah ich nicht gefährdet. Auch mit der Drei in Physik käme ich immer noch auf einen Notendurchschnitt von Zwei, was ausreichen sollte, einen der begehrten Studienplätze zu ergattern.

Jahre später, als ich schon im väterlichen Dentallabor arbeitete, stand Herr Vogel plötzlich hinter mir. Ich drehte mich um, und mein Blick fiel auf eine vor Speichel triefende Prothese, die Herr Vogel ungeniert seinem Mund entnommen hatte. „Die Prothese hat einen Sprung", erklärte er mir. Das sah ich auch. „Kannst du die reparieren, ich brauche sie heute wieder."

Seltsamerweise duzte er mich, so als seien wir seit der Drei, die er mir in Physik reingewürgt hatte, zu besten Freunden geworden und als hätte er noch etwas gut bei mir. Das hatte er gewiss nicht. Im Gegenteil. Kurz dachte ich daran, die Prothese auf den Boden zu werfen, sie zu zertreten und ihm dann mitzuteilen, die Prothese habe nun keinen Sprung mehr. Dann wären wir vielleicht quitt gewesen.

Als grundsätzlich freundlicher Mensch tat ich das natürlich nicht. Ich verbog auch nicht die Klammern, die seine Prothese an seinen kümmerlichen Restzähnen festhielt, damit sie ihm zukünftig ordentlich in sein Zahnfleisch piksten.

Herr Vogel bekam seine sorgfältig reparierte Prothese zurück. Danach sah ich ihn nie wieder. Vielleicht hat seine Prothese bis zum Sankt Nimmerleinstag gehalten.

Die nächste Katastrophe folgte in der schriftlichen Abiturprüfung im Leistungsfach Chemie. Als ich den Prüfungsraum betrat, fiel mein Blick sogleich auf die Apparatur, eine Reihe von mit Glasrohren verbundenen Erlenmeyerkolben, Bunsenbrennern und sonstigem Gerät. Die monströse Apparatur schreckte mich nicht, ich war zuversichtlich. Schließlich war ich einer der Besten in unserem Leistungskurs.

Als alle Prüflinge bereit waren, begann unser Chemielehrer die Apparatur zu bedienen. Das heißt, er gab vorn Substanzen hinein, hantierte zwischendurch mit allerlei Gerät und hinten kam schließlich eine bestimmte Verbindung heraus. Unsere Aufgabe war es, den Vorgang zu beschreiben, der zur Substanz führte, die von der Apparatur am Ende ausgespuckt wurde. Natürlich bekamen wir ein paar zusätzliche Informationen.

Es bereitete mir keine Probleme, die gestellte Aufgabe zu lösen. Ich schrieb fast euphorisch mehrere Seiten mit chemischen Formeln und Erklärungen voll. Ich war vor der gesetzten Zeit fertig und gab meine Arbeit zufrieden ab.

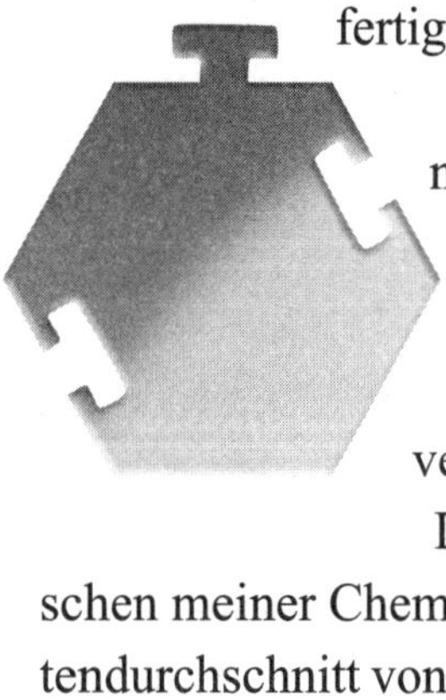

Die Ernüchterung folgte ein paar Tage danach. Im Aushang, auf dem die Noten der schriftlichen Chemieprüfung standen, las ich hinter meinem Namen eine Fünf. Das konnte nicht sein! Hatte ich mich wirklich so sehr vertan?

Die Folge meines Versagens war ein Abrutschen meiner Chemienote von Eins auf Zwei, was mir einen Notendurchschnitt von über Zwei in meinem Abiturzeugnis bescherte. Mein Medizinstudium hatte ich nun nicht mehr sicher in der

Tasche. Es erschien mir, als wollte ein böser Geist meine Pläne durchkreuzen.

Als ich meinen Chemielehrer ein paar Tage später traf, nickte er mir anerkennend zu. „Mir ist noch keine Abiturarbeit untergekommen, die, von falschen Voraussetzungen ausgehend, so hervorragend begründet war. Leider war das Ergebnis falsch."

Diese Worte richteten mich ein wenig auf. Kaufen konnte ich mir jedoch nichts dafür, schon gar nicht mein Medizinstudium.

ZWISCHENZEIT

Ich ließ mich nicht entmutigen. Nach meinem Abitur bewarb ich mich in Frankfurt und Mainz um einen Studienplatz für das Wintersemester und absolvierte ein achtwöchiges Krankenpflegepraktikum in den Städtischen Kliniken in Darmstadt. Danach jobbte ich im Dentallabor meines Vaters und führte bald selbstständig Reparaturen von Prothesen durch. Claudia war meine Freundin geworden. Nach einem etwas holprigen Anfang verstanden wir uns inzwischen sehr gut.

Als ich die Ablehnungsbescheide der beiden Unis erhielt, konnte ich es nicht fassen. Nur wenige Plätze trennten mich von einem Studienplatz. Ich hoffte auf das Nachrückverfahren, doch die Glücklichen schienen sich fest an ihren Studienplatz gekrallt zu haben. Es war wie verhext.

„Hallo junger Mann! Du bist aber ganz schön hartnäckig!" Der Geist gab ein gackerndes Lachen von sich. „Glaubst wohl immer noch an dein Medizinstudium."

Im Traum war mir bewusst, dass er schuld an meiner Misere war. „Du weißt hoffentlich, dass du ein widerwärtiger, mieser Geist bist, der ein falsches Spiel mit mir treibt", fuhr ich ihn an. „Aber ich werde meinen Studienplatz bekommen. Darauf kannst du Gift nehmen!"

Der Geist ließ meine Schimpftirade gelassen an sich abperlen. Mit zunächst betont ruhiger Stimme, als hielte er sich künstlich zurück, setzte er zum Gegenangriff an. „Apropos falsches Spiel, junger Mann. Du bist der wahre Falschspieler. Hängst die Tage mit deiner Freundin rum, lässt mit ihr Drachen steigen, läufst mir ihr sinnlos durch Wiesen und Wälder, klimperst auf deiner Gitarre und singst mit ihr stumpfsinnige

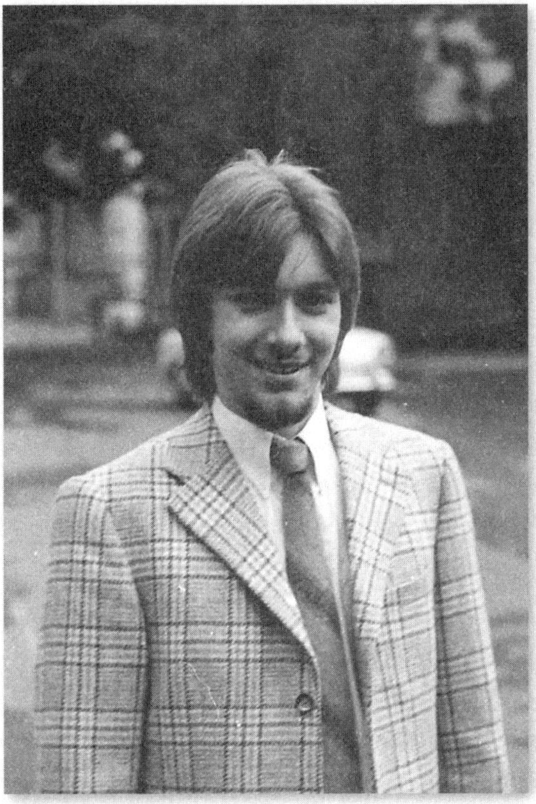

1972 hatte ich das Abitur in der Tasche – mein Medizinstudium leider nicht.

Lieder. Sag, wann kam zum letzten Mal ein GESELLSCHAFTSSPIEL auf deinen Tisch? Das ist JAHRE her!

Zum Spieleentwickeln brauchst du keine Gitarre. Was du brauchst ist ERFAHRUNG, ERFAHRUNG, ERFAHRUNG! Und dazu musst du SPIELEN, SPIELEN, SPIELEN!" Die Stimme des Geistes hatte schrille Höhen erklommen, und wie Rumpelstilzchen hüpfte er bei fast jedem Wort, das er ausstieß, auf der Stelle. Leider spaltete er sich nicht. Nachdem der Geist ein paarmal durchgeatmet hatte, nahm er seinen Faden wieder auf. „Also interessiere dich endlich wieder für Gesellschaftsspiele, wenn du Spielerfinder werden willst!"

„Aber ich möchte doch Arzt werden."

Der Geist glotzte mich an, als sähe er mich zum ersten Mal.

Nachdem er eine Weile geschwiegen hatte, fuhr er mit frostiger Stimme fort: „Ich weiß, wenn du aufwachst, erinnerst du dich nicht an deine Träume mit mir. Aber es ist gut, dass du sie hast. So werde ich aus erster Hand über deine Gesinnung informiert und kann entsprechend reagieren. Ich glaube, ich werde ein paar weitere Weichen stellen müssen ..."

Im Herbst 1972 bekam ich meinen Einberufungsbescheid. Am 1. April des folgenden Jahres würde mich die Bundeswehr einziehen. Leider hatte man mich nicht vergessen.

Ich sah zwei Möglichkeiten. Entweder ich verweigerte den Wehrdienst oder ich wurde Sanitätssoldat. Ich entschied mich für Letzteres. Vielleicht konnte mir eine Ausbildung zum Sanitäter auf meinem Weg zum Medizinstudium weiterhelfen.

Im März 1973, kurz vor meiner Einberufung, verreisten Claudia und ich zum ersten Mal allein. Unser Ziel war Paris. Am vorletzten Tag unseres schönen einwöchigen Aufenthalts in der bezaubernden französischen Metropole machte Claudia einen Schwangerschaftstest. Das Ergebnis war positiv.

Das änderte vieles.

HOCHZEIT

Wir heirateten Anfang Juli 1973. Claudia, die zuvor noch ihre Ausbildung zur Industriekauffrau erfolgreich abgeschlossen hatte, zählte 18 Jahre, und ich war zwei Wochen zuvor 21 Jahre alt geworden.

Im Aufgebot, das im Rathaus von Claudias Wohnort Ober-Ramstadt aushing, stand hinter meinem Namen als Beruf Zahntechnikergehilfe. Das war in meinen Augen die beste Wahl. Die Alternativen wären Soldat, der ich zu dieser Zeit schon war, oder Abiturient gewesen. Meine Schwiegereltern hatten sich gewiss ein wenig geschämt, auch wenn ich damals als Erbe eines der größten Dentallabors im Rhein-Main-Gebiet keine schlechte Partie war. Ich konnte es ihnen nicht verübeln.

Unsere Hochzeit* in einer Gaststätte war kein ausgelassenes, kein fröhliches Fest. Das mag daran gelegen haben, dass kaum ein Mitglied unserer Familien an den Bestand unserer Ehe glaubte. In den Augen vieler unserer Angehörigen waren wir einfach zu jung. Die Hochzeit war für viele eine Pflichtveranstaltung. Letztlich war sie das auch für uns.

Am meisten hatte wohl mein Vater unter der Hochzeit zu leiden. Er hatte sich bereit erklärt, sein Tonbandgerät mitzubringen und für Musik zu sorgen. Das Tonbandgerät funktionierte nicht und so gab es auch keine Musik. Das war auch meinem Schwiegervater unangenehm aufgefallen. Er wollte meinen Vater zur Rede stellen. Der hatte jedoch ein großes Talent, sich unsichtbar zu machen. Er wechselte ständig seinen Standort. Mal saß er an der Bar, mal erleichterte er sich auf der Toilette. Oder er ging nach draußen, um sich die Beine zu vertreten, oder ließ sich in ein Ge-

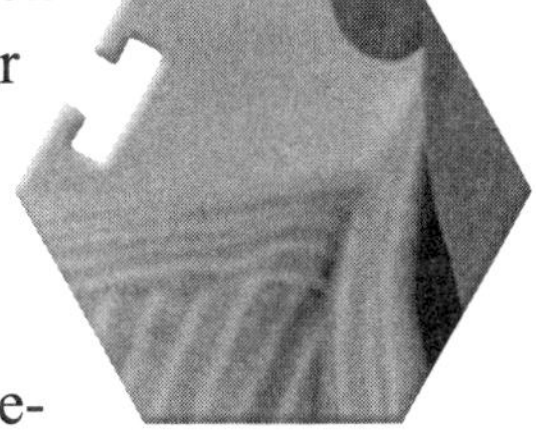

spräch verwickeln, das mein höflicher Schwiegervater nicht unterbrechen wollte. So spielten sie eine Zeit lang Katz und Maus.

Schließlich kamen Claudia und ich doch noch zu ein wenig Musik und unserem Hochzeitstanz. In einem Nebenraum feierte der Geflügelzuchtverein von Ober-Ramstadt ein Jubiläum. Die Vereinsmitglieder luden uns zu sich ein. Entweder hatten sie Mitleid mit unserer tristen Hochzeit oder sie waren neugierig auf uns, das blutjunge Hochzeitspärchen. Ich wette, Letzteres gab den Ausschlag.

Dank des Geflügelzuchtvereins, der über eine große Musikanlage verfügte, tanzten Claudia und ich unseren Hochzeitswalzer. Alle klatschten, und dies war der einzige wirklich schöne Augenblick unserer Hochzeit. Ich hielt Claudia in meinen Armen und bereute nichts.

Am nächsten Tag fuhren wir nach Rennerod, einem kleinen Ort im Westerwald. Gefühlt lag er am Ende der Welt.

Ich hatte mich bei der Bundeswehr als Zeitsoldat verpflichtet, und Claudia und ich hatten in Rennerod eine Dreizimmerwohnung in einer Bundeswehrsiedlung in der Nähe meiner Kaserne zugeteilt bekommen. Die Grundausbildung lag hinter mir und in den kommenden zwei Jahren wurde ich zum Offizier ausgebildet.

Es waren zwei Jahre in der Isolation. Sicher, wir bekamen hin und wieder Besuch von unseren Eltern oder Freunden, aber die meiste Zeit waren wir auf uns allein gestellt.

Das war gut so.

Wenn wir miteinander stritten, war uns die Flucht zu unseren jeweiligen Eltern verwehrt. Wir mussten lernen, unsere Konflikte selbst zu lösen. Dabei ging manchmal der eine oder andere Gegenstand zu Bruch, nicht aber unsere Beziehung.

In unserer Freizeit durchstreiften wir den Westerwald, gingen in Limburg ins Kino oder schlugen unser Lager an einem in der

Nähe idyllisch gelegenen See auf. Wir malten, sangen hin und wieder noch unsere Lieder oder bastelten. So sägten wir die Umrisse von Walt-Disney-Figuren aus, bemalten sie sorgfältig und hängten sie im zukünftigen Kinderzimmer auf.

Manchmal spielten wir Schach miteinander. Aufgrund meiner größeren Erfahrung gewann ich meist, und wir verloren bald das Interesse daran. Aber mein Interesse am gemeinsamen Spiel war erneut geweckt.

Das erste Spiel, das wir uns zulegten, war *Schach dem Schlaukopf* aus dem Hause Parker. Im Prinzip war *Schlaukopf* schachähnlich, aber witziger und weniger denklastig und berechenbar als das Original.

Wir spielten auch Würfelspiele wie *Malefiz* und Klassiker wie *Backgammon* oder *Canasta*. An vielen Abenden blieb der Fernseher aus.

Im Offizierscasino brachte man mir *Doppelkopf* bei. Auf die harte Art. Es wurde von Anfang an um Geld gespielt. Auch mit Anfängern wie mir. Ich bezahlte mein Lehrgeld für das tolle Spiel, das mich mein ganzes weiteres Leben begleiten sollte.

„Na geht doch!" Hätte der Geist einen Mund gehabt, hätte er wohl breit gegrinst. „Endlich spielst du wieder. Habe ich das nicht gut hinbekommen? Bis zur Erfindung deines ersten Spiels wird wohl noch eine Weile vergehen. Aber du bist auf dem besten Weg dorthin!"

Ich war im Manöver, als im Dezember 1973 unser Sohn Guido geboren wurde. Als mich die Nachricht erreichte, saß ich irgendwo in der Wildnis am Lagerfeuer. Ich war sehr froh zu hören, Mutter und Kind hätten die Geburt gut überstanden. Gleichzeitig bedauerte ich es aber sehr, dass ich meiner Claudia bei der Geburt von Guido nicht hatte beistehen können. Immerhin durfte ich das Manöver vorzeitig verlassen und hielt meinen kleinen Sohn zwei Tage später in meinen Armen.

Die Zeit bei der Bundeswehr verflog. Ich besuchte Lehrgänge, musste Prüfungen bestehen, bildete Rekruten im Sanitätswesen aus und wurde Fahnenjunker und dann Fähnrich. Im Frühjahr 1975 nahm ich nach bestandener Offiziersprüfung als Leutnant der Reserve meinen Abschied von der Bundeswehr.

Mein Ziel, Medizin zu studieren, hatte ich immer noch nicht aufgegeben. Ich hatte zwei Optionen: Entweder ich verpflichtete mich bei der Bundeswehr für 20 Jahre, dann hätte ich dank meiner bereits erfolgten militärischen Ausbildung sofort mit dem Studium beginnen können. Mit meinem Gehalt als Leutnant hätten wir, vorausgesetzt, wir pflegten einen bescheidenen Lebensstil, keine finanziellen Probleme während meines Studiums gehabt.

Oder ich studierte zunächst Chemie bis zum Vordiplom, was mir damals noch den Quereinstieg in die Medizin ermöglicht hätte. Meine Eltern boten mir die Finanzierung des Studiums an. Sie gaben zu, sie hätten mich und meine kleine Familie gern in ihrer Nähe. Ich wusste, das Dentallabor lief sehr gut, und so wählte ich die zweite Option und ging auf das großzügige Angebot meiner Eltern ein.

VON DER CHEMIE ZUR ZAHNTECHNIK

Im Frühjahr 1975 zogen Claudia und ich mit unserem kleinen Guido in eine Vierzimmerwohnung eines Mietshauses in Darmstadt. Das Chemiestudium an der Technischen Hochschule in Darmstadt bereitete mir keine Probleme und so verbrachten wir eine sorgenfreie Zeit in meiner geliebten Heimatstadt und ihrer schönen Umgebung.

Etwa alle vier Wochen lud ich vier ehemalige Klassenkameraden zu einem Doppelkopfabend zu mir ein. Damals wussten wir noch nicht, dass wir eine Tradition begründeten. Denn noch heute, nach mehr als 40 Jahren, spielen wir regelmäßig *Doppelkopf* miteinander.* Über vierzig Jahre lang regelmäßig das gleiche Spiel spielen? Und das immer wieder mit großer Freude? Was ist das für ein Spiel?

Ganz trivial ist *Doppelkopf* ein Stichspiel für vier Personen. Jeweils zwei Personen spielen zusammen und versuchen, Stiche mit insgesamt mehr Punkten als das gegnerische Paar einzusammeln. Der Hauptreiz des Spiels besteht in der anfänglichen Ungewissheit, wer mit wem spielt, und dem Finden des Partners. Wer die Spielweise seiner Mitspieler aufmerksam verfolgt, wird frühzeitig Hinweise erhalten, wer der Partner sein könnte und wer nicht. Haben sie sich gefunden, kooperieren sie, um ein Maximum an Punkten einzufahren.

Doppelkopf ist jedoch mehr als ein einfaches Stichspiel. Es bietet Raum für kleine Tragödien, wenn sich beispielsweise Partner erst spät finden und betrübt feststellen, dass noch keiner von ihnen einen Stich gemacht hat, oder Höhenflüge, wenn zwei Spieler ihre Karten harmonisch aufeinander abstimmen und das gegnerische Paar in Grund und Boden spielen.

Mit *Doppelkopf* begegnete mir erstmals ein Spiel, das sich für mich wie ein kleines Leben anfühlte. So mag das Schicksal oder der Zufall einem Spieler gnädig sein und ihn zu Beginn des Spiels mit zwölf guten Karten ausstatten, während ein anderer Spieler sich mit schlechten Startkarten bescheiden muss, die ihn zum ausgemachten Verlierer zu verurteilen scheinen.

Aber *Doppelkopf* ist ein Spiel mit Wendungen und Überraschungen. Selbst wenn mich der Zufall mit einer miesen Starthand bedacht hat, darf ich noch auf einen starken Partner hoffen, der meine schlechten Karten mit seinen guten ausgleicht. Das passiert nicht selten, und wenn ich mit meinem Partner dann doch noch ein aussichtslos erscheinendes Spiel gewinne, ist es ein erhebendes Gefühl. So, als hätte sich ein hässliches Entlein in einen stolzen Schwan verwandelt.

Ich habe aber auch schon Spiele mit einer bombigen Kartenhand begonnen, die mir eigentlich nur den Sieg hätten einbringen können. Doch dann fand ich meinen Partner, der mit extrem schlechten Karten geschlagen war. Am Ende gab es dann zwei hässliche Entlein.

Aber egal, ob verloren oder gewonnen. Im nächsten Spiel verteilt der Zufall die Karten neu. Fehler, die man gemacht, oder Pech, das man gehabt hat, sind für das nächste Spiel nicht relevant. Neues Spiel, neues Glück!

Im realen Leben rächen sich Fehler oft ein Leben lang. Im kleinen Leben eines Spiels kann ich, ohne Konsequenzen für mein reales Leben fürchten zu müssen, neue Wege ausprobieren, darf Fehler machen oder auch mal Pech haben. Dieses Gefühl, Spannung wie im realen Leben zu spüren und gleichzeitig entspannt sein zu können, ist ein Grund, warum ich gern spiele.

Ist *Doppelkopf* ein Glücksspiel? Ich habe Doppelkopfabende mit einer nicht enden wollenden Pechsträhne erlebt und ständig nur schlechte Karten auf die Hand bekommen. Umgekehrt habe ich unglaubliche Glückssträhnen erfahren. Es gibt sie wirklich, diese Strähnen des Glücks oder des Pechs. Kapriolen des Zufalls, jede Wahrscheinlichkeitserwartung verhöhnend. Dennoch ist *Doppelkopf* kein reines Glücksspiel wie etwa Roulette. Über viele Spiele hinweg wird der erfahrenere, trickreichere Spieler besser mit den Zufällen des Spiels umgehen und ein besseres Gesamtergebnis erzielen als ein schlechterer Spieler.

Ich habe mich an dieser Stelle etwas ausführlicher mit *Doppelkopf* befasst, da dieses schöne Kartenspiel eine wichtige Station auf meinem Weg nach *Catan* war. Bei allen meinen Spielen habe ich versucht, ein ähnlich spannendes Spielgefühl zu erzeugen, wie ich es bei *Doppelkopf* empfinde. Dazu gehören Zufalls- oder Glückselemente, die mich immer wieder vor neue Herausforderungen stellen, damit das Spiel nicht ausrechenbar wird. Die Glückselemente dürfen den Spielern jedoch nicht das Gefühl geben, gespielt zu werden. Die Spieler sollten die Möglichkeit haben, den Zufall zu beeinflussen. Manchmal reichen die Möglichkeiten aus, dann hatte man Glück, manchmal nicht, dann hatte man Pech gehabt.

Auch im realen Leben ist die Zukunft nicht ausrechenbar. Immer spielt das Schicksal mit und sorgt für Zufälle und Wendungen, die Pläne durcheinanderwirbeln und eine Neuorientierung erfordern. Das ist nicht immer schön, gestaltet das Leben aber spannend.

Spannend wurde es in unserer kleinen Familie, als sich im Frühjahr 1977 unser zweites Kind ankündigte. Ich studierte mittlerweile im vierten Semester Chemie. Schon bevor ich von der Existenz meiner Tochter Marie wusste, war mein eiserner Wille, Medizin zu studieren, Stück für Stück korrodiert. Ich fühlte mich von Semester zu Semester unwohler in meiner Haut. Die Gründe hierfür lagen auf der Hand. Claudia und ich verdienten kein eigenes Geld und lagen meinen Eltern auf der Tasche. Ich wusste, das Dentallabor meines Vaters lief gut, und es fiel ihm nicht schwer, uns zu unterstützen. Aber selbst wenn es mir gelingen sollte, mit bestandenen Kursen in meinem Chemiestudium zur Medizin zu wechseln, würde es noch viele Jahre dauern, bis ich genug verdiente, um unseren Lebensunterhalt zu bestreiten. Dazu kam, dass ich des Lernens etwas müde und einer praktischen Tätigkeit gegenüber immer weniger abgeneigt war. Als unser zweites Kind in Claudias Bauch heranwuchs, brach mein inzwischen eher rostiger als eiserner Wille, Landarzt zu werden, endgültig.

„Rumms!" Ich träumte und erschrak. Was war das?

„Ich bin's nur, junger Mann, dein Berufswunsch-Geist. Offenbar hast du gerade den Schlag gehört, als mir ein Stein von meinem sehr erleichterten Geisterherzen gefallen ist. Entschuldige, wenn ich deinen Traum gestört habe."

Der Geist kicherte scheinheilig. „Kinder sind ein Segen. Besonders in deinem Fall. Ich musste etwas tricksen, damit ihr eure Tochter, die ihr euch doch sehnlichst wünscht, ein paar Jährchen früher als geplant bekommt."

„Eine Tochter?" Der Geist hatte wohl in seine Glaskugel geschaut und musste es wissen. Spontan wurde mein Herz warm, und der Gedanke, bald ein Töchterchen in meinen Armen halten zu dürfen, beglückte mich. Beglückte mich wohl so sehr, dass mir das Geständnis des Geistes, mein Schicksal wiederholt manipuliert zu haben, schlicht entgangen war.

„Ach übrigens, Claudias Berufswunsch-Geist war mit meiner kleinen Weichenstellung durchaus einverstanden. Der Arme ist so unsicher, welche seiner Entscheidungen im Fall von Claudias unüblichem Berufswunsch richtig oder falsch sein könnte, dass er alle meine Entscheidungen toleriert. Immerhin ist er noch in seinem Amt. Offenbar hält irgendein komischer Geisterminister im Rat seinen Arm über ihn. Wer weiß, vielleicht wird er demnächst sogar wegbefördert, statt degradiert zu werden."

Der Geist schaute mich zufrieden an. „Nun zieh mal deiner Wege, junger Mann. Sobald ich es für nötig erachte, werde ich dich wieder in deinen Träumen besuchen. Versprochen!"

Der Geist zwinkerte mir wohlwollend zu und verschwand in meinem Traum.

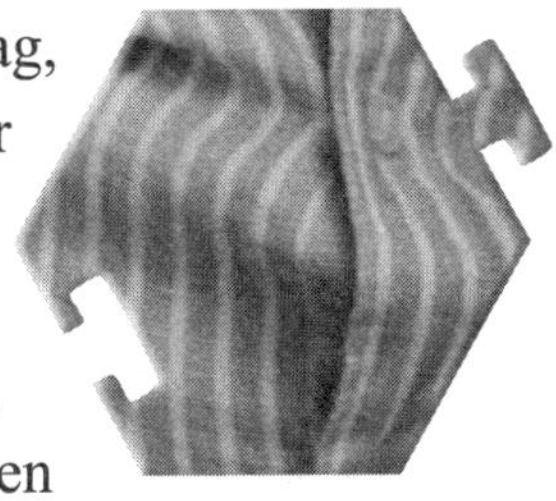

Ende Juni 1977, an meinem 25. Geburtstag, luden Claudia und ich unsere Eltern zu einer kleinen Feier bei uns zu Hause ein. Es war ein schöner Abend. Er war wohl besonders für meinen Vater schön, da ich ihm anbot, eine Lehre in seinem Dentallabor zu beginnen und ihm als Nachfolger zur Verfügung zu stehen. Mein eher zurückhaltender Vater blühte auf. Nicht, dass er jetzt herumtanzte und in Freudenschreie ausbrach. Das passte nicht zu seinem Naturell. Aber seine braunen Augen, die ich von ihm geerbt habe, leuchteten und vermittelten mir, ich hätte seinen geheimen Wunsch – der ja gar nicht so geheim war – erfüllt.

Im November 1977 wurde unsere Tochter Marie geboren. Nun waren wir zu viert. Ein halbes Jahr später bezogen wir ein Reihenhaus in Roßdorf, einer idyllisch von Hügeln, Wald und Wiesen umgebenen Gemeinde unweit von Darmstadt. Ein Drittel des Kaufpreises finanzierten wir mit meiner Abfindung von der Bundeswehr und Zuschüssen meiner Eltern und meiner Großmutter Anna. Die restlichen zwei Drittel steuerte unsere Bank bei.

Nachdem ich mein Vordiplom in Chemie bestanden hatte und somit zumindest einen Abschluss meiner kurzen akademischen

Karriere vorweisen konnte, begann ich im Frühjahr 1978 meine Lehre im väterlichen Dentallabor. Schon während meiner Schulzeit und bevor ich zur Bundeswehr einberufen wurde, hatte ich dort gejobbt und musste nicht als frischgebackener Auszubildender bei null beginnen. Prothesen reparieren konnte ich immerhin schon.

Auch kannte ich die rund 70 Mitarbeiter, die mich freundlich in ihrer Mitte aufnahmen und mir bei meiner Ausbildung mit Rat und Tat zur Seite standen. Innerhalb von zweieinhalb Jahren durchlief ich die verschiedenen Abteilungen des Labors.

Insgesamt machte mir meine Lehrzeit im Dentallabor meines Vaters Spaß. Ich war handwerklich geschickt und die Arbeit fiel mir nicht schwer. Auch fühlte ich mich angesichts meiner familiären Situation wohler, mit meiner Arbeit Geld zu verdienen und nicht mehr meinem Traumberuf nachzujagen.

Als Krönung meiner Ausbildung zum Gesellen empfand ich das letzte Jahr vor der Prüfung, das ich in der Gold- und Keramikabteilung verbrachte. Hier lernte ich die Kunst der Herstellung von Kronen und Brücken aus Metallkeramik.

Im Laufe meines Zahntechnikerdaseins entwickelte ich eine Art Berufskrankheit. Wenn ich einem Menschen zum ersten Mal begegne, schaue ich auf seine Schneidezähne. War da ein guter oder schlechter Berufskollege am Werk gewesen? Gar nicht so selten entdecke ich bei einer neuen Bekanntschaft oder auch bei einer Person im Fernsehen miserabel gefertigte Brücken, die wie eine weiße Wand erscheinen, wenn sich der Mund öffnet. Oder ich sehe einen Schneidezahn, der sich wie ein hungriges Kuckuckskind zwischen seinen Stiefgeschwistern hervordrängt. Oft begegnen mir auch gute Imitate. Und wenn ich gar nichts zu meckern habe, dann hat der Kollege sehr gute Arbeit geleistet. Oder alles war echt …

Keine Sorge, liebe Leserin, lieber Leser, sollte ich Ihnen begegnen, werde ich meine Kenntnisse über den Zustand Ihrer Zähne für mich behalten.

Meine Ausbildung zum Zahntechniker ist ein weiteres Puzzlestück auf meinem Weg nach *Catan* bzw. zum Spieleautor. Nach meiner Ausbildung konnte ich modellieren, mit Kunststoffen umgehen, bohren, fräsen und schleifen, was mir später bei der Herstellung von Spieleprototypen zugutekam. Ich lernte, mich weiter in Geduld zu üben, und entwickelte einen starken Drang zur Perfektion – wichtige Eigenschaften, die man auch bei der Entwicklung eines Spiels braucht.

Nach meiner Gesellenprüfung 1980 spezialisierte ich mich auf die natürliche Gestaltung künstlicher Frontzähne. Meine wachsende Fähigkeit auf diesem Gebiet sollte mir später helfen, den wirtschaftlichen Ruin des Dentallabors aufzuhalten.

DIE SPIELELANDSCHAFT ENDE DER 70ER-JAHRE UND HEUTE

Während der Zeit meiner Ausbildung zum Zahntechniker interessierte ich mich wieder mehr für Gesellschaftsspiele. Gern verweilte ich in Kaufhäusern oder Spielwarengeschäften vor den Regalen mit den vielen bunten Schachteln und hoffte, ein besonderes Spiel zu entdecken. Ein Spiel, für das es sich lohnte, den Inhalt meines schmalen Geldbeutels zu opfern. Wir hatten damals zwar genügend Geld, uns und unsere Kinder zu ernähren und zu kleiden. Aber für Luxus wie Kinobesuche oder den Kauf eines Spiels blieb selten etwas übrig. So wollte der Erwerb eines Spiels wohlüberlegt sein.

Die Inhalte der meisten Schachteln verhießen nichts Neues. Die Regale waren überwiegend mit Spielesammlungen, Schach, diverse Memoryspielen, *Monopoly*, *Mensch ärgere dich nicht*, *Malefiz*, Dominovarianten oder Kartenspielen und vielen Kinderspielen bestückt. Auch gegen Ende der 70er-Jahre hatte das Gesellschaftsspiel immer noch die Aura, eher ein Unterhaltungsmedium für Kinder zu sein.

Wenn ich mich zu lange vor den Regalen aufhielt, kam meist eine Verkaufsperson auf mich zu und bot mir mit unsicherem Blick ihre Hilfe an. Sie wusste es und ich wusste es: Sie hatte von Gesellschaftsspielen noch weniger Ahnung als ich und konnte mir nicht weiterhelfen. Ich teilte ihr mit, ich wolle nur ein bisschen schauen. Erleichtert zog sie dann ihrer Wege.

Trotzdem wurde ich hin und wieder fündig und entdeckte Spiele, die ich meiner bescheidenen Spielesammlung hinzufügte. Hierzu gehörten das *Börsenspiel* und das Pferderennspiel *Jockey,* beide aus dem Hause Ravensburger, sowie *Acquire* von Schmidt Spiele. Leider gelang es keinem dieser schönen Spiele, sich dauerhaft auf dem Spielemarkt zu etablieren.

Wir luden unsere Freunde zu Spieleabenden ein. Besonders oft kamen meine Schwägerin Angela und mein Schwager Richard zu Besuch. Zusammen mit Richard hatte ich nicht nur mein Abitur bestanden; er gehörte auch unserer Doppelkopfrunde an.

Beim *Börsenspiel* tauchten wir in die Finanzwelt ein, manipulierten die Aktienkurse von Firmen, kauften im rechten Augenblick vielversprechende Aktien oder stießen solche ab, die in den Keller zu rauschen drohten.

Bei *Jockey* begaben wir uns auf die Pferderennbahn. Mithilfe von Karten trieben wir vier verschiedenfarbige schöne Pferdefiguren aus Zinn über einen grünen Parcours. Jeder Spieler musste zu Beginn des Spiels aufgrund seiner Karten eine Wette abschließen, welches Pferd Erster oder Zweiter wurde.

Unser damals beliebtestes Spiel war *Acquire* von Sid Sackson, einem Altmeister der Spieleautoren. Auf einem gerasterten Spielplan setzten wir Hotelfiguren ein. Hotels, die nebeneinanderstanden, bildeten Ketten. Hotelketten fusionierten zu noch wertvolleren Hotelimperien. Wer beim Einsetzen der Hotelfiguren geschickt vorging und Aktien prosperierender Hotelketten erwarb, befand sich auf der Siegerstraße.

Es war gewiss nicht so, dass die Spielelandschaft Ende der 70er-Jahre einer Einöde geglichen hätte. Die jährlichen Neuerscheinungen im Familien- und besonders im Erwachsenenspiel waren aber sehr überschaubar. Ich schätze, es waren kaum mehr als 100.

Heute, vierzig Jahre später, sieht es ganz anders aus. Eine Liste auf Spielbox.de, der Webseite eines Magazins für spielbegeisterte Menschen, zählte im Jahr 2018 über 600 neu erschienene Familien- und Erwachsenenspiele auf. Zusammen mit den Kinderspielen gab es nach dieser Liste 2018 fast 1000 Neuerscheinungen.

Betrug der Umsatz aller verkauften Gesellschaftsspiele in Deutschland im Jahr 2005 noch 400 Millionen Euro, so war er ein Jahrzehnt später auf 500 Millionen gestiegen.

Ende der 70er-Jahre dominierten wenige große Firmen den Markt der Gesellschaftsspiele in Deutschland. Dazu gehörten Firmen wie Ravensburger, Jumbo, Schmidt Spiele, MB und Parker. Die beiden zuletzt genannten Firmen wurden in den 80er-Jahren vom Spielwarenhersteller Hasbro übernommen. Es gab noch ein paar kleinere und mittlere Unternehmen, Kleinverlage gab es kaum.

Im Jahr 2019 waren Hasbro, Ravensburger, Kosmos und Schmidt Spiele die Platzhirsche auf dem deutschen Spielemarkt. Doch es gab inzwischen eine Vielzahl von mittleren, kleinen und Kleinstverlagen, die mit teilweise ungewöhnlichen Spielen den Markt der Gesellschaftsspiele bereicherten und den Großen tapfer und teilweise auch erfolgreich die Stirn boten. Gerade auch durch die kleinen Verlage hatte das Kulturgut Spiel an Farbe, Vielfältigkeit und Attraktivität gewonnen.

In Interviews wurde mir in den vergangenen Jahren häufig die Frage gestellt, wie stark die analogen Brett- und Kartenspiele unter den auf diversen Plattformen wie Smartphone, Tablets oder PCs installierten digitalen Spielen litten. Meist blickte mich mein Gegenüber bei dieser Frage mit sorgenvoller Miene an, als befürchte er oder sie, meine Zukunft als Autor von Gesellschaftsspielen sei gefährdet. Es bereitete mir dann jedes Mal Freude, ihn oder sie über den offenbar weitverbreiteten Irrtum aufzuklären, der Untergang der Gesellschaftsspiele sei nur noch eine Frage der Zeit.

Tatsächlich ist das Interesse der Menschen an Gesellschaftsspielen in den letzten Jahrzehnten stetig gestiegen. Wurden sie in den 70er-Jahren hauptsächlich für Kinder oder für das gesellige

Zusammensein in der Familie angeschafft, kaufen sich Erwachsene heute zunehmend Spiele für ihren eigenen Bedarf.

Natürlich boomt auch der Verkauf elektronischer Spiele. Aber sie nehmen ihren analogen Vettern kaum Marktanteile weg. Vielleicht sehen die Leute, die Spiele am PC zocken, weniger fern, sparen aber nicht an der Zeit für Gesellschaftsspiele mit ihren Freunden?

Mit der Verbreitung der Smartphones wurde zunehmend elektronisch miteinander kommuniziert. Ständig war man erreichbar, und wenn einen die Langeweile übermannte, lud das kleine Gerät auch noch zu einem Spiel ein. Die eine oder der andere mag heutzutage das Gefühl haben, Sklave seines kleinen elektronischen Begleiters zu sein. Ist es da nicht verlockend, das Ding mal auszuschalten und sich mit Freunden im realen Leben zu treffen, um mit ihnen ein Gesellschaftsspiel auszuprobieren? Nicht allein gegen eine anonyme künstliche Intelligenz am PC oder auf dem Smartphone zu spielen, sondern bei einer gemeinsamen spielerischen Reise das Lachen oder auch den Ärger der Mitspieler von Angesicht zu Angesicht, hautnah zu erleben? Emotionen direkt wahrzunehmen, statt Emoticons auf dem Smartphone zu empfangen oder zu verschicken?

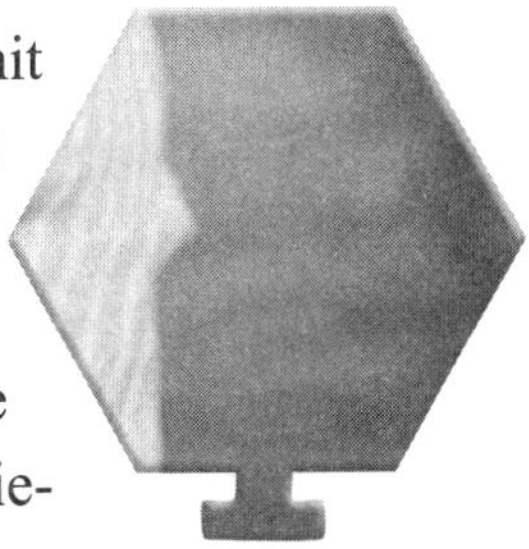

Die elektronischen Medien und Spiele haben den Gesellschaftsspielen nicht geschadet – im Gegenteil erkennen immer mehr Menschen die Gesellschaftsspiele als wohltuende Alternative zur elektronischen Reizüberflutung. Auch war das Gesellschaftsspiel beim Aufkommen der elektronischen Spiele schon zu etabliert, um Schaden zu nehmen. In der *Welt* erschien am 26.10.2013 ein Artikel mit der Überschrift: „Deutschland ist die Republik der Brettspieler“. Tatsächlich begann die inzwischen weltweite Renaissance der Gesellschaftsspiele in Deutschland. Der Siegeszug hatte seine Ursprünge in den späten 70er- und den frühen 80er-Jahren des vergangenen Jahrhunderts. Zur Zeit meiner Ausbildung ahnte ich noch nicht, dass ich Zeuge des spannenden Aufstiegs des Gesellschaftsspiels sein durfte.

Nach bestandener Gesellenprüfung freute ich mich auf meine weitere berufliche Zukunft im väterlichen Labor. Doch schon während meines letzten Ausbildungsjahres waren dunkle Wolken am Horizont heraufgezogen, die eine andere Zukunft andeuteten als die, die ich mir so positiv ausmalte …

MEIN SUMPF

Da war er wieder, der anhängliche Geist meiner Träume. Was er wohl diesmal wollte? Hatte ich nicht viel gespielt und war inzwischen im Reich der Spiele so etwas wie ein Einäugiger unter den Blinden?

„Schon gut, junger Mann, ich bin ja nicht unzufrieden mit dir."

Ah, ich hatte ganz vergessen, dass der Geist meine Gedanken lesen konnte.

„Aber", fuhr der Geist fort, „warum kommst du nicht auf die Idee, selbst ein Spiel zu erfinden? Willst du immer nur von den Ideen anderer profitieren und nicht selbst etwas zur Vielfalt der Spiele beitragen? Schließlich willst du doch irgendwann den Beruf des Spieleerfinders ergreifen, oder?"

„Ja, als dusseliges kleines Kind ist mir dieser Wunsch in einem Traum wohl herausgerutscht", antwortete ich mürrisch. „Aber ich habe einfach keine Lust, Spiele zu erfinden. Ideen habe ich sowieso keine. Ideen fallen nicht einfach vom Himmel und ich kann sie auch nicht herbeizaubern, selbst wenn ich es wollte."

„Hmm." Der Geist schwieg eine Weile und blickte in seine Glaskugel. „Was dir helfen wird, junger Mann, ist der Sumpf."

„Der Sumpf?", fragte ich den Geist verständnislos. „Was soll ich mit einem Sumpf anfangen?"

„Der Sumpf ist eine Metapher. Du wirst in übertragenem Sinne in einem Sumpf stecken, das sehe ich in meiner Glaskugel. Du wirst Stück für Stück im Morast versinken und wirst verzweifelt nach einem Zweig suchen, der dich rettet."

Wahrscheinlich zuckte ich in meinem Bett, von diesem Albtraum geplagt, mit allen Gliedern. „Du widerwärtiger Geist, willst du mir mal wieder eine Schicksalsweiche stellen?"

Die Haltung des Geistes wirkte betroffen und seine Stimme klang aufrichtig. „Nein, junger Mann, ich kann leider nur kleine Weichen erschaffen. Die Weiche für deinen Sumpf ist für mich ein viel zu großes Kaliber, und es gibt viele, die dafür verantwortlich sind. Ich gehöre nicht dazu. Aber ich werde versuchen, dir einen Zweig zu reichen, der dich vielleicht aus dem Sumpf zu retten vermag. Ich habe da schon eine ganz bestimmte Lektüre im Sinn ..."

Der Geist verschwand und ich schlummerte traumlos weiter.

1980 erkrankte mein Vater schwer und lag einige Monate im Krankenaus. In dieser Zeit leitete ich die Geschäfte des Labors. Ich studierte die Akten und schaute mir die Bilanzen an. So gut, wie ich gedacht hatte, stand das Labor gar nicht da. Bei jährlich sinkenden Umsätzen waren die Lohnkosten in etwa gleich geblieben. 1979 reichte der Gewinn gerade aus, die Kosten des Unterhalts meiner Eltern zu decken. Mir war klar: Wenn die Umsätze weiter so zurückgingen, würde bald ein dickes Minus die Gewinn-und-Verlust-Rechnung verunstalten.

Ich kannte den Grund für die sinkenden Gewinne. Bis 1977 hatten die Krankenkassen alle Kosten getragen, die bei der Herstellung einer Prothese oder von Kronen und Brücken anfielen. Dazu gehörten auch die Kosten der zahnärztlichen Behandlung. Während meiner Zeit als Zahntechniker habe ich gewissenhafte, um das Wohl der Patienten besorgte Zahnärzte kennengelernt, aber auch solche, die Patienten als eine nie versiegende Goldader sahen. Ich habe erlebt, dass – oft aus angeblich kosmetischen Gründen – alle Zähne eines Kiefers, auch die gesunden, zu Stümpfen geschliffen wurden und man dem Patienten dann eine sehr teure 14-gliedrige Brücke einsetzte. Oft sowohl eine im Ober- als auch eine im Unterkiefer. Alles auf Kosten der Krankenkassen. Klar, weniger verantwortungsbewusste Zahnärzte wollten von diesem Geldsegen profitieren, und so bekamen viele Patienten einen Mercedes, wo auch ein Kleinwagen seinen Zweck erfüllt hätte.

Die Dentallabors profitierten natürlich auch von diesem Boom und konnten die anfallende Arbeit kaum bewältigen. So war es kein Wunder, dass es in den 70er-Jahren kaum noch Zahntechniker auf dem Arbeitsmarkt gab und die Chefs der Dentallabore in ihrer Not auch Arbeitskräfte einstellten, die keine großen Leuchten waren.

Das Eldorado der Versorgung mit Zahnersatz führte zur Kostenexplosion und wurde zu einer großen Belastung für die Krankenkassen. So sah sich der Gesetzgeber 1977 gezwungen, ein Kostendämpfungsgesetz zu erlassen, das den Patienten eine Selbstbeteiligung von 20 Prozent der Kosten ihres Zahnersatzes auferlegte. Die Folge waren Umsatzrückgänge, die sich in den Bilanzen unseres Labors niederschlugen.

Als mein Vater eine schwere Operation überstanden hatte und das Krankenhaus verlassen durfte, war er nicht mehr der Alte. Er hielt sich mehr im Hintergrund, pflegte Kontakte mit älteren Kunden und überließ mir nach und nach die Geschäfte. Ich wurde zu einer Art Geschäftsführer, ohne diesen Titel jemals offiziell erhalten zu haben.

1981 kam das zweite Kostendämpfungsgesetz. Nun mussten die Patienten für 40 Prozent der Kosten ihres Zahnersatzes selbst aufkommen. Der Umsatz unseres Labors sank weiter.

1984 legte ich die Meisterprüfung im Zahntechnikerhandwerk ab. Im gleichen Jahr wurde unser Sohn Benjamin geboren. Nun waren wir zu fünft.

Die Jahre zwischen 1981 und 1989 waren schwierige Zeiten für das Labor, meine Eltern und mich. Es brannte an allen Ecken und ich musste an vielen Fronten löschen.

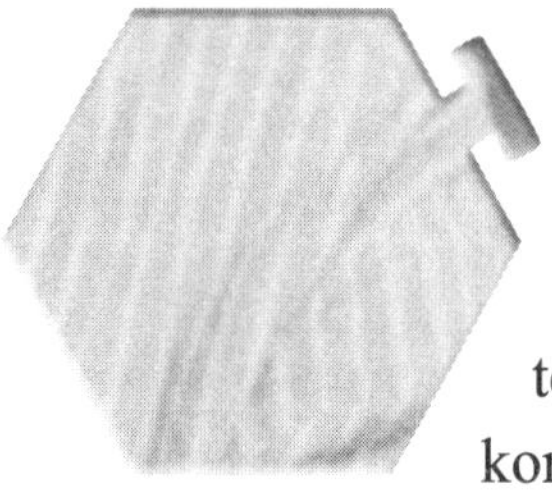

Ich senkte die Kosten, indem ich ältere, in Rente gegangene Mitarbeiter nicht ersetzte und die Räume des Labors verkleinerte. Das war ein erster Schritt, der aber nicht ausreichte, um den beträchtlichen Umsatzrückgang zu kompensieren. In einem zweiten Schritt hätte ich weitere 30 Prozent der Lohnkosten einsparen und damit einen großen Teil der Belegschaft entlassen müssen. Aber da ich dabei Sozialkriterien beachten musste, hätte ich mich zuerst von unseren jungen, gut ausgebildeten und leistungsstarken Mitarbeitern trennen müssen, was unser Unternehmen noch mehr in Schieflage gebracht hätte. Die älteren Angestellten zu entlassen, die teilweise 30 oder 40 Jahre in unserem Labor gearbeitet hatten, verbot die Moral. Zudem hätten wir hohe Abfindungen zahlen müssen, wozu wir aufgrund unserer schlechten finanziellen Situation gar nicht in der Lage gewesen wären.

Bei der Kostensenkung steckte ich in einer Sackgasse, und mir blieb nur die Flucht nach vorn, was hieß, die Umsätze zu steigern. So besuchte ich nun verstärkt neu eröffnete Zahnarztpraxen in einem Umkreis von Darmstadt, den ich auf 40 km erweiterte. Immer hatte ich einen in Folie verpackten Ficus Benjamini im Gepäck. Ich stellte mich den jungen Zahnärztinnen oder Zahnärzten als Geschäftsführer eines Dentallabors vor, das Mitte der 80er-Jahre 50 Jahre alt wurde und inklusive meines Vaters und mir vier Zahntechnikermeister beschäftigte.

So pries ich unser Labor als modernes Unternehmen an, das innovative Technik mit Erfahrung und Tradition verband. Mit diesem Slogan hätte ich auch Staubsauger, Motorroller oder Waschmaschinen verkaufen können. Aber er wirkte. Da war für jeden etwas dabei, und es gelang mir, den einen Kunden oder die andere neue Kundin an Land zu ziehen.

Meine Maßnahmen, die Kosten zu senken und neue Kunden zu gewinnen, verzögerten den Niedergang des Labors. In der ersten Hälfte der 80er-Jahre hatten wir fünf Jahre hintereinander rote Zahlen und einen Verlust von insgesamt weit über einer Million DM eingefahren. Mitte der 80er-Jahre wies unsere Gewinn-und-Verlust-Rechnung zunächst eine schwarze Null und dann gegen Ende der 80er-Jahre langsam steigende, aber immer noch nicht ausreichende Gewinne aus.

Das Dentallabor war eine GbR, also eine Gesellschaft bürgerlichen Rechts. Das bedeutete, mein Vater haftete als Gesellschafter mit seinem Privatvermögen für die Schulden des Labors. Um die Defizite des Labors auszugleichen, verkaufte er zunächst das Mehrfamilienhaus in der Darmstädter Innenstadt, in dem ich aufgewachsen war und das meine Mutter mit in die Ehe gebracht hatte. Etwas später folgte der Bungalow im Grünen, in dem sie seit Ende der 70er-Jahre gelebt hatten.

Meine Eltern zogen in eine Wohnung des Hauses, in dem auch das Dentallabor untergebracht war, und besaßen danach nur noch dieses Haus, das fast zur Hälfte der Bank gehörte, und das Dentallabor, das Ende der 80er-Jahre immerhin wieder leichte Gewinne abwarf.

Leider war die Zahlungsmoral einiger unserer Kunden nicht die vorbildlichste. Manche Zahnärzte zahlten erst nach drei Monaten, was uns beträchtliche Außenstände bescherte. Damit wir die Löhne und Sozialabgaben zahlen konnten, besuchte mein Vater jeweils am Ende eines Monats ältere Kunden, zu denen er ein gutes Verhältnis hatte und die unsere Rechnung ohne großes Federlesen mit einem Scheck beglichen. Mein Vater fühlte sich wie ein Bittsteller, was er letzten Endes auch war. Die Sorge um unsere Existenz, sein schlechtes Gewissen meiner Mutter gegenüber, ihr Erbe verkauft zu haben, und das damit verbundene Gefühl, vor ihr als Versager dazustehen, setzten ihm schwer zu.

Bittsteller waren wir beide, wenn wir von unserer Hausbank zu einem Gespräch zitiert wurden. Das war jedes Mal der Fall, wenn wir unser Kreditlimit zu stark überzogen hatten. Ich erinnere mich gut an das letzte Meeting, als es um die Bewilligung eines weiteren Kredits ging. Die Banker machten uns klar, dass wir uns um einen letzten überhaupt möglichen Kredit bemühten.

Sie wollten uns sicher nicht vernichten, sie wollten Geschäfte machen. So ruhten ihre Augen wohlwollend auf mir, dem jungen, dynamischen Zahntechnikermeister, als ich ihnen – innerlich zwar ziemlich aufgeregt, äußerlich aber betont ruhig – meine Pläne schilderte, wie mein Vater und ich das Labor wieder in den Bereich von zufriedenstellenden schwarzen Zahlen zu bringen gedachten. Meine Pläne enthielten viel heiße Luft, überzeugten die Herren aber. Wir erhielten einen letzten Kredit. Mein Vater war sehr erleichtert, dass der Kelch des Konkurses gerade noch einmal an ihm vorübergegangen war, und in seinen Augen sah ich, dass er stolz auf mich war.

Mein Vater machte nie viele Worte und ein Lob entrang sich kaum seinen Lippen. Aber seine Signale erreichten mich. Ich erkannte damals: Ich war gerade noch zur rechten Zeit in das Unternehmen meines Vaters eingetreten, um meinen Eltern in diesen schwierigen Zeiten zur Seite stehen zu können und ihnen etwas von der Fülle zurückzugeben, die sie mir mit ihrer Liebe geschenkt hatten.

Ich bezog ein Gehalt und war nicht auf die Gewinne des Labors angewiesen. Aber ich war der kleine Mitgesellschafter der GbR. Mein Vater hatte mich aus steuerlichen Gründen als Gesellschafter eingesetzt. Auch wenn ich nur ein kleiner Gesellschafter war, so haftete ich – genauso wie mein Vater – in vollem Umfang für die Schulden des Labors.

Eines Tages stand ein Gerichtsvollzieher vor unserer Haustür. Einige an das Labor gerichtete Rechnungen waren schon zu lange offengeblieben. Es hatte einfach das Geld gefehlt, um sie zu bezahlen. Außer dem schon älteren Klavier, das unsere Tochter Marie für ihren Unterricht brauchte, fand der Beamte nichts Wertvolles, auf das er einen seiner Kuckucke hätte kleben können. Der Gerichtsvollzieher war ein freundlicher Mensch und verzichtete zu unserer großen Freude darauf, unser Klavier zu beschlagnahmen.

Claudia und ich erkannten, dass wir etwas tun mussten. Wenn schon unser Klavier gefährdet war, so war es unser Reihenhaus erst recht. Mitte der 80er-Jahre überschrieb ich Claudia unser Haus. Mein Steuerberater und mein Anwalt hatten mir von diesem Schritt abgeraten. Sie warnten mich davor, dass Claudia mich in einer Ehekrise vor die Tür setzen konnte. Aber ich wollte Claudia und unsere Kinder vor dem Zugriff des Finanzamtes geschützt wissen, wenn mein Vater und ich Konkurs anmelden mussten. Zudem wusste ich nach damals 13 Ehejahren, dass wir vor Streitereien zwar nicht gefeit waren, die Zukunft unsere Beziehung aber nie zur Diskussion gestanden hatte und wohl auch nie stehen würde.

Ein weiterer Stolperstein in meinem Bemühen, das Unternehmen zu sanieren, war der Betriebsrat, der sich Anfang der 80er-Jahre formiert hatte. Dessen Gründer war der Sohn eines Kunden, der die Zeit bis zu seinem Zahnmedizinstudium mit einer Ausbildung zum Zahntechniker bei uns überbrückte. Er war damals nach eigenem Bekunden Kommunist. Und was macht ein guter Kommunist? Er liest Marx. Dabei erwischte ihn mein Vater, als er sich im Labor umsah. Mein Vater hielt nichts von der kommunistischen Lehre. Aber das war nicht der Grund, warum er den Zahnarztsohn abmahnte. Der Grund war, dass dieser außerhalb der Pausen las, statt zu arbeiten.

Der Zahnarztsohn muss sich wohl über die Abmahnung geärgert haben, denn wenig später initiierte er einen Betriebsrat und wurde zum Betriebsratsvorsitzenden gewählt. Ich hatte grundsätzlich nichts gegen die Gründung des Betriebsrates einzuwenden und ging anfangs davon aus, der Betriebsrat müsse, wenn er für das Wohl der Mitarbeiter eintrat, auch das Wohl und damit den Fortbestand des Betriebes im Auge haben.

Die Mitglieder des Betriebsrates waren über die hohen Verluste des Dentallabors informiert, die roten Zahlen schienen sie aber nicht zu beeindrucken. Als eine Betriebsrätin mir unterstellte, mein Vater und ich würden schon unsere Schäfchen ins Trockene bringen oder bereits gebracht haben, wusste ich, warum die Verluste den Betriebsrat nicht kümmerten.

Wir waren die Chefs und gehörten zur Spezies der Unternehmer. Das allein reichte wohl schon aus, uns Tricks und Schwindel zu unterstellen. Es wurde gemutmaßt, mein Vater habe noch stattliche Reserven oder habe die Überschüsse der guten Jahre in der Schweiz angelegt.

Der Zahnarztsohn holte uns dann noch die mächtige Gewerkschaft IG Metall ins Haus, bevor er sich verabschiedete, um sein Studium anzutreten. Was für uns ein bitterer Kampf um unsere Existenz war, war für ihn ein lockeres Spiel ohne Konsequenzen gewesen. Ich weinte ihm keine Träne nach.

Der Betriebsrat blieb und mit ihm die IG Metall. Es war das ehrgeizige Ziel der Gewerkschaft, einen Haustarifvertrag mit uns zu vereinbaren – es wäre der erste gewesen, den die IG Metall mit einem Dentallabor abgeschlossen hätte. Es war ein Prestigeobjekt für die mächtige Gewerkschaft, und ich hatte Mühe und

Not, mich dagegen zu wehren und mir keine Handschellen im Konkurrenzkampf mit anderen Dentallaboren anlegen zu lassen.

Wie schon erwähnt, konnte ich einige Zahnärzte als neue Kunden gewinnen. Einer davon, ich nenne ihn Dr. Ho, wurde für mich zum Segen und zum Fluch zugleich. Dr. Ho betrieb eine große Praxis mit drei weiteren Zahnärzten, und die Aufträge, die wir von ihm erhielten, stiegen von Jahr zu Jahr. Ende der 80er-Jahre betrug der Umsatz, den wir mit Dr. Ho machten, fast ein Drittel unseres Gesamtumsatzes. Das war natürlich ein großer Segen, denn ohne diesen Umsatz wäre der Konkurs unausweichlich gewesen.

Dr. Ho war ein guter Zahnarzt und erhielt viel Zulauf von vermögenden Privatpatienten, die gut für die Sanierung ihrer Zähne zahlten. In besonders heiklen Fällen, wenn es um Kronen und Brücken für Frontzähne ging, waren meine Fähigkeiten gefragt. Ich erschien dann in der Praxis von Dr. Ho, schaute mir die Zahnsituation des Patienten oder meist der Patientin an, bestimmte die Zahnfarbe und besprach mit Dr. Ho den Fall. Danach fuhr ich ins Labor und setzte ich mich an die Arbeit. Meist war Dr. Ho zufrieden mit dem Resultat. Manchmal musste ich nachbessern. Aber das kam glücklicherweise nicht oft vor.

Ich konnte bei Weitem nicht alle Aufträge der großen Zahnarztpraxis allein erledigen und delegierte viele Arbeiten an bewährte Mitarbeiter. Nicht immer lief alles glatt. Manchmal harmonierte die Zahnfarbe von Kronen nicht so gut mit der Farbe des Restzahnbestandes. Oder eine Patientin konnte oder wollte sich nicht mit ihren neuen Zähnen anfreunden. Im schlimmsten Fall passte eine Brücke nicht richtig auf die Zahnstümpfe. Dann musste sie neu angefertigt werden. Natürlich auf unsere Kosten, unabhängig davon, ob der Fehler bei uns oder beim Zahnarzt lag.

Wenn etwas schiefgelaufen war, gab es ein Donnerwetter am Telefon oder ich wurde gleich in die Praxis von Dr. Ho zitiert, wo ich mir den „Schlamassel“ selbst ansehen sollte. Zwanzig Minuten später war ich vor Ort.

Wenn Dr. Ho besonders enttäuscht von einem Ergebnis unserer Zusammenarbeit war, beschloss er unsere bis dahin recht einseitige Unterhaltung mit dem Satz: „Noch einmal so eine Arbeit und ich suche mir ein anderes Labor.“ Dreimal während unserer langen, etwa 15-jährigen Zusammenarbeit fiel dieser Satz und jedes Mal zog sich mir dabei der Magen zusammen. Ich versicherte ihm dann, dass „so eine Arbeit“ nicht noch einmal vorkäme und dass ich sie persönlich neu anfertigen würde. Er reagierte dann mit dem Satz: „Ihr Wort in Gottes Ohr.“ Wenn ich Dr. Hos Praxis verließ, hatte ich oft ein derbes Schimpfwort auf den Lippen. Das aber konnte ich Gott gewiss nicht ins Ohr flüstern.

Um Dr. Ho zufriedenzustellen und bei der Stange zu halten, arbeitete ich an manchen Tagen 13 oder 14 Stunden von morgens 6:00 Uhr bis hinein in die Abendstunden. Das war der Fluch, von dem ich sprach. Aber ich war noch jung und hielt das aus. Nur fühlte ich mich manchmal, als stecke ich in einem Sumpf und versänke langsam darin. Und mit mir auch meine Familie.

MEIN REFUGIUM

In den 80er-Jahren kam ich abends oft spät nach Hause. Auch an vielen Samstagen arbeitete ich im Labor oder musste zur Zeit der Vorbereitungen auf meine Meisterprüfung an Lehrveranstaltungen teilnehmen. Ich hatte zu wenig Zeit für Claudia und meine Kinder. Immerhin schaffte ich es an einigen Abenden, unseren Kleinen noch aus einem Buch vorzulesen. Nur der Sonntag gehörte immer ganz der Familie.

Mein voller Einsatz im Dentallabor war nur möglich, weil mir Claudia den Rücken frei hielt. Sie sorgte für unsere drei Kinder, hörte sich ihre Sorgen und Nöte an, kümmerte sich um unseren Haushalt und erledigte unsere finanziellen Angelegenheiten. Das war nicht immer einfach für sie. Sie hatte einen Vollzeitjob, der letzten Endes auf seine Art nicht weniger anstrengend als meiner war. Wir waren Partner, die – jeder auf seine Weise – ihr Möglichstes gaben, die Existenz und Zukunft unserer Familie zu sichern. Dieses Ziel schweißte uns zusammen und half uns, Krisen zu überwinden.

Hätte ich so viel gearbeitet, um auf der Karriereleiter immer höher zu klettern, um immer mehr Geld anzuhäufen und um mich zu profilieren, hätte Claudia kein Verständnis für die Vernachlässigung von ihr und unseren Kindern gehabt. Das verriet sie mir Jahre später bei einem gemütlichen Beisammensein mit einem Glas Wein, aber das wusste ich auch vorher schon.

Fast jeden Sommer fuhren wir mit meinem Schwager Richard und meiner Schwägerin Angela für zwei Wochen nach Österreich oder ins Altmühltal. Oft spielten wir abends zusammen eines oder zwei der mitgebrachten Gesellschaftsspiele. Zur Auswahl standen uns inzwischen vier neue Spiele: das Strategiespiel *Risiko,* Wolfgang Kramers Rennspiel *Niki Laudas Formel 1* und in den späten Achtzigern auch das Auktions- und Bluffspiel *Kuhhandel* und das Wirtschaftsspiel *Mc Multi*. Besonders das zuletzt genannte Spiel kam oft auf unseren Tisch. Durch dieses Spiel erfuhren wir außer Spielspaß auch ökonomische Zusammenhänge. Zum Beispiel, wie eine wirtschaftliche Depression zustande kommt und wie sie sich auswirkt. Gesellschaftsspiele machen nicht nur Spaß. Sie können auch der Bildung dienen.

Risiko spielte ich mit Claudia auch gern zu zweit. Wir erfanden einen Dummyspieler und zogen abwechselnd auch für ihn. Claudia ist eine lebhafte, temperamentvolle Spielerin, die zwar, um ihren Unmut zu äußern, nicht das Spielbrett vom Tisch fegt, aber schon mal mit hitzigen Worten Luft ablassen kann. Als wir an einem warmen Sommerabend auf einem Zeltplatz *Risiko* spielten und Claudia aufgrund einer für sie ungünstigen und von mir etwas hinterhältig herbeigeführten Spielsituation von ihrem Stuhl aufsprang und mich beschimpfte, ich mich daraufhin auch zur vollen Größe von 1,76 Meter erhob und ihr mit erregter Stimme Paroli bot, rief ein belustigter Nachbar wohlwollend: „Caramba!!!" Es folgte ein herzhaftes Gelächter von allen Seiten, dem wir uns nach der ersten Schrecksekunde anschlossen. Danach spielten wir leise weiter. Falls die Nachbarn an diesem Abend noch etwas von uns gehört haben sollten, war es allenfalls gezischtes Geflüster.

In der Freizeit, die mir allein gehörte, las ich gern. Historische Romane oder Geschichtssachbücher waren meine Favoriten. Aber ich schmökerte auch in Krimis und Fantasyromanen.

Jeden Morgen genoss ich es (und genieße es auch heute noch), in meinem „Darmstädter Echo" zu blättern. Dabei fiel mir eine Filmkritik auf, die sich mit dem Film *Conan, der Barbar* auseinandersetzte. Die Kritikerin ließ kein gutes Haar an dem barbarischen Fantasyspektakel aus dem Jahr 1982, in dem der muskelbepackte Arnold Schwarzenegger den Helden Conan mimte. Aber als wolle sie ihre Leser mit dem Genre Fantasy versöhnen, gab sie ihnen am Ende ihres Artikels einen Tipp für wirklich gute Fantasy: Sie empfahl die Romantrilogie *Erdzauber* der Autorin Patricia McKillip.

Den wortkargen Barbaren Conan mag es nicht kümmern, aber hätte es ihn nicht gegeben, wäre ich nie auf die Idee gekommen, mich von Patricia McKillip auf eine geheimnisvolle Insel namens Hed entführen zu lassen. In der Konsequenz wäre dann auch mein erstes Spiel *Rätselmeister* nie entstanden und wahrscheinlich auch nicht die vielen Spiele, die ich nach *Rätselmeister* noch entwickeln sollte.

Der erste Band der *Erdzauber*-Trilogie heißt *Die Schule der Rätselmeister*. Im Mittelpunkt der Geschichte steht der junge Morgon, Fürst einer kleinen Insel von Bauern und Hirten, der sich nicht zu schade ist, eigenhändig seine Äcker zu bestellen oder das Dach der Behausung eines Schweinehirten zu reparieren. Morgon hatte, bevor seine Eltern starben und er selbst Fürst wurde, auf Geheiß seines Vaters eine Rätselmeisterschule besucht und sich nach seiner Ausbildung einer Herausforderung gestellt, die noch kein anderer Magier erfolgreich bewältigt hatte. Morgon forderte einen toten Zauberer zum Rätselduell. Er gewann dessen Krone und damit auch das Recht, Rendel, die schöne Tochter des Königs, zu ehelichen. Doch Morgons Sieg ruft höhere Mächte auf den Plan, die sein Leben in ganz andere Bahnen lenken als die, die er sich erträumt hatte.

In der *Erdzauber*-Trilogie geht es um ein ganz großes Rätsel: Warum trägt Morgon ein Mal mit drei Sternen auf der Stirn? Warum findet er eine Harfe mit drei Sternen, die nur er spielen kann, und warum kann nur er ein Schwert schwingen, das ebenfalls mit drei Sternen verziert ist?

Auf der Webseite Literaturschock.de schrieb eine Rezensentin über *Erdzauber:*

„Mein absolutes Lieblingsbuch – heiß geliebt, x-mal gelesen und immer wieder völlig in der verästelten Story, den sensiblen, teils humorvollen Figuren und der vielschichtigen Dramatik versunken. Der Autorin ist es gelungen, eine einzigartige, wunderbare Welt zu erschaffen, die sich erheblich von dem üblichen Umfeld einer Fantasyerzählung unterscheidet."

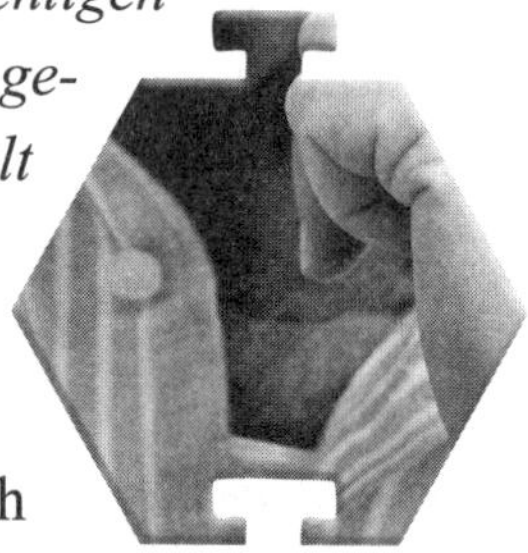

Ich konnte nicht genug von diesem Buch bekommen und freute mich nach jedem Wenden eines Blattes auf die nächste Seite. Ich fühlte mich wohl auf der kleinen Insel Hed, litt mit Morgon, dem Sternenträger, und fieberte der Auflösung des großen Rätsels am Ende der Geschichte entgegen.

Dann war es eines Tages so weit. Ich hatte die letzte Seite dieser wundervollen Geschichte aufgeschlagen. Der Abschied fiel mir schwer, und noch tagelang danach fühlte ich das Verlangen, noch eine Weile in der Welt Morgons, des Zauberers und Fürsten des bäuerlichen Hed verbringen zu dürfen. Dieses Gefühl kennt wohl jeder, der einen Roman mit einer ergreifenden und bezaubernden Geschichte aus der Hand legen muss.

Irgendwann kam mir der Gedanke, wie ich mir den Abschied von *Erdzauber* versüßen könnte: Wäre es nicht möglich, zumindest einen Teil des Buches von Patricia McKillip in einem Spiel wiederauferstehen zu lassen?

In der Erzählung hatten mich besonders die Duelle der Zauberer begeistert. Hier fegten sich die Magier nicht wie gewohnt gegenseitig Feuerbälle, Blitze oder Eislanzen um die schiefen Zauberhüte. Nein, welch schöne Abwechslung: Wechselweise stellten sich zwei Magier Rätselaufgaben. Der Magier, der mehr Rätsel als sein Gegner knackte, hatte das Duell gewonnen.

Der Gedanke, die Rätselduelle von *Erdzauber* jederzeit in einem Spiel erleben zu können, faszinierte mich. So wurde aus einem Gedanken ein Wunsch, der sich irgendwo in meinem Hinterkopf fest verankerte.

Zu Beginn meiner ersten und jeder der noch folgenden Spieleentwicklungen sehe ich in meiner Fantasie in weiter Ferne ein Schloss, umgeben von einem scheinbar undurchdringlichen Dickicht. Das Schloss steht für das spielerische Erleben, das ich mir für mein zukünftiges Spiel wünsche. Dort möchte ich hin. Die Schwierigkeit besteht darin, mir in dem Dickicht einen Weg zu meinem Ziel zu bahnen. Es gibt viele Wege: In sich verschlungene, in denen ich mich leicht verirre. Scheinbar gerade Wege, die plötzlich in einer Sackgasse enden, oder Wegegabelungen, bei denen ich mich entscheiden muss, welche Richtung ich einschlage.

Meine Wegbereiter sind Ideen. Gute Einfälle bringen mich ein gutes Stück meines Weges voran, schlechte führen in eine Sackgasse. Ideen kann ich nicht erzwingen. Sie sind launisch und kommen, wann sie wollen. Aber es gibt Momente, in denen sie bereitwilliger sind, meinen Geist zu erhellen. Zum Beispiel wenn ich nicht abgelenkt bin, etwa während einer Autofahrt auf einer Straße, die ich in- und auswendig kenne, unter der Dusche oder bei einer anderen monotonen Tätigkeit. Dann schaltet mein Bewusstsein auf Automatik und schafft Platz für Neues.

In solchen Situationen entflieht manchmal ein besonders starker Wunsch meinem Hinterkopf, dringt in meine Gedanken und fordert seine Erfüllung. Wenn mir das Schicksal in diesem Moment gnädig gestimmt ist, kommt es zu einem Geistesblitz, zu einer Idee, die ein Produkt meines Wissens, meiner Erlebnisse und meines Wunsches ist.

Bei meinem zukünftigen Spiel *Rätselmeister* wartete ich auf eine Grundidee, auf welche Art und Weise Spieler eigene Rätsel gestalten könnten, ohne dass diese Aufgabe sie überfordern würde. Ich suchte nach einem geeigneten Rätselmedium.

Ich weiß heute nicht mehr genau, bei welcher Gelegenheit mich der ersehnte Geistesblitz überraschte – wann und wie ich darauf kam, Knetmasse für die Gestaltung von Rätseln zu verwenden. Vielleicht hatte ich meine Tochter Marie in ihrem Zimmer besucht und fand auf dem Boden eine Knetfigur? Überlegte dann, welches Ding meine Tochter da geknetet, welches Rätsel sie mir ungewollt gestellt hatte?

Wie auch immer, die tragende Idee für mein erstes Spiel war geboren! Knetmasse war das ideale Medium für die Gestaltung von Rätseln. Da ich die Form eines Gegenstandes oder eines Lebewesens gröber oder auch detaillierter modellieren kann, habe ich es in der Hand, wie schwierig mein Rätsel werden soll.

Angenommen, ich wollte als Rätsel eine Faust darstellen: Forme ich nur eine Kugel, kann sie für viele runde Gegenstände stehen – von einem Planeten bis hin zu einer Perle. Das Rätsel wäre zu schwer. Verpasse ich der Kugel eine kantigere Gestalt, die grob einer Faust ähnelt, und modelliere ich noch ein Stück Handgelenk an, verrate ich noch nicht zu viel, gebe den Rätselratern aber einen Hinweis, der sie eher auf die richtige Fährte führen kann. Ich hätte ein faires, zugleich aber auch interessantes und spannendes Rätsel geschaffen.

Unterlassen sollte ich es, die einzelnen Finger der Faust anzudeuten. Dann hätte ich eine Faust modelliert, aber kein Rätsel.

Leider gab es noch eine weitere große Hürde in meiner ersten Spielentwicklung. Wer würde nicht möglichst schwierige Rätsel formen, damit seine Mitspieler seine Rätsel nicht erraten würden, bevor er die ihrigen löste? Im Geiste sah ich schon jeden Spieler nur Kugeln und Quader kneten. Das wäre der sichere Tod meiner vielversprechenden Spielidee.

Ich suchte nach einem Kniff, der die Spieler veranlassen würde, ihre Rätsel individuell, weder zu schwierig noch zu einfach zu gestalten. Die rettende Idee kam mir während einer Autofahrt: Die Gestaltung guter Rätsel musste belohnt werden!

Ich überlegte mir, die Gestalter der ersten beiden gelösten Rätsel mit Minuspunkten zu bestrafen. Ihre Rätsel wären zu einfach gewesen. Zu schwierige Rätsel, die als Letzte oder gar nicht geknackt würden, sollten ihren Schöpfern ebenfalls Minuspunkte einbringen. Nur die Rätsel in der Mitte, die weder als Erste noch als Letzte gelöst würden und somit genau den richtigen Schwierigkeitsgrad hätten, sollten ihren Gestaltern Pluspunkte bescheren.

Damit stand das Grundgerüst meines ersten Spiels. Nun galt es, dieses einzukleiden. Im Spiel zu viert wollte ich jeden Spieler zwei Rätsel in seiner Spielerfarbe gestalten lassen. Ich hatte einen Spielplan vor Augen, dessen Felder ich mit magischen Lebewesen aus der *Erdzauber*-Trilogie illustrieren wollte. In Abhängigkeit davon, auf welches Feld ein Spieler mit seiner Figur zog, sollte er entweder so lange Fragen zu den Rätseln seiner Mitspieler stellen dürfen, bis er als Antwort ein „Nein" erhielt, oder er sollte berechtigt sein, einen Buchstaben der Lösung eines Rätsels in Erfahrung zu bringen.

Ich freute mich auf jede freie Stunde, in der ich Gelegenheit hatte, an meinem Spiel zu werkeln. Ich kaufte eine große Sperrholzplatte für den Spielplan, Plakatfarben, mit denen ich die Platte bemalen, und Modelliermasse, mit der ich schöne, große Magierfiguren erschaffen wollte, die meine Mitspieler und ich über den Spielplan ziehen würden. Ich hatte die Tür zu einer neuen, faszinierenden Welt aufgestoßen. Zu einer Welt, die es mir erlaubte, mit meinen Ideen etwas so Schönes wie ein Spiel zu entwickeln. Ich erlebte einen Schaffensprozess, der nicht zweckgebunden war, sondern mir einfach nur Freude schenkte. Sollte mir mein Spiel nach seiner Fertigstellung keinen Spaß bereiten, betraf das nur mich. Niemand könnte mich deswegen rügen oder mir Konsequenzen androhen.

Der Hauptort meines befriedigenden kreativen Schaffens war ein kleiner Kellerraum unseres Reihenhauses, direkt neben unserem Schafzimmer gelegen. Da wir jedem unserer Kinder ein eigenes Zimmer im zweiten Stock zugestanden hatten, mussten

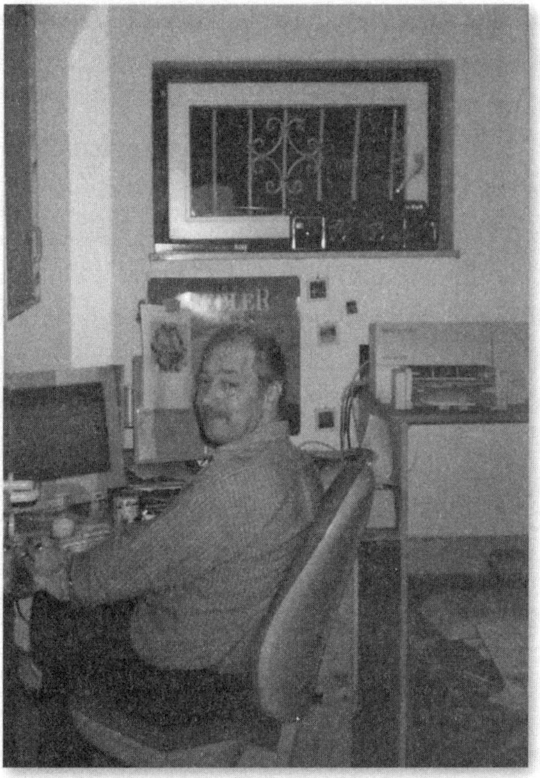

Mein kleines Reich, mein Refugium auf viereinhalb Quadratmetern im Jahr 1996.

wir unser Schlafzimmer und mein Arbeitszimmer notgedrungen in den Keller verlegen. Der kleine Kellerraum wurde mein Refugium, ein friedlicher Ort, der nur mir gehörte, in dem ich mich erholen und neue Kraft für den Alltag schöpfen konnte.

Wenn ich nach einem langen Arbeitstag nach Hause kam, freute ich mich auf Claudia und unsere Kinder, aber auch auf eine halbe oder ganze Stunde, die ich der Entwicklung und Herstellung meiner Spiele widmen konnte. Dann vergaß ich für eine Weile das Kreditlimit der Bank, die IG Metall, den Betriebsrat und auch Dr. Ho.

Je größer meine Sorgen um die Existenz meiner Familie und meiner Eltern wurden, umso größer wurde mein Wunsch, in mein Refugium einzutauchen und Spiele zu entwickeln. Immer wenn ich etwas Zeit dafür erübrigen konnte, fühlte ich mich danach gestärkt und konnte den Widrigkeiten und Problemen der folgenden Tage gelassener begegnen.

In den Jahren 1983 bis 1988 entwickelte ich neben *Rätselmeister* sieben weitere Spiele. Wie bei *Rätselmeister* hatten auch bei meinen anderen Spielen Romane, kleine Geschichten in Zeitungen oder Begebenheiten des täglichen Lebens in mir den Wunsch erweckt, sie am Spieltisch zu erleben. Nur eines dieser acht Spiele sollte in den Jahren zwischen 1988 und 1991 nicht veröffentlicht werden.

DER SPIELETREFF

Während eines Spieleabends mit Claudia und unseren Freunden brachte ich auch mein fertiggestelltes *Rätselmeister*-Spiel erstmals auf Tisch. Das erste große Rätselduell lief noch nicht so rund, wie ich es mir vorgestellt hatte, machte aber dennoch so viel Spaß, dass ich seine Feuerprobe als bestanden ansah. Bis zum nächsten Test ließ ich einige Wochen verstreichen.

Die Entwicklung eines Spiels gleicht ein wenig dem Reifungsprozess eines guten Weins. Wie der Wein braucht ein Spiel bei seiner Entwicklung Zeit und Geduld. Man kann die Entwicklung und Reifung nicht beschleunigen, indem man wieder und wieder testet und hofft, die Lösung von Problemen werde sich dabei wie von selbst ergeben. Mit solch einer Vorgehensweise schreckt man nur seine Mitspieler ab, die dann den nächsten Spieleabend bedauernd absagen und lieber ins Kino gehen.

Diesen Fehler machte ich glücklicherweise von Anfang an nicht. Nach dem ersten Test von *Rätselmeister* nahm ich mir die Zeit, die Schwächen des Spiels auszuloten und über Verbesserungen nachzudenken. Schließlich verschlankte ich das Spiel, warf überflüssige Regeln über Bord und malte einen kleineren und übersichtlicheren Spielplan. In der neuen Version wurde *Rätselmeister** zu einem gern gesehenen Spiel unserer Spielabende.

Ich dachte damals nicht daran, *Rätselmeister* einem Spieleverlag anzubieten. Ich wusste noch nicht einmal, dass es Spieleautoren gab. Schließlich standen – anders als bei Büchern – nur sehr selten Autorennamen auf den Spieleschachteln. Ich nahm an, die vielen schönen Spiele würden in den Verlagen von spielbegeisterten Mitarbeitern entwickelt. Ich war damit zufrieden, neue spannende Spiele kennenzulernen und eigene zu entwickeln. In gewisser Weise war meine Spielewelt in ihrem Wesen so rein und unberührt wie das Paradies von Adam und Eva.

Erst durch den Genuss eines verbotenen Apfels wurden die beiden ersten Menschen wissend und verloren ihr Paradies. Bei mir war es kein verbotener Apfel, der es mir ermöglichte, über den Rand meiner kleinen Spielewelt zu blicken und mir meine Unwissenheit und damit meine spielerische Unschuld zu nehmen; es war ein kleiner, verträumter Spieleladen abseits der Darmstädter Innenstadt, den ich Mitte 1985 zum ersten Mal betrat.

Der Duft der vielen Spiele, die sich in einfachen Regalen dicht aneinanderdrängten, stieg mir angenehm in die Nase. So viele Spiele hatte ich noch nie auf einmal gesehen, und von den meisten hatte ich noch nie gehört. Viele der bunten Schachteln trugen englische Namen und sahen recht kriegerisch aus. Der Ladenbesitzer klärte mich auf, bei diesen Spielen handele es sich um sogenannte Konfliktsimulationsspiele, kurz Cosims genannt. Im Prinzip waren es Kriegsspiele, in denen Schlachten – zumeist des Ersten und Zweiten Weltkriegs – nachgespielt wurden. Aber auch Schachteln mit Konfliktsimulationen aus älteren Zeiten oder aus den Genres Science-Fiction und Fantasy lugten aus den Regalen hervor.

Ich erinnerte mich an das Spiel *Römer gegen Karthager,* das ich in meiner Kindheit so gern gespielt hatte. Letztlich war *Römer gegen Karthager* auch ein Cosim: Jeder Spieler stellt auf seiner Seite eines Spielplans eine Armee mit unterschiedlichen Einheiten auf. Die Spieler rücken ihre Krieger abwechselnd nach bestimmten Regeln vor. Treffen Einheiten aufeinander, wird mithilfe von Würfeln gekämpft. Gewonnen hat ein Spieler, wenn er eine Fahne, eine Kommandozentrale, den Feldherrn des Gegners oder was auch immer sonst erobert hat.

Cosims waren zu jener Zeit im angelsächsischen Sprachraum weit verbreitet. Da es sich um Kriegsspiele handelte, gab es in Deutschland, das vom Zweiten Weltkrieg noch traumatisiert war, kaum eigenen Entwicklungen. Doch es fanden sich genügend Liebhaber von Cosims in Deutschland, die einen Import der Kriegsspiele aus den USA oder England kommerziell rechtfertigten. Das bewies der kleine Spieleladen mit seinem reichhaltigen Angebot an Kriegssimulationsspielen.

Der Erfolg und die Verbreitung der Cosims erreichte Mitte der 80er-Jahre – somit zu der Zeit, in der ich den Spieleladen entdeckt hatte – ihren Höhepunkt. In den 90er-Jahren sank die Beliebtheit drastisch. Waren der Grund hierfür die aufkommenden Computerspiele, die es einfacher machten, Schlachten nachzuspielen? Oder war es das zunehmend bessere und vielfältigere Angebot an Gesellschaftsspielen? Diese Frage können Wissenschaftler, die sich mit dem Kulturgut Spiel befassen, sicher besser beantworten.

Der Besitzer des Spieleladens nahm sich Zeit für mich. Die hatte er auch, da ich mich als einziger Kunde in seinem Laden aufhielt. Er informierte mich unter anderem über einem Spieletreff in einem Darmstädter Studentenwohnheim. Dort träfen sich jeden Donnerstagabend zumeist Studenten, die begeistert miteinander Brett- und Kartenspiele zockten. Der Treff stehe jedem Besucher offen und wer Spiele mitbringe, sei besonders willkommen.

Das war eine tolle Neuigkeit!

Wäre das nicht eine ideale Gelegenheit für mich, neue Spiele kennenzulernen und Menschen zu treffen, die dem gleichen Hobby frönten wie ich?

So fuhr ich an einem Donnerstagabend nach Darmstadt zum Spieletreff. Ich hatte das Spiel *Dampfross* mit dabei, ein Eisenbahnspiel, das mir sehr gut gefiel und das ich an diesem Abend gern spielen wollte. Ich betrat einen größeren Raum, der den Studenten des Wohnheims normalerweise als Aufenthaltsraum diente und jeden Donnerstagabend vom Spieletreff gemietet wurde. Die meisten der Spieler, vorwiegend Studenten, waren im Durchschnitt zehn Jahre jünger als ich und männlich. Nur eine einzige, jüngere Frau entdeckte ich unter den Anwesenden. Einige Spieler saßen bereits um Tische herum, auf denen sie das Zubehör von Cosims ausgelegt hatten und sich auf die kommenden Schlachten vorbereiteten; andere standen noch beisammen und berieten, welches Spiel auf den Tisch kommen sollte.

Einer der Studenten, Michael Blumöhr, erkannte mich als Neuling und begrüßte mich. Ich erfuhr, dass er den Spieletreff organisierte und zusammenhielt. Später fand ich heraus, dass Michael auch der Gründer und Herausgeber eines kostenlosen Postspielmagazins war, das den Namen *Amtsblatt – Amt für öffentliche Unordnung* trug. Als Abonnent des Magazins konnte man an diversen Postspielen teilnehmen, was ich später auch fleißig tat.

Postspiel? In der heutigen Zeit mit schnellem Internet klingt das sehr altmodisch. Das ist es aus heutiger Sicht auch. Die Teilnehmer an einem Postspiel schicken einem Spielleiter per Brief oder Postkarte ihre Spielzüge zu. Dieser wertet die Spielzüge aus und veröffentlicht das Ergebnis dann im Postspielmagazin. Besonders gern spielte ich die Postspielvariante von *Diplomacy,* einem Verhandlungsspiel, in dem in der Zeit vor dem Ersten Weltkrieg jeder Teilnehmer ein Land repräsentiert und versucht, die Vorherrschaft über Europa zu erringen. Bevor man seinen Zug abgab, verhandelte man mit seinen Mitspielern per Telefon oder Postkarten, schloss Bündnisse oder brach sie. Das war schon spannend, auch wenn die Teilnehmer ein oder zwei Wochen warten mussten, bis die Ergebnisse der Spielzüge im Postspielmagazin veröffentlicht wurden.

Ich weiß heute nicht mehr, welche Spiele ich bei meinem ersten Besuch spielte, aber ich habe diesen Spieletreffabend in sehr guter Erinnerung. So folgten noch viele Spieletreffs, an denen ich teilnahm. Ich lernte nach und nach alle Mitglieder des Treffs kennen und wurde von ihnen in Spiele eingeführt, die nicht im Fachhandel oder in Kaufhäusern angeboten wurden. Es handelte sich dabei um komplexe, aber durchaus reizvolle Spiele wie beispielsweise *1830* und *Civilization.*

Bei *1830* erlebt man die Aufbruchsstimmung beim Bau der ersten Eisenbahnlinien im Osten der USA. Es werden aber nicht nur Eisenbahnstrecken gebaut; eifrig wird auch mit den Anteilen der entstehenden Eisenbahngesellschaften gehandelt, um möglichst große Gewinne zu erzielen. Der Spielspaß kann schon mal vier oder mehr Stunden dauern.

Acht oder mehr Stunden Zeit muss man mitbringen, wenn man sich auf eine Partie *Civilization,* erschienen im Jahr 1980, einlassen will. Jeder Spieler übernimmt eine Zivilisation, wie beispielsweise die Babylonier oder Ägypter, und führt sie auf einer Karte des östlichen Mittelmeers von den Anfängen bis zum Ende des Altertums. Ausschlaggebend für den Spielsieg ist die Entdeckung neuer Technologien, mit denen ein Spieler das ihm anvertraute Volk effektiver vermehren kann.

Beide Spiele stammen aus der Feder des Engländers Francis G. Tresham, der für mich der Begründer der modernen Vielspielerszene ist.

Als Vielspieler werden in der Spieleszene Menschen bezeichnet, die oft spielen und komplexe Spiele, denen nur wenige oder gar keine Glücksmomente innewohnen, bevorzugen. In den 80er-Jahren wurden die wenigen Vielspieler von den Spielefirmen kaum wahrgenommen. Aber ihre Zahl stieg in den letzten 35 Jahren enorm an und ihr Hunger nach immer neuen anspruchsvollen Spielen ließ

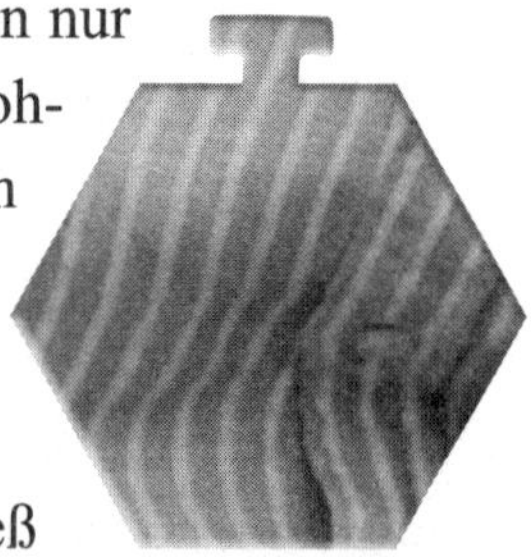

neue Firmen aus dem Boden sprießen, die diesen Hunger stillten. Heute gibt es eine fast unüberschaubare Menge an anspruchsvollen, komplexen Spielen für Vielspieler.

Ich bekenne, ich bin und war nie ein Vielspieler. Zwar habe ich sowohl *Civilization* als auch *1830* gespielt und fand beide Spiele sehr reizvoll. Ich kenne auch viele der modernen, oft sehr raffinierten und interessanten Vielspielerspiele. Aber so richtig warm wurde ich nie mit ihnen und mehr als ein- oder zweimal habe ich keines von ihnen gespielt. Oh, mögen Sie vielleicht denken: Muss ein Spieleautor nicht total spielversessen sein, in jeder freien Minute spielen und gerade sehr anspruchsvolle, glücksunabhängige Spiele lieben?

Nein, muss er nicht.

Ich bevorzuge Spiele mit einer überschaubaren Spieldauer, die man an einem Abend auch zwei- oder dreimal hintereinander spielen kann. Ein nicht zu hoch dosierter Glücksanteil ist mir willkommen, der das Spiel nicht berechenbar macht und langes Grübeln über den besten aller möglichen strategischen Züge verhindert. Ich favorisiere Spiele, die sich als Medium für ein lebhaftes, geselliges Miteinander eignen und in denen ich sowohl das Spielgeschehen als auch jeden meiner Mitspieler mit der Fülle seiner Persönlichkeit erleben kann.

Da ich noch lieber Spiele entwickle, als sie zu spielen, fehlte und fehlt mir auch ganz einfach die Zeit, mich mit einem langen, anspruchsvollen Spiel so oft zu beschäftigen, bis ich alle seine strategischen Möglichkeiten ausgelotet und es gemeistert habe.

Ich hatte den Spieletreff bereits einige Male besucht, als ich es eines Donnerstagabends wagte und Michael Blumöhr und zwei andere Spieler zu einer Partie *Rätselmeister* einlud. Ich war sehr aufgeregt, da ich mein Spiel zum ersten Mal außerhalb meines Freundeskreises präsentierte. Es ging mir wohl ein bisschen so wie Eltern, die ihr Kind erstmals in den Kindergarten bringen und so aus dem vertrauten und behüteten Kreis der Familie in eine Welt entlassen, die sie nicht mehr kontrollieren können.

Rätselmeister war mein geistiges Kind, das ich von der ersten Idee an bis zum funktionierenden Spiel genährt und gepflegt hatte und das mir ans Herz gewachsen war. Nun würde es sich erstmals vor den Augen eingefleischter Spieleliebhaber bewähren müssen. Natürlich fürchtete ich deren Urteil.

Rätselmeister bestand seine Bewährungsprobe. Alle hatten Spaß dabei, eigene Rätsel zu erstellen und die der Mitspieler zu lösen. Am Ende des Spiels meinte Michael Blumöhr, *Rätselmeister* habe das Zeug zum „Spiel des Jahres“. Nein, ich hatte mich nicht verhört, hielt dieses Urteil aber eher für einen gut gemeinten Scherz. Michael gab mir den Rat, *Rätselmeister* auf dem Göttinger Spieleautorentreffen vorzustellen.

Inzwischen war ich ganz heiß darauf, mein erstes Spiel bei einem Verlag unterzubringen und uns ein paar Mark dazuzuverdienen. Ich nahm mir vor, Michaels Rat unbedingt zu befolgen.

DAS SPIELEAUTORENTREFFEN IN GÖTTINGEN

An einem Wochenende im Juni 1986 fuhren Claudia und ich mit der Bahn nach Göttingen. Unsere Kinder hatten wir bei unseren Eltern untergebracht und so lag nicht nur eine aufregende Veranstaltung vor uns, sondern auch zwei Tage, die allein uns gehörten.

Das Göttinger Spieleautorentreffen wurde 1983 von Reinhold und Karin Wittig als eine Veranstaltung ins Leben gerufen, die es Spieleautoren ermöglichen sollte, ihre Erfahrungen untereinander auszutauschen und ihre noch unveröffentlichten Spiele interessierten Besuchern sowie Spielejournalisten und Vertretern von Verlagen vorzustellen.

Samstagsmorgens betraten Claudia und ich die Göttinger Stadthalle, die mir wie eine heilige Halle des Spiels erschien. Nicht nur unbekannte Autoren tummelten sich hier; auch damals schon bekannte Autoren wie Alex Randolph, der Vater des heute noch sehr erfolgreichen Kinderspiels *Tempo, kleine Schnecke,* Wolfgang Kramer, der 1984 für *Heimlich & Co.* seinen ersten „Spiel des Jahres"-Preis erhalten hatte, und nicht zuletzt Reinhold Wittig, der Mitinitiator des Spieleautorentreffens, dessen bekannteste Veröffentlichung wohl *Das Spiel* ist, waren anwesend.

Uns wurde einer der vielen Tische zugewiesen und wir packten unser *Rätselmeister*-Spiel aus. Claudia und ich formten interessante Rätsel und waren ganz euphorisch. Sicher würden sich viele Journalisten und Vertreter von Spieleverlagen um unseren Tisch drängen, um unser sehenswertes Spiel mit seinen skurril anmutenden Rätselfiguren zu begutachten.

Wir warteten … und warteten …

Irgendwann gestanden wir uns ein, dass der Ansturm auf unseren Tisch wohl ausbleiben würde. Hin und wieder, zugegebenermaßen also eher selten, hastete ein uns unbekannter Mensch an unserem Tisch vorbei, überflog mit schnellem Blick unser liebevoll arrangiertes Ausstellungsobjekt, hob dann kurz die Augenbrauen oder nickte uns kurz zu. Wir nickten freundlich zurück und schon war er verschwunden.

Glücklicherweise hatten wir nette Tischnachbarn, mit denen wir uns unsere Langeweile vertrieben. Ein Ehepaar hatte ein liebevoll gebasteltes Kinderspiel dabei, das sie das *Käferchenspiel* nannten. Die Besucher zeigten wesentlich mehr Interesse an diesem Kinderspiel mit seinen drolligen, schön modellierten und bemalten Käferchen als an unserem *Rätselmeister*. Ich überlegte kurz, ob ich vielleicht niedliche kleine Käferchen, Bienchen und Schmetterlinge kneten sollte, um das Interesse an unserem Spiel zu erhöhen, aber ich verwarf diesen ketzerischen Gedanken ganz schnell wieder. Dann wären meine Knetgebilde ja keine Rätsel mehr gewesen und ich hätte mein Spiel verraten.

Nachmittags wurde Wolfgang Kramer der „Göttinger Spatz“ für seine innovativen Leistungen für das Kulturgut Spiel verliehen. Der „Göttinger Spatz“ ist eine kleine aufziehbare goldfarbene Figur eines Spatzen, der, nachdem man ihn aufgezogen hat, lustig und unbekümmert durch die Gegend hopst. Sehr spielerisch, wie sich das für einen Preis in der Spieleszene auch gehört. Sechs Jahre später, 1992 sollte auch mir der „Göttinger Spatz“ überreicht werden. Er steht heute in meiner Vitrine, und manchmal scheint es mir, als warte er sehnsüchtig darauf, wieder einmal ein wenig hüpfen zu dürfen. Hin und wieder tue ich ihm den Gefallen.

Die Laudatio auf Wolfgang Kramer hielt der Spielekritiker Peter Neugebauer, der am folgenden Tag, aber auch in meinem weiteren Leben noch eine große Rolle spielen sollte. Wenig später verirrte sich dann doch ein Interessent zu uns. Claudia erinnert sich:

„Wir fühlten uns gar nicht mehr so richtig wohl, bis dann – oh Freude! – ein ersehnter Verlagsmensch kam, ein Herr Dr. Wulff vom Verlag Franckh Kosmos. Sofort holten wir das Mammutregelwerk unter dem Tisch hervor. Das war ein Fehler. Er ließ sich auf einen Stuhl fallen hielt sich den Kopf und jammerte und klagte über dieses umfangreiche Werk. Eine Regel dürfe höchstens zwei Seiten haben, warf er meinem Mann vor. Ich habe das heute noch im Kopf."

Abends schlenderten Claudia und ich durch die Innenstadt Göttingens. Wir spürten, dass über 20 Prozent der Göttinger Einwohner Studenten waren, denn zahlreiche junge Leute bevölkerten die vielen Tische vor den Restaurants und Cafés und verbreiteten eine heitere, ausgelassene Stimmung. Immerhin erlebten wir einen schönen Abschluss eines nicht gerade erfolgreichen und ermunternden ersten Tages auf dem Göttinger Spieleautorentreffen.

Unser zweiter Tag in der Göttinger Stadthalle verlief bis zum Nachmittag auch nicht erfolgreicher als der erste. Immerhin konnte ich mit einigen Autorenkollegen interessante Gespräche führen. Auch waren mir kurze Unterhaltungen mit Dr. Wulff, dem Redakteur von Franckh Kosmos, der von meinem Regelwerk am Vortag Kopfschmerzen bekommen zu haben schien, und einer sehr netten Redakteurin von Ravensburger vergönnt. Beiden versprach ich, ihnen ein Exemplar meines *Rätselmeister*-Spiels zu schicken. Beide nickten höflich, aber nicht wirklich interessiert.

In den frühen Nachmittagsstunden blieb ein freundlicher Mann an unserem Tisch stehen, setzte sich sogar und griff nach der Regel meines *Rätselmeister*-Spiels. Er blätterte in meinem vielseitigen Werk, las hier und dort ein paar Zeilen und gab dann einen Satz von sich, der mir heute noch in den Ohren klingt: „Oh Gott, was für eine Regel, was für eine Regel, das ist ja ein Roman …" Nach seinem müden Tonfall zu schließen, war er alles andere als begeistert. Der freundliche, sehr charmante Kritiker meiner Spielregel stellte sich als Tom Werneck vor, Spielejournalist, Mitglied und Mitbegründer der Jury „Spiel des Jahres". Er nahm sich dann noch ein paar Minuten Zeit für uns und klärte mich über die Unzulänglichkeiten meines Regelwerks auf: Meine Regel sei viel zu lang und habe keine Struktur. Ähnliches hatte ich am Vortag schon von Dr. Wulff gehört.

Dass sich meine Regel allenfalls zum Abputzen des Allerwertesten eignen würde, sagte er nicht. Aber es hätte gepasst. Über das eigentliche Spiel verlor er kein Wort. Wie sollte er auch, wenn er meine Regel nicht verstanden hatte.

Aber er hatte recht. Was ich da als Regel niedergeschrieben hatte, war allenfalls eine langweilige Erzählung.

Wir wollten schon unser Spiel zusammenpacken und enttäuscht abreisen, als ich den Spielekritiker und Laudator Peter Neugebauer mit drei weiteren Personen im Schlepptau zielstrebig auf uns zukommen sah. Peter stellte sich und seine Frau Gaby vor. Bei dem Pärchen in seiner Begleitung handelte es sich um seinen Bruder und seine Schwägerin. Peter fragte mich, ob ich ihm *Rätselmeister* erklären könnte, er würde es gern mit seinen Begleitern spielen. Claudia und ich waren baff. Da wollte jemand nicht nur schnell mal gucken oder meine Regel auseinandernehmen, sondern mit *Rätselmeister* tatsächlich das tun, wofür es gedacht war und wir es mitgebracht hatten: Er wollte es spielen! Peter blickt zurück:

„Die 80er-Jahre des vergangenen Jahrhunderts waren eine spannende Zeit für die Spielszene. Der Kritikerpreis ‚Spiel des Jahres' durchlief gerade seine erste Dekade. Die Essener Spieltage wurden 1983 aus der Taufe gehoben und auch die Spieleautoren trafen und treffen sich seit 83 zum Gedankenaustausch einmal jährlich in Göttingen. Die damals gelegten Fundamente

tragen bis heute und garantieren die uns bekannte vielfältige und lebendige Szene.

In diesen Anfangsjahren lernte ich Klaus Teuber und seine Frau Claudia kennen. Beim Göttinger Spieleautorentreffen 1986 saß er erstmalig mit einem Prototyp in den damals noch schmalen Reihen der Spieleautoren. Schon gleich beim ersten Rundgang registrierte ich, dass dort etwas Besonderes auf dem Spieltisch lag. Zu sehen gab es etliche Knetfiguren, in denen Zahnstocher steckten. Das weckte meine Neugier. Allerdings konnte ich mich diesem Anreiz erst zwei Stunden vor Schluss der Veranstaltung widmen.

Klaus Teuber erklärte das Spiel und ich wollte es sofort ausprobieren. Eine Spielrunde war schnell organisiert, und nach der ersten Partie wollte ich das Spiel besitzen. Klaus bastelte mir einen Prototyp und schickte ihn mir zu. Er entschuldigte sich, dass er das Geld für die damals teuren Farbkopien im DIN-A3-Format (für den Spielplan) in Rechnung stellen musste. Das dann in meinen Spielrunden immer und immer wieder gespielte ‚Rätselmeister' war das Geld allemal wert. Eine sehr interaktive Idee, dazu ein innovatives Element (Knete) und eine kreative Herausforderung erklären den Reiz dieses Spiels."

Das war ein denkwürdiges Ereignis an diesem schönen Frühsommernachmittag. Ich hatte mein erstes Spiel verkauft – wenn auch nur zum Selbstkostenpreis! Nie mehr danach sollte der Verkauf eines meiner Spiele mit 100,– DM honoriert werden.

ABSAGEN

In den folgenden Monaten stellte ich fünf Kopien meines *Rätselmeister*-Spiels her. Ich modellierte Magierinnen und Magier aus Wachs, stellte eine Negativform von ihnen her und goss die Formen mit verschiedenfarbigen Kunststoffen aus. Die Figuren der Kopie, die ich Peter Neugebauer schickte, bemalte ich individuell mit Plakatfarben. Ich wollte mich nicht lumpen lassen. Für seine 100,– DM sollte er auch eine Premiumausgabe meines Spieles erhalten.

Weitere Kopien verschickte ich an vier Verlage, darunter Kosmos und Ravensburger, deren Redakteure ich in Göttingen kennengelernt hatte. Nach sechs Wochen wurde ich etwas ungeduldig und fragte Claudia jeden Abend, ob ein Schreiben eines Spieleverlages in der Post gewesen sei. Anfangs verneinte Claudia meine Frage geduldig, bald kam ihr das „Nein" hörbar ungeduldiger über die Lippen. Als sie das „Nein" immer härter aussprach und mit einem düsteren Zusammenziehen ihrer dunklen Brauen verband, verkniff ich mir die Frage.

Es dauerte Monate, bis ich Antworten erhielt. Am schnellsten war Kosmos. Im September 1986 erhielt ich eine freundliche Standardabsage.

Die Absage von Ravensburger folgte im November. Die sympathische Redakteurin, die ich in Göttingen kennengelernt hatte, begründete in einem längeren Brief, warum die Programmkonferenz *Rätselmeister* nicht in die engere Wahl für das Ravensburger Spieleprogramm gezogen hatte. Sie versicherte mir, es habe nicht an der mangelnden Qualität von *Rätselmeister* gelegen, und schrieb mir dann weiter: *„Entscheidend war vielmehr, dass wir in dieser Konferenz ein weiteres Spiel präsentiert haben, welches vom Spielmechanismus und insbesondere vom Thema her einen* *völlig anderen Ansatz als Ihr Spiel hat, jedoch als ein Element der Interaktion zwischen den Spielern auch das Darstellen von Begriffen mithilfe von Knete beinhaltet.“*

Die freundliche Redakteurin beendete ihren Brief mit ein paar aufbauenden und tröstenden Sätzen sowie der Bitte, ihr weitere meiner Spielideen zuzuschicken, sobald ich sie ausgearbeitet hätte. Das tat ich später auch.

Von den beiden anderen Verlagen, denen ich ein *Rätselmeister*-Spiel geschickt hatte, erhielt ich im Frühjahr 1987 ebenfalls Standardabsagen.

Ich war enttäuscht. Claudia auch, denn sie liebte *Rätselmeister*. Und wir beide glaubten nach wie vor an den Erfolg des Spiels.

Wir überlegten, ob wir das Spiel nicht selbst produzieren könnten. Es gab Firmen, die Spielekartons und Spielpläne herstellten und zusammen mit dem zusätzlich benötigten Spielmaterial wie Figuren, Holzsteinen etc. eingeschweißte, komplett fertige Spiele herstellten. Entsprechende Angebote hatte ich eingeholt.

Auch hatte ich auf der Suche nach einem Illustrator für das Cover und den Spielplan eine Anzeige im Darmstädter Echo geschaltet. Ich erhielt nur eine Antwort darauf. Sie stammte von einem jungen Illustrator namens Franz Vohwinkel. Ich besuchte Franz in seiner kleinen Dachgeschosswohnung in der Darmstädter Innenstadt. Franz war mir auf Anhieb sympathisch und wir einigten uns auf einen fairen Preis, falls ich Franz mit den Illustrationen beauftragen würde. Erst drei Jahre später sollte er tatsächlich ein Spiel von mir illustrieren. Er machte seine Arbeit so hervorragend, dass er ein sehr gefragter Illustrator in der Spieleszene wurde und es bis heute blieb.

Die Herstellung der Spiele wäre also kein Problem gewesen, sofern wir den Preis dafür zahlen konnten. Das war der erste Haken. Schon für eine kleine Auflage von 1000 Spielen hätten wir –

inklusive Vorkosten wie Illustrationen, Design und Werkzeugkosten – ca. 10,– DM pro Spiel zahlen müssen. Das Geld hatten wir nicht. Der Verkauf unseres alten Opel Rekord hätte uns höchstens 1.500,– DM eingebracht, aber dann hätten wir keinen fahrbaren Untersatz mehr gehabt. Vielleicht, so hofften wir, gewährte unsere Bank uns einen Kredit, wenn wir einer Aufstockung der Hypothek auf unser Reihenhaus zustimmten.

Aber wo sollten wir die Spiele lagern? Die Kinderzimmer waren zu klein, unser Schlaf- und Wohnzimmer auch. Blieb nur unsere Garage. Unser alter Opel Rekord konnte auch draußen seinem unausweichlichen Ende entgegendämmern. Aber würden wir in der Garage 1000 oder gar 2000 Spiele unterbringen?

Wenn dann die vielen *Rätselmeister*-Schachteln in unserer Garage lagern würden, wie würden wir sie an Frau und Mann bringen? Wir müssten wohl einen Stand auf der Spielwarenmesse in Nürnberg buchen, Anzeigen schalten und die größten Spieleläden in Deutschland abklappern. Woher die Zeit und das zusätzliche Geld dafür nehmen? Wir hatten weder das eine noch das andere. Vielleicht könnten wir einen Verlag als Vertriebspartner finden, der uns für eine Beteiligung an den Erlösen die Arbeit abnahm.

Ich stand vor unserer Garage, in deren Innerem es bedrohlich grummelte und rumpelte. Fürchterliches ahnend, gewahrte ich, wie sich unsere Garage aufblähte, durch entstehende Risse und Löcher ‚Rätselmeister'-Spiele wie Puffmais nach draußen poppten, in die Luft schossen und auf unser Haus niederregneten. Als schienen sich die Spiele in der Garage unendlich zu vermehren, drängten sie in immer schnellerem Takt aus der Enge ihres pulsierenden Gefängnisses und bedeckten bald unser ganzes Haus. Panik kam in mir auf. Claudia und die Kinder, wo waren sie? Ich wollte sie suchen, konnte mich aber nicht rühren. Mein Herz raste. Verzweifelt schrie ich nach meiner Familie.

Da hörte ich ein gackerndes Gelächter, das ich nur zu gut kannte. Ich blickte nach oben. Auf der Spitze der Spielepyramide, die unser Haus unter sich begraben hatte, stand mein Berufswunsch-Geist, hielt sich seinen Geisterbauch vor Lachen und konnte sich kaum einkriegen. Während der Geist damit beschäftigt war, sich wieder unter Kontrolle zu bringen, wich der Schreck langsam von mir. Ich begriff, ich träumte nur. Meiner Familie war nichts passiert.

„Hallo Klaus! Ich bedaure es nicht, dir diesen Schrecken, eingejagt zu haben. Es ist gut, wenn du ein bisschen leidest."

Ich fragte mich, womit ich diesen grausamen Albtraum verdient hatte. Da der Geist meine Gedanken lesen konnte, folgte die Antwort prompt.

„Ich habe eine gute und eine schlechte Nachricht für dich. Zunächst die gute: Der Sumpf hat deine Kreativität geweckt und sie wachsen lassen. Du hast ein ordentliches Spiel entwickelt. Das lässt mich hoffen, dass ich meinen Auftrag erfüllen kann, dir deinen Berufswunsch als Spieleautor zu erfüllen."

Ich schwieg.

„Und nun die schlechte Nachricht: Solltest du weiterhin vorhaben, dein Spiel ‚Rätselmeister' selbst zu veröffentlichen, prophezeie ich dir, dass du in deinem Sumpf nicht weiter stecken bleiben wirst. Nein. Schlimmer, du wirst kläglich in ihm untergehen und deine Familie gleich mit dir.

Der Geist hatte seine Stimme leicht erhoben und ich befürchtete schon, er stünde wieder kurz vor einem seiner hysterischen Anfälle.

„Glaubst du etwa, die ganze Welt wartet nur auf deinen ‚Rätselmeister' und wird dir die Spiele aus den Händen reißen, sobald du sie in deine armselige Garage verfrachtet hast? Nein, du und Claudia werdet Nachtschichten einlegen müssen, um wenigsten ein paar Spiele zu verkaufen. Du wirst deine Familie noch mehr vernachlässigen und notgedrungen auch das Labor und deine Eltern. Ich sehe eure Ehe zerbrechen, während der Großteil deiner Spiele in der Garage vor sich hingammelt. Das Schlimmste für mich und meinen Auftrag ist: Du wirst die Nase gestrichen voll von Spielen haben und wirst nie wieder ein Spiel entwickeln. Dann hättest nicht nur du versagt, sondern auch ich.

Leider, leider wirst du dich morgen Früh nicht an meine Worte erinnern. Daher werde ich mal wieder eine kleine Weiche stellen müssen, bevor du blindlings wie ein Lemming in den Abgrund rast."

REINER

Mitte des Jahres 1987, während eines Besuches des Spieletreffs, erzählte ich Michael Blumöhr von den Absagen, die ich von diversen Verlagen für *Rätselmeister* erhalten hatte, und von meinen Plänen, *Rätselmeister* eventuell selbst zu veröffentlichen. Michael überlegte kurz und gab mir dann den Rat, mit Eberhardt von Staden zu sprechen, der mit dem Chefredakteur der *Spielbox*, Reiner Müller, gut bekannt sei. Ich kannte sowohl die *Spielbox* als auch Eberhardt von Staden. Reiner Müller allerdings noch nicht.

Die *Spielbox* hatte ich seit 1986 abonniert. Das Magazin zum Spielen, das es auch heute noch gibt, stellt in jedem Heft spielerische Neuheiten, aber auch das eine oder andere alte Spiel vor. Mit Porträts von Autoren, Illustratoren und Redakteuren sowie Berichten von der Spielwarenmesse in Nürnberg oder der Spiel in Essen gibt die *Spielbox* einen umfassenden und kompetenten Überblick über die Spielewelt.

Eberhardt von Staden war Autor von Rollenspielen und schrieb Rezensionen in der *Spielbox*. Ich mochte seine erfrischenden, humorigen, bisweilen auch bissigen Texte, in denen er die Vorzüge und Nachteile von Spielen kurzweilig skizzierte. Eberhardt wohnte in der Nähe von Darmstadt und besuchte auch hin und wieder den Spieletreff. Eines Abends traf ich ihn dort und fragte ihn, ob er mir helfen könne, einen Termin bei Reiner Müller zu bekommen. Eberhardt, dem *Rätselmeister* auch gut gefallen hatte, versprach mir, meinen Besuch vorzubereiten.

Ein paar Tage später rief ich Reiner Müller an, und tatsächlich war er – Michael Blumöhr und Eberhardt von Staden sei Dank – bereit, mich zu empfangen!

Bevor ich nach Stuttgart zu Reiner Müller reiste, besuchte ich zusammen mit Claudia Hexagames, einen kleinen, aber feinen

Spieleverlag ganz in der Nähe von Darmstadt. Wir waren mit Joe Nikisch verabredet, der das Spieleprogramm von Hexagames redaktionell betreute. Wir hatten ein nettes Gespräch miteinander und Joe war sichtlich angetan von *Rätselmeister*. Irgendwann kam der Chef des Verlags in Cowboystiefeln angewatschelt und Joe erklärte ihm mit wenigen Worten, worum es in *Rätselmeister* ging. Der Chef lachte und fragte mich dann, ob ich ihm nicht einen Sessel kneten könnte, auf dem er endlich bequem ruhen könnte. Dann zog er, ohne meine Antwort abzuwarten, kichernd von dannen. Vielleicht, um in seinem unbequemen Bürostuhl die Stiefel zu wechseln?

Mir war klar: Auch wenn Joe Gefallen an *Rätselmeister* gefunden hatte, sein Chef nahm mein Knetspiel nicht ernst und so würde es *Rätselmeister* nicht in das Spieleprogramm von Hexagames schaffen.

Nun könnte man meinen, Claudia und ich hätten uns den Besuch bei Hexagames sparen können. Dem war aber nicht so. Wir hatten Joe kennengelernt, mit dem wir uns ein paar Jahre später anfreundeten, nachdem sich unsere Wege immer wieder gekreuzt hatten. Das allein war unseren Besuch wert gewesen.

Und dann kam der Tag, der maßgeblich unsere weitere Zukunft bestimmen sollte. Claudia und ich standen, schon etwas aufgeregt und angespannt, mit *Rätselmeister* in einer Einkaufstüte vor Reiner Müllers Haustür. Seine Frau Brigitte ließ uns ein und führte uns in Reiners Arbeitszimmer. Reiner begrüßte uns freundlich und bat uns, Platz zu nehmen. Er war ein paar Jahre älter als ich, mittelgroß, eher schlank und von gepflegtem Äußeren. Small Talk beherrschte keiner von uns so richtig und so kamen wir ziemlich schnell zum Grund unseres Besuchs: unserem Spiel *Rätselmeister*. Ich erklärte die Regeln und Reiner hörte aufmerk-

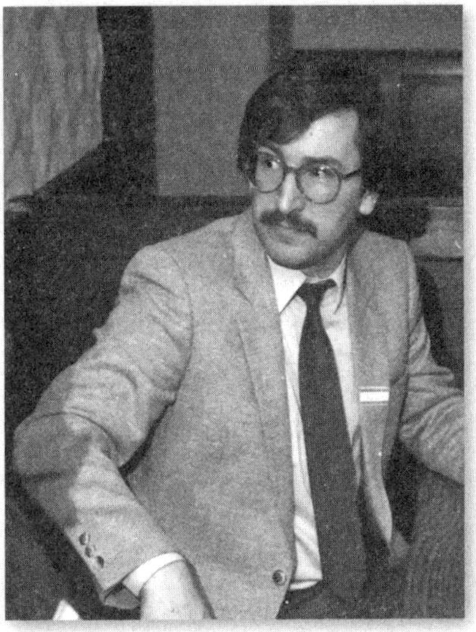

Reiner Müller war zu Beginn der 80er-Jahre Chefredakteur bei der Zeitschrift Spielebox.

sam zu. Wenn er eine Frage oder eine Anmerkung hatte, äußerte er diese besonnen und ruhig. Mein erster Eindruck war, dass ich einem etwas zurückhaltenden, aber angenehmen und aufrichtigen Menschen ohne Falsch gegenübersaß, dem man vertrauen konnte. Claudia hatte einen ähnlichen Eindruck.

Als wir unser Vorhaben zur Sprache brachten, *Rätselmeister* eventuell selbst zu veröffentlichen, und Reiner um Tipps dafür baten, lächelte er etwas zynisch. Es war ein verhaltenes, schiefes Lächeln, das ich später oft an ihm beobachtete, wenn er ganz anderer Meinung als ein Gesprächspartner war oder wenn er glaubte, die Menschheit sei wahnsinnig geworden. In diesem Augenblick stufte er unser Vorhaben wohl als verrückt ein.

Reiner berichtete uns von Menschen, die ihr Spiel selbst finanziert hatten und es dann verkaufen wollten. Eindrücklich erzählte er uns, wie daran ihre Partnerschaften zerbrachen und sie ihre Existenz nicht nur aufs Spiel gesetzt, sondern auch verloren hatten.

Er beschwor Bilder und Szenen in unseren Köpfen herauf, die wir so nie erleben wollten. Als Reiner geendet hatte, waren wir geheilt von unserem Vorhaben, *Rätselmeister* selbst zu produzieren und zu vermarkten. Claudia meinte später, Reiner sei unser Lebensretter gewesen.

Reiner bat uns, ihm unseren *Rätselmeister*-Prototyp zu überlassen. Er meinte, unser Spiel habe ihn überzeugt und er werde sehen, was er dafür tun könne. So erfuhren wir, dass Reiner seit Kurzem nicht mehr als Chefredakteur bei der *Spielbox* tätig war, sondern als freier Redakteur das Spieleprogramm der Altenburger-Stralsunder-Spielkarten-Fabriken-AG, kurz ASS, betreute. Als wir uns verabschiedeten, versprach er, sich bei mir zu melden, sobald er mir mehr sagen könne. Auf der Rückreise verspürten wir einen Hauch von Zuversicht.

2011 veröffentlichte die *Spielbox* ein Porträt von Reiner Müller, in dem er mit den folgenden Worten über sein weiteres Vorgehen mit *Rätselmeister* zitiert wurde:

„Ich habe alles drangesetzt, dass ich das durchkriege. Weil ich gesehen habe: Das ist gut, das muss ich haben! Mir war völlig klar, das wird ein ‚Spiel des Jahres'!"

Später, als wir schon beim „Du" angekommen waren, erzählte mir Reiner, es sei sehr schwierig gewesen, *Rätselmeister* bei der ASS-Programmkonferenz durchzuboxen. Die meisten Konferenzmitglieder befürchteten Probleme mit dem Spielmaterial Knet. Knet hatte es noch nie in einem Gesellschaftsspiel gegeben. Und was es noch nie gegeben hatte, barg gewisse Risiken.

Aber da er die Ablehnung bei der Programmkonferenz erwartet hatte, habe er tief in seine Trickkiste gegriffen, verriet er mir.

Unter die Spiele, die er zur Auswahl gestellt hatte, habe er so viele schlechte Spiele platziert, dass die Konferenzteilnehmer *Rätselmeister* trotz ihrer Vorbehalte gar nicht ablehnen konnten und das Spiel schließlich durchwinkten.

Ungefähr einen Monat nach unserem Besuch rief mich Reiner an und teilte mir mit, *Rätselmeister* gehöre zu den Spielen, die der ASS-Verlag als Neuheit auf der Spielwarenmesse 1988 in Nürnberg präsentieren werde.

Es ist ein denkwürdiger, großartiger Augenblick im Schaffen eines Autors, wenn er erfährt, dass sein erstes Werk veröffentlicht wird. Ich weiß das, da ich diesen Augenblick erleben durfte.

Das musste gefeiert werden! Dazu lud ich Claudia zu einem Essen in ein schickes Restaurant ein. Ich hoffe, ich habe mich damals gebührend bei ihr bedankt. Bei allen Reisen zu Spieleverlagen und Spieleevents hatte Claudia mich begleitet, mich beraten und mir dabei geholfen, trotz Niederlagen weiter optimistisch in die Zukunft zu blicken. Wenn ich spätabends in meinem kleinen Kellerraum verschwand, um mich einem damals eher komisch angesehenen Hobby wie der Entwicklung von Spielen zu widmen, kamen ihr nie abfällige Bemerkungen über die Lippen. Sie hatte mich in allen Belangen immer unterstützt, trotz ihrer vielfältigen Aufgaben in unserer nicht kleinen Familie.

Nach heute bald 50 glücklichen Ehejahren glaube ich, dass ein nie nachlassender Respekt voreinander und die Fähigkeit, dem Partner die für seine Entwicklung notwendigen Freiheiten nicht zu beschneiden, der Schlüssel zu einer guten Ehe ist. Die Liebe zueinander ist Grundvoraussetzung, aber keine Garantie für eine längere, glückliche Partnerschaft.

BARBAROSSA

Reiner und ich telefonierten jetzt öfter miteinander. Während eines Telefonats teilte er mir mit, *Rätselmeister* komme als Titel nicht infrage. Der Name sei zu langweilig. Ein griffigerer Name für das Spiel müsse her. Er habe auch schon einen neuen Namen gefunden: Barbarossa!

Barbarossa? War das nicht irgendein alter Kaiser, der unter einem Berg saß? Ich machte mich schlau. Barbarossa war der Beiname Kaiser Friedrichs I., der diesem wegen seines auffallend langen roten Bartes gegeben worden war. Barbarossa herrschte im 12. Jahrhundert. Um sein Reich zu festigen, führte er viele Kriege und starb während des dritten Kreuzzuges bei einem Bad in einem anatolischen Fluss.

Ich stand vor der schwierigen Frage, wie ich diesem Kaiser eine Verbindung mit meinem *Rätselmeister*-Spiel andichten sollte. Barbarossa wäre doch eher ein geeigneter Name für ein Kriegsspiel als für ein Rätselspiel. Schließlich hatte Hitler unter dem Decknamen „Unternehmen Barbarossa“ den Krieg mit der Sowjetunion vorbereitet. Ich war ratlos. Damals war ich noch nicht so weit, einem Redakteur Kontra zu geben. Ich befürchtete, wenn ich den Namen Barbarossa nicht akzeptierte, könnte damit die Veröffentlichung meines ersten Spieles infrage gestellt werden. Und das wollte ich keinesfalls riskieren.

Ich begab mich auf die Suche nach Sagen um die Gestalt des alten Kaisers. Damals, in einer Zeit ohne Internet, war das kein leichtes Unterfangen. Aber ich wurde auch ohne Google fündig. In seinem Buch *Sagen und Märchen* hatte Ludwig Bechstein im 19. Jahrhundert Geschichten aufgeschrieben, die sich um die Sagengestalt Kaiser Barbarossas rankten. Diese wurden wohl von dem Umstand genährt, dass das Grab Barbarossas bis heute nicht gefunden wurde. Und wenn es kein Grab gab, lebte Barbarossa vielleicht noch?

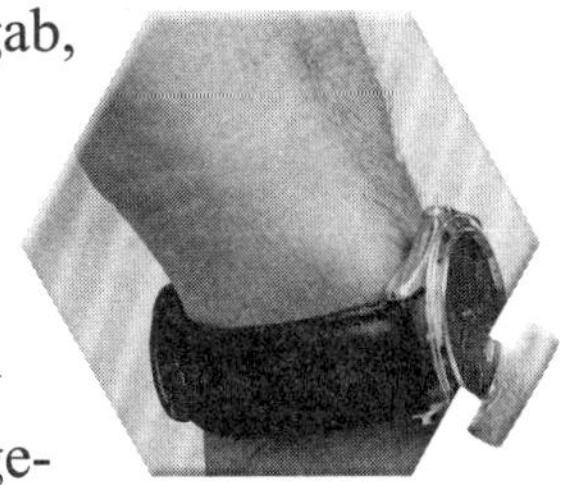

Das dachten wohl einige Menschen und so entstand die Sage, Barbarossa habe sich – der Welt und seiner vielen Widersacher müde – in eine Höhle unter das Kyffhäusergebirge gewünscht. Dort warte er, an einem Steintisch sitzend, bis sich sein Bart dreimal um den Tisch gewickelt habe. Dann werde er auferstehen und des deutschen Reiches versunkene Herrlichkeit glorreich erneuern. Oje, dachte ich, hoffentlich wächst sein Bart keinen Zentimeter und er bleibt ewig da unten in seiner Höhle. Deutschland hatte genug Kriege geführt.

In anderen Sagen entführten Zwerge Menschen zeitweilig in die kalte Behausung Barbarossas. So geschah es einem Hirten, der gern fröhlich seine Schalmei blies und mit seiner Kunst den alten Kaiser unterhalten sollte.

Aha, überlegte ich, Barbarossa wurde es wohl von Zeit zu Zeit langweilig. Das konnte ich nachvollziehen. Ich wäre vor Langeweile gestorben, wenn ich über Jahrhunderte an einem kalten Steintisch sitzen müsste und meine einzige Ablenkung das Wachstum meines Bartes wäre, der sich unendlich langsam um meinen Tisch wickelt.

Der alte Kaiser wäre sicher begeistert, wenn er Menschen als Gäste hätte, denen er bei der Ausübung ihrer Rätselkunst über die Schulter schauen könnte. Ich freute mich über die Verbindung, die ich zwischen Barbarossa und *Rätselmeister* geknüpft hatte.

Ich schlug Reiner vor, das Spiel *Barbarossa und die Rätselmeister* zu nennen und lieferte ihm die zugehörige Geschichte, die mehr oder weniger eine weitere Sage um die einsame Gestalt unter dem Kyffhäuser war. Reiner war einverstanden. Zuletzt schickte ich ihm noch ein Gedicht:

Unser Spiel heißt Sie willkommen,
bloß keine Angst vor Drachen, Knet und Rätselspaß!
Der Knet wird einfach in die Hand genommen,
mal hier gedrückt, mal dort: Wird das ein Fass?

Ein andrer walkt, klopft und macht rund,
was keiner kennt.
Doch jeder denkt,
was einer brummt:
„Oje, sieht aus wie Hund!“

Kann man das essen?
Ist's groß, ist's klein?
„Ich weiß es!“, ruft da einer ganz besessen
Und flüstert in des Künstlers Ohr geheim:
„Das ist bestimmt ein olles Schwein!“

Der Künstler lacht und prustend spricht:
„Nein, so was ist es wirklich nicht.“
Fasziniert nun würfelt, rückt und fragt
ein jeder ohne Unterlass
beim zauberhaften Rätselmeister-Rätselspaß.

Reiner ließ mein kleines Gedicht auf der Schachtelrückseite abdrucken, worüber ich mich sehr freute.

Ende Januar 1988 wurde *Barbarossa und die Rätselmeister* auf der Spielwarenmesse in Nürnberg den Händlern vorgestellt. Die Illustration des Spiels* war nicht nur in meinen Augen alles andere als gelungen.

Reiner erzählte mir später, er habe vom Verlag nicht genügend Geld für eine professionelle Illustration bekommen. Eine

Mitarbeiterin von ASS sei eingesprungen und habe die Illustration in ihrer Freizeit erstellt. Klar, mein *Rätselmeister* war bei der Programmkonferenz damals ein Wackelkandidat gewesen und als letztes Spiel gerade so durchgewinkt worden.

Da es, wie ich später erfuhr, der Firma ASS zu dieser Zeit finanziell schon schlecht ging, wurde zuerst am Wackelkandidaten gespart bzw. hatten die Hunde den Letzten gebissen.

Aufgrund seines bescheidenen, etwas altmodisch wirkenden Erscheinungsbildes hegte ich keine Hoffnung, von *Barbarossa und die Rätselmeister* würden mehr als die 3000 produzierten Spiele verkauft werden. Aber ich hatte noch andere Eisen im Feuer. Ich schickte verschiedenen Verlagen vier weitere meiner Spielideen zu und wartete inzwischen weitaus gelassener und geduldiger als früher auf die Antworten.

SPIEL DES JAHRES

Bevor ein Brief von einem Verlag bei uns zu Hause eintrudelte, erhielt ich im Labor einen Anruf. Ich saß gerade an einer schwierigen Arbeit für Dr. Ho, als das Telefon klingelte. Unsere Sekretärin war am Apparat und teilte mir mit, ein Dr. Thole würde mich gern sprechen und ob sie ihn zu mir durchstellen solle. Der Name Thole sagte mir etwas, aber einen Zahnarzt dieses Namens zählten wir nicht zu unserem Kundenstamm. Also, schlussfolgerte ich, handelte es sich wahrscheinlich bei Dr. Thole um einen potenziellen neuen Kunden.

Ich sammelte meine Gedanken, um das Anliegen des Zahnarztes bestens bedienen und ihn vielleicht zur Anfertigung einer Probearbeit bewegen zu können. Dann ließ ich ihn durchstellen.

Der Anrufer stellte sich mit freundlicher Stimme als Dr. Bernward Thole vor, Sprecher der Jury „Spiel des Jahres". Ich war erst einmal verwirrt, hatte ich mich doch auf einen ganz anderen Gesprächspartner eingestellt.

Dr. Thole kam schnell zur Sache und gratulierte mir zu meinem Spiel *Barbarossa und die Rätselmeister,* das den Preis „Spiel des Jahres" gewonnen habe.

Ich war sprachlos.

Mein Inneres zog sich zusammen, die frei werdende Energie wallte nach oben und ließ meine Haarwurzeln prickeln.

Dr. Thole überspielte meine Sprachlosigkeit und fragte mich, wie viele Spiele ich vor *Barbarossa und die Rätselmeister* schon veröffentlicht hätte. „Keines", würgte ich hervor und bedankte mich – endlich meine Sprache wiederfindend – für die gute Nachricht. Dr. Thole lachte. Er hatte wohl schon vielen Preisträgern zuvor diese gute Nachricht überbracht. Ich glaube, er genoss jedes Mal die Überraschung, die Freude und wie in meinem Fall wohl auch deren Sprachlosigkeit. Dr. Thole verabschiedete sich mit den Worten, er werde sich in ein paar Tagen wieder bei mir melden, um mir den Ort und das Datum der Preisverleihung mitzuteilen.

Ich war froh, als er auflegte. Ich musste ein paar Minuten allein sein. Wo konnte man das besser als auf der Toilette? Ich eilte dorthin und ließ mich auf den Klodeckel fallen. Ich versuchte mir darüber klar zu werden, was dieser Anruf für mich und meine Familie bedeutete.

Als ich meine Zuflucht verließ, begegneten mir auf meinem Weg zu meinem Arbeitsplatz Mitarbeiter, denen mein entrücktes Grinsen gewiss nicht ganz geheuer war.

Als Erstes rief ich Claudia an und teilte ihr die überraschende Nachricht mit. Sie freute sich wie eine Schneekönigin und wir beschlossen, das Ereignis abends in einem Restaurant gebührend zu feiern und gemeinsam zu verarbeiten.

Die Jury „Spiel des Jahres“ wurde 1978 von sieben Journalisten und Spielekritikern gegründet. Darunter waren der Medienwissenschaftler Dr. Bernward Thole und der Autor und Journalist Tom Werneck. Mit ihrem Preis „Spiel des Jahres“ und einer zugehörigen Auswahlliste wollten die Kritiker herausragend gute Spiele eines Spielejahrgangs einer breiteren Öffentlichkeit bekannt machen und dem damaligen Volksglauben, es gebe als Brettspiele nur Mühle, Dame, Halma und Schach, entgegentreten.

Ein Spiel, das mit dem roten lorbeerbekränzten Spielkegel, dem Pöppel, geadelt wird, geht damals wie heute im Jahr seines Erscheinens gut 300.000-mal über die Ladentheke.

Hase und Igel war das erste Spiel, das 1979 den Preis „Spiel des Jahres“ erhielt. Ich kann mich gut an den Moment in einem Spieleladen erinnern, als ich das bei Ravensburger erschienene Spiel erstmals in den Händen hielt. Der rote, relativ große Lorbeer-Pöppel fiel mir sofort ins Auge. Die Inschrift im Sockel des Pöppels lautete „Kritikerpreis“. Wow, folgerte ich, wenn fachkundige Kritiker *Hase und Igel* zum besten Spiel seines Jahrgangs erkoren haben, dann musste es gut sein! So kaufte ich das erste „Spiel des Jahres“ und wurde nicht enttäuscht.

So wie mir ging es vielen Menschen, die damals jenseits der Spielesammlungen, klassischen Brettspiele, *Mensch ärgere dich nicht* oder *Monopoly* nach einem neuen interessanten Spiel suchten. Da das Verkaufspersonal in den Spielabteilungen bis auf sehr wenige Ausnahmen keine qualifizierte Beratung anbot, kam den spielinteressierten Menschen der Kritikerpreis als Hilfe für ihre Kaufentscheidung gerade recht.

Die Preisverleihung fand im Juli in der Volkshochschule in Essen statt. Claudia hatte mich eine Woche zuvor in die Stadt geschleppt und mir einen neuen Anzug ausgesucht. In dem steckte ich nun, als ich aufgerufen wurde, meinen Preis in Form einer Urkunde entgegenzunehmen. Die Jury hatte den folgenden Text in die Urkunde eingefügt:

„Die Auszeichnung ‚Spiel des Jahres‘ als Preis der Spielekritiker des deutschsprachigen Raumes wird für das Jahr 1988 dem Spiel Barbarossa zuerkannt. Das Spiel verbindet in geschickter Weise alte Rätseltraditionen mit Elementen des Brettspiels. Kein anderes Spiel dieses Jahres vermittelt so viel gemeinsamen Spielspaß, so viel Miteinanderreden, Knobeln, und Rätseln, so viel gemeinsames Spiel.“

Frau Dr. Rita Süssmuth*, die damalige Bundesministerin für Jugend, Familie, Frauen und Gesundheit, hielt die Laudatio, an die ich mich nicht mehr erinnere. Ich glaube, ich hörte ihr auch nur mit halbem Ohr zu. Zu sehr war ich mit meiner Rede beschäftigt, die ich im Anschluss halten sollte. Ich war ziemlich nervös.

Seit meiner Zeit bei der Bundeswehr hatte ich keinen Vortrag vor einem größeren Kreis von Menschen mehr gehalten und vor einer Bundeministerin hatte ich auch noch nicht gesprochen.

Claudia, die mit unseren Kindern auf den Treppen des Auditoriums saß, beruhigte mich nach meinem Auftritt mit einem liebevollen Blick und versicherte mir, ich hätte meine Sache gut gemacht. Das freute mich, denn ihr Urteil war mir am wichtigsten.

Die erste, relativ kleine Lizenzzahlung überwies ASS im August 1988. Das Geld reichte für den Kauf eines neuen Autos. Wir entschieden uns für einen Nissan-Van. Claudia liebte dieses Auto, und gern fuhr sie mit dem schicken Bus unseren jüngsten Sohn Benjamin und eine Schar Nachbarskinder in den Kindergarten.

Ende Oktober 1988 lud die Firma ASS Claudia, unsere Kinder und mich zu den *Internationalen Spieletagen* nach Essen ein. Obwohl die auch kurz *Spiel* genannte Verbrauchermesse für Gesellschaftsspiele damals erst sechs Jahre alt war, drängten bereits mehrere zehntausend Menschen in die Hallen der Essener Messe.

Auf der Spiel 2018, 30 Jahre später, waren es 190.000 Besucher, die während der vier Messetage die Stände von 1.150 Ausstellern belagerten.

„Belagerung“ ist der passende Ausdruck für das Geschehen – damals wie heute. Sobald die Messe ihre Tore öffnet, stürmen Erwachsene jedes Alters und Familien mit Kind und Kegel in die Hallen und besetzen die von den Verlagen bereitgestellten Tische und Stühle. Freundliche Verlagsangestellte bringen die gewünschten Spiele zu den Tischen und erklären sie auch. Wer keinen Tisch ergattert hat, schnappt sich ein Spiel und lässt sich damit auf einem freien Fleck des Bodens zwischen Stuhl- und Menschenbeinen nieder. Während drinnen schon fleißig gewürfelt und taktiert wird, reihen sich draußen noch Menschen geduldig in Schlangen ein, um Eintrittskarten zu erwerben.

Ich kannte das alles schon, da ich die *Internationalen Spieltage* im Jahr zuvor besucht hatte. Unseren Kindern aber stand der Mund offen. Hier gab es etwas zu gewinnen, dort lockte ein Spiel, bei dem man sein Geschick unter Beweis stellen konnte; überall waren die vielen bunten Schachteln präsent, und ringsherum lachten, würfelten und feilschten Groß und Klein gutgelaunt an ihren mit Spielplänen und buntem Spielmaterial bedeckten Tischen.

Hin und wieder musste ich meine Familie allein lassen, um am Stand der ASS ein Interview zu geben oder mich mit Reiner zu besprechen.

Am 28. Oktober 1988, nach einem langen Messetag, saßen Claudia, Reiner und ich zusammen in einer Bar, um gemeinsam im kleinen Kreis unseren Erfolg zu feiern. Die Bar lag schräg gegenüber dem großen Hotel „Handelshof", in dem wir untergebracht waren. Unsere Kinder – erschöpft von den vielen Eindrücken auf der Messe – hatten wir dort schon zu Bett gebracht.

Es war kurz vor Mitternacht, als wir eine unheilvoll anmutende Unruhe auf der Straße vor unserer Bar wahrnahmen. Unter manchen Rufen, die zu uns durchdrangen, hörten wir das Wort „Feuer" heraus. Wir gingen auf die Straße. Ich sah zum Handelshof gegenüber und ein tiefes, haltloses Entsetzen ergriff mein Innerstes. Dichter Qualm quoll aus einigen Fenstern des Hotels, Feuer loderte hinter anderen Fenstern. Der Handelshof brannte. Und mitten in ihm schliefen nichts ahnend unsere Kinder.

Claudia und ich rannten fassungslos auf das Hotel zu. Die Feuerwehr kam gerade an. Ich wusste, wo sich der Notausgang im Erdgeschoss befand. Das zugehörige Treppenhaus hatte ich bereits benutzt, da ich nicht gern Fahrstuhl fuhr. Wir hofften, die Tür des Notausgangs wäre von außen zu öffnen. Sie war es und wir rannten die Stufen der Notfalltreppe hinauf. Unterwegs schreckte mich das Bild unserer in ihren Betten erstickten Kinder, das sich in meine Gedanken brannte und nicht weichen wollte.

Nein, wir saßen nicht vor dem Fernseher und bedauerten die Opfer einer Feuerkatastrophe. Wir waren selber mittendrin, betroffen von einer unfassbaren Situation, die so grausam real war, die keinen Knopf zum Abschalten besaß und aus der es kein Entrinnen gab.

Im dritten Stock angekommen, öffneten wir die Stahltür zum Hotelflur. Dichter Rauch drang durch den Spalt. Das Not-Treppenhaus war beleuchtet, der dunkle Hotelflur nicht. Ich besprach mich kurz mit Claudia. Sie würde wieder nach unten gehen und Hilfe holen; ich würde versuchen, zu unserem Zimmer zu gelangen. Geistesgegenwärtig zog Claudia ihre Jacke aus und klemmte sie unten zwischen Tür und Rahmen. So hatte ich dank des schwachen Lichtscheins, der durch den Spalt drang, eine Orientierung, wenn ich wieder zurück zum Notausgang musste.

Es war nicht Mut, sondern pure Verzweiflung, die mich, die Luft anhaltend, den dunklen, rauchgeschwängerten Flur betreten ließ. Da ich ohnehin nichts sah, schloss ich die Augen, um sie vor dem beißenden Qualm zu schützen. Ich tastete mich an der Wand nach links entlang. Ich wusste, unser Zimmer war das dritte oder vierte links vom Notausgang. Es war das dritte. Die Tür stand einen Spalt offen. Mein Herz klopfte mir bis zum Hals, als ich hineinging. Auch in unser Zimmer war durch den Spalt schon Rauch gezogen, wenn er da auch noch nicht so dicht wie im Flur war. Die Vorhänge waren geöffnet und im schwachen, von der Stadt gespendeten Licht sah ich die leeren Betten von Guido und Marie und das leere Kinderbettchen von Benjamin. Ich stürzte zum Fenster, riss es auf und holte tief Luft. Auf den Straßen gellten Martinshörner. Rechts neben mir ging ein Fenster auf und der Bewohner des Nachbarzimmers fragte mich verschlafen, was denn los sei. Ich klärte ihn kurz auf. Er hatte es nicht weit bis zum Notausgang.

Ich stand noch eine Weile am Fenster und überlegte. Eine neue Schreckensszene beherrschte meine Gedanken. Ich sah unsere Kinder aufwachen, das Feuer bemerken und das Zimmer verlassen, um der Gefahr zu entgehen. Ich sah sie den Flur entlangflüchten und dann vom Rauch überrascht irgendwo kläglich ersticken.

Der Handelshof war ein großes, fünfeckiges Gebäude mit einem Innenhof. Jeder Flur einer Etage war sehr lang und in sich geschlossen. Ich hätte keine Chance gehabt, unsere Kinder in dem langen, rauchgeschwängerten und dunklen Flur des dritten Stocks ohne Sauerstoffmaske und Licht zu finden. Mir blieb nichts anderes übrig, als nach unten zu eilen und die Feuerwehr um Hilfe zu bitten.

Unterwegs zur Tür des Notausgangs hörte ich weit entfernt eine ältere Stimme kläglich um Hilfe rufen. Ohne Hilfsmittel konnte ich ihm oder ihr genauso wenig helfen wie unseren Kindern.

Als ich das Hotel verließ, war die Feuerwehr in vollem Einsatz. Es war ein Großeinsatz. Ich sah Feuerwehrwagen, die ihre Drehleitern auszogen, um Menschen zu retten, die aus den Fenstern ihrer Zimmer panisch winkten.

Mein Blick wanderte über das hektische Treiben. Dann sah ich sie: Claudia, Guido, Marie und den kleinen Benjamin – meine geliebte Familie. Sie standen etwas abseits der Feuerwehr- und Rettungswagen. Ich werde diesen Augenblick nie vergessen, in dem ich eine grenzenlose Erleichterung empfand und ein Glücksgefühl, das ich so tief bis heute nie wieder erlebt habe. Ich umarmte jeden meiner Lieben ganz fest.

Ich bemerkte einen jungen Mann, der lächelnd neben Claudia stand. Claudia klärte mich auf. Unsere fünfköpfige Familie war dem jungen Mann aufgefallen. Er logierte in einem uns benachbarten Zimmer. Als er den Brand bemerkte, hatte er an unserer Zimmertür geklopft, unsere Kinder geweckt und sie in Sicherheit gebracht.

Ich dankte dem jungen Mann von ganzem Herzen und wandte mich wieder meinen Kindern zu. Plötzlich war der junge Mann verschwunden. Gern hätte ich mich nochmals in weniger aufgeregter Gemütsverfassung bei ihm bedankt. Aber wir trafen ihn leider nicht wieder.

Wir wurden in einem anderen Hotel noteinquartiert und mussten mit einfachen Matratzen als Schlafstatt vorliebnehmen. Aber das machte gar nichts. Glücklich schlief ich inmitten meiner Lieben in meiner nach Rauch stinkenden und verrußten Kleidung ein.

Wie ich später erfuhr, war Brandstiftung die Ursache für das Feuer. Der Täter oder die Täterin wurde nie gefasst. Mehrere Menschen wurden mit Rauchvergiftungen ins Krankenhaus eingeliefert. Es gab keine Toten, alle 280 Hotelgäste konnten dank des hervorragend koordinierten Großeinsatzes mehrerer Feuerwehrwachen gerettet werden.

Wäre *Barbarossa* nicht „Spiel des Jahres" geworden, wären unsere Kinder nie dieser schrecklichen Bedrohung ausgesetzt gewesen. Es wurde mir bewusst, wie nahe Glück und Unglück beieinanderliegen können. Und das nicht nur nach dieser schlimmen Nacht, sondern immer dann, wenn ich weitere Erfolge mit meinen Spielen feierte. Das erdete mich und verhinderte, dass mir meine Erfolge jemals zu Kopf stiegen.

DIE SANIERUNG

Im März 1989 erhielten wir unsere zweite Lizenzzahlung von ASS. Diesmal war es eine weitaus größere Summe. Ich beriet mich mit Claudia, wie wir das Geld am besten einsetzen könnten.

Eigentlich gab es nur eine Lösung: Ich würde meinem Vater sein Labor abkaufen. Allerdings nicht allein, sondern zusammen mit Partnern. Ich hatte zwei Mitarbeiter im Auge, mit denen ich bisher sehr gut zusammengearbeitet hatte und von deren menschlichen Qualitäten ich überzeugt war.

Werner war zehn Jahre älter als ich, ein sehr erfahrener Zahntechnikermeister, und hatte gute Kontakte zu unseren älteren Kunden. Während meiner Ausbildung hatte ich viel von Werner gelernt und bei allen Auseinandersetzungen mit Mitarbeitern und Betriebsrat hatte er mir immer loyal zur Seite gestanden.

Hans hatte erst kürzlich seine Meisterprüfung abgelegt. Er war zehn Jahre jünger als ich und hatte einen guten Draht zu unseren jüngeren Kunden. Er war sehr geschickt und das nicht nur bei der Herstellung von Zahnersatz. Es gab kaum eine handwerkliche Arbeit, die er nicht beherrschte.*

Ich konnte mir keine besseren Partner vorstellen. Ich fragte die beiden. Nach ein paar Tagen Bedenkzeit, schließlich mussten sie das Geld für die Gründung unserer neuen GmbH aufbringen, sagten sie mir zu. Hans erzählte mir später, ich hätte ihn gerade noch rechtzeitig gefragt. Er sei schon auf dem Absprung gewesen, um mit einem Freund ein eigenes Labor aufzumachen.

Am 1. Januar 1990 gründeten wir unsere GmbH. Endlich war die GbR, die in den 80er-Jahren wie das Schwert des Damokles bedrohlich über den Köpfen meiner Familie gehangen hatte, Geschichte. Nun haftete ich nur noch mit meiner Einlage und nicht mehr mit meinem ganzen Vermögen.

Auch mein Vater konnte endlich aufatmen. Mit der Summe, die wir ihm für das Labor gezahlt hatten, war es ihm möglich, einen Teil seiner Schulden zurückzahlen Mit seiner kleinen anstehenden Rente, den Mieteinnahmen aus zwei Wohnungen und unserem Dentallabor sowie einem Halbtagsjob als Fahrer bei uns kamen meine Mutter und mein Vater finanziell gut über die Runden.

So ließen sich die 90er-Jahre wesentlich entspannter an, als ich es vom vergangenen Jahrzehnt gewohnt war. Die Verantwortung für das Dentallabor ruhte nun nicht mehr nur auf meinen, sondern auf drei starken Schultern. Zwar musste ich immer noch hin und wieder ein paar Überstunden einlegen, aber es waren bei Weitem nicht mehr so viele wie in den 80er-Jahren.

Aufgrund der immer noch nicht zufriedenstellenden Personalsituation schwankten die Ergebnisse unserer jährlichen Gewinn-und-Verlust-Rechnung meist um die schwarze Null. Da wir Geschäftsführergehälter bezogen, waren wir auf Gewinne nicht angewiesen, um unsere Existenz zu sichern.

Was ich erhofft und vermutet hatte, sollte sich in den kommenden Jahren bestätigen. Werner, Hans und ich verstanden uns ausnehmend gut. Es gab keine einzige Situation, die zu einem Streit zwischen uns führte.

Barbarossa sei Dank hatte sich alles zum Guten gewendet. Der alte Kaiser hatte seine Schuldigkeit getan; er konnte gehen. Das tat er dann auch. Als ich die dritte Lizenzabrechnung für *Barbarossa* erhielt, stand dort als Saldo eine Null. Ich dachte: Na gut, die Spielwarengeschäfte haben noch nicht alle Spiele verkauft, es werden sich noch genügend *Barbarossas* in ihren Lagern tummeln. Damit hatte ich nicht Unrecht. Doch auch als ihre Lager leer gefegt waren, orderten die Händler nur noch wenige *Barbarossa*-Spiele. Das Spiel röchelte in den folgenden Jahren seinem

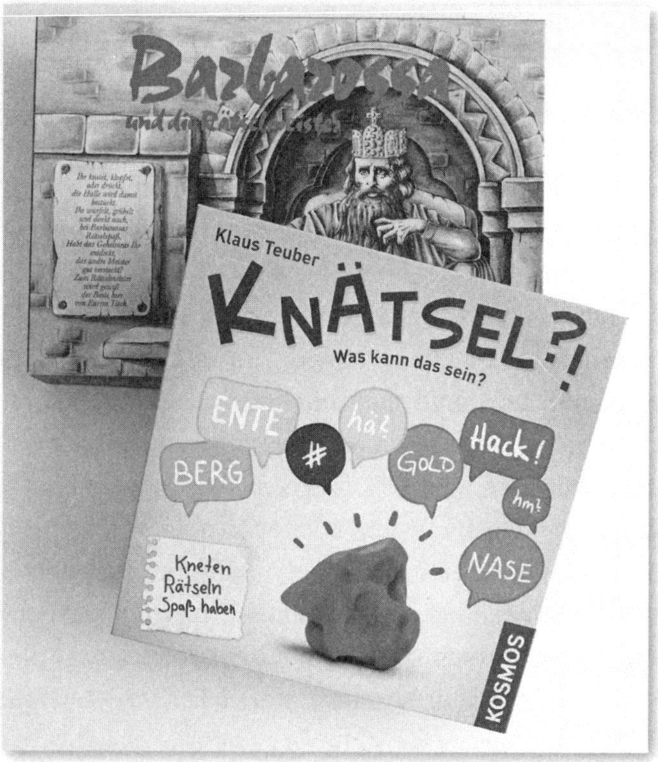

Knätsel, die überarbeitet Fassung von Barbarossa, erscheint seit 2015 bei Kosmos.

Untergang entgegen. Keine der noch kommenden Lizenzabrechnungen wies mehr als einen niedrigen vierstelligen DM-Betrag aus. Vielleicht hatte der alte Kaiser in seiner kalten Höhle keine Lust mehr auf Rätselspiele?

Im Jahr 1997 verlegte Kosmos *Barbarossa* neu, allerdings mit nur mäßigem Erfolg. Siebzehn Jahre später, im Jahr 2014, erhielt *Barbarossa* seine dritte Chance, allerdings unter einem anderen Namen. Ich hatte das Spiel gründlich überarbeitet, die Regeln vereinfacht, es von überflüssigem Ballast befreit und den alten

Kaiser endgültig in Pension geschickt. Unter seinem neuen Namen *Knätsel* (einer Symbiose von Kneten und Rätsel) bewährt sich mein altes Rätselspiel im modernen Gewand heute unter dem Logo von Kosmos erfolgreich auf dem Brettspielmarkt. In meiner Freude darüber schwingt eine große Portion Nostalgie mit. *Barbarossa* bzw. *Rätselmeister* war mein erstes Spiel, das heute vor nunmehr über 30 Jahren erschienen ist und das mich und meine Familie aus dem Sumpf befreit hatte. Zudem – und davon bin ich überzeugt – hätte es ohne *Barbarossa* kein *Catan* gegeben.

WEITERE ERFOLGE

Bis auf ein kleines Kinderspiel wurden alle Spiele veröffentlicht, die ich neben *Rätselmeister* in den 80er-Jahren entwickelt und zwischen 1987 und 1988 an verschiedene Verlage geschickt hatte. Inzwischen kannte ich mich gut in der Spieleszene aus und verfügte über hilfreiche Kontakte zu verschiedenen Spieleredakteurinnen und -redakteuren. Im Jahr 1989 erschienen bei Haba *Timberland,* ein taktisches Familienspiel, und bei Carlit in der Schweiz das Würfelspiel Älpler Stafette. Auf der Nürnberger Spielwarenmesse 1990 wurden vier weitere meiner Spiele veröffentlicht, darunter das Bluffspiel *Adel verpflichtet* von F.X. Schmid.

Die Idee zu *Adel verpflichtet,* das ich ursprünglich *Ausstellung in New York* genannt hatte, kam mir beim Lesen eines Artikels in einer Zeitschrift. Der Autor berichtete über Mäzene, die ihre Kunstobjekte in privaten Ausstellungen einer interessierten Öffentlichkeit präsentierten. Spannend fand ich die Erwähnung eines Einbruchs in die Ausstellung eines Kunstsammlers. Die Täter wurden nie gefasst. Ich überlegte, ob vielleicht ein anderer Mäzen – vor Neid zerfressen – die Ausstellung seines Konkurrenten sabotiert hatte?

Diese Überlegungen verdichteten sich zu einem sehr willkommenen Dilemma: Stelle ich meine tollen Kunstobjekte aus, um unsterblichen Ruhm zu ernten? Oder engagiere ich lieber einen Dieb, um den Ruhm eines Konkurrenten zu schmälern? Vielleicht aber wäre es sinnvoller, einen Detektiv zu engagieren, der die Diebe ins Gefängnis bringt, die meinen Ausstellungen schaden wollen?

In Christian Beiersdorf von F.X. Schmid fand ich einen Redakteur, der sich meinem Spiel *Ausstellung in New York* sehr feinfüh-

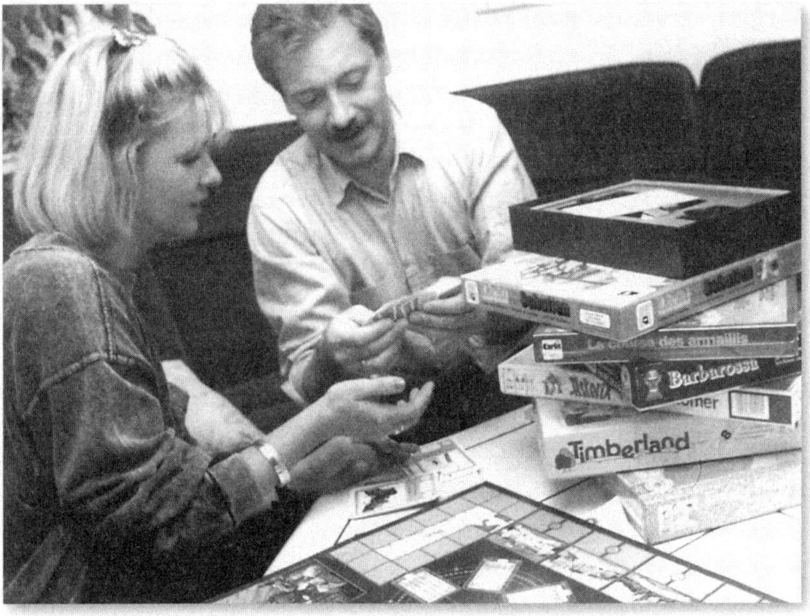

Bestandsaufnahme – Claudia und ich stöbern in meinen Spielen, die bis 1990 veröffentlicht wurden.

lig annahm. Zweifelsohne war mein Spiel gut. Aber erst Christian und die Illustratorin Cornelia von Seidlein verliehen dem Spiel den liebenswert skurrilen Touch, der *Adel verpflichtet – das große Bluffspiel um Diebe, Lords und Pfeifenköpfe* interessant und attraktiv machte.

1990 wurde *Adel verpflichtet* zum „Spiel des Jahres“ gewählt. Ich erhielt viele Glückwünsche. Ganz besonders freute ich mich über ein Schreiben meines Autorenkollegen Wolfgang Kramer, dessen *Niki Laudas Formel 1* mich Anfang der 80er-Jahre begeistert hatte und der 1984 mit *Heimlich und Co.* und 1987 mit *Auf Achse* ebenfalls zweimal den Kritikerpreis „Spiel des Jahres“ gewonnen hatte. Er freute sich aufrichtig mit mir und meinte, je mehr Autoren gute Spieleideen hätten und auch die Chance erhielten, diese in einem Verlag unterzubringen, umso besser sei es für das Ansehen von Spielen in der Bevölkerung.

Wolfgang Kramer* war nicht nur ein Mann der Worte. Wie ich später erfuhr, war er es, der *Ausstellung in New York* bei einem Testspiel in einem anderen Verlag kennengelernt und es Christian Beiersdorf wärmstens empfohlen hatte. Wurde ich später von der Presse gefragt, wie denn das Verhältnis zwischen den Spieleautoren sei, ob Neid und Missgunst herrschten, konnte ich diese Frage aufgrund meiner vielen positiven Erfahrungen und nicht zuletzt auch durch mein gutes Verhältnis zu Wolfgang Kramer nur verneinen.

Ich hatte Christian Beiersdorf ein zweites meiner Spiele mit dem Namen *Projekt Neustadt* geschickt. Dieser Arbeitstitel war alles andere als reizvoll. Auf die Idee zu *Projekt Neustadt* war ich Mitte der 80er-Jahre gekommen, als ich in einer Zeitung einen Artikel über die Verschwendung von Steuergeldern beim Ausbau der Infrastruktur oder beim Bau öffentlicher Gebäude las. Während meiner damaligen Zugfahrten nach Göttingen oder Essen war mir unterwegs eine der Fehlplanungen aufgefallen, die der Autor erwähnt hatte: eine Brücke, die nie einen Straßenanschluss erhalten hatte und die, verloren in der Landschaft, gleich einem Mahnmal der Steuerverschwendung ihrem Zerfall entgegendämmerte.

Ich mag Satire, besonders auch in einem Spiel. So stellte ich mir ehrgeizige Stadtobere vor, die bei der Planung ihrer neuen Stadt ihre Lieblingsgebäude realisiert wissen wollten. Der Sportdezernent zeichnete viele Sportstadien auf dem Reißbrett ein. Eine beflissene Kulturdezernentin bestand auf unzähligen Museen, die Stadtkämmerin wollte viele Fabriken errichten, damit mehr Geld in die Stadtkasse käme. Als alle Stadtoberen die Bebauungsfläche mit ihren jeweiligen Wunschgebäuden zugepflastert hatten, waren sie einigermaßen zufrieden. Doch nun folgte der schwierige Teil. Auf welchen Strecken sollten die Straßenbahnen durch die neue Stadt rattern und die Autos zu ihren Zielen gelangen? Einige Wunschgebäude mussten den Gleisen und den Straßen wieder weichen, und unter den Stadtplanern begann ein großes Gezeter.

Christian meinte, das Spielgeschehen erinnere ihn an die Schildbürgerstreiche. In der Tat, dachte ich, und hatte plötzlich ein tolles Thema, das sich viel schöner illustrieren und wärmer erzählen ließe als die eher kalte Thematik einer modernen Stadtplanung.

Christian sagte *Projekt Neustadt* schließlich ab. Aber ich hatte einen neuen Interessenten für mein chaotisches Stadtplanungsspiel gefunden: Bernd Brunnhofer.

Bernd hatte ich auf den Internationalen Spieletagen in Essen kennengelernt. Er war durch und durch Spieler, aber auch Autor und Verleger in seinem kleinen Verlag Hans im Glück, den er zusammen mit einem Freund 1983 gegründet hatte. Die ersten Spiele hatten die beiden in einer Garagenwerkstatt handgefertigt. Das sah man den Spielen an, aber in der damaligen Spieleszene waren sie beliebt, sodass sich Bernds kleiner Verlag über Wasser halten konnte. Bernd sprach mich immer mal wieder an, ob ich nicht ein Spiel für ihn hätte. Als ich im Sommer 1990 *Projekt Neustadt* von Christian zurückbekommen hatte, schickte ich es gleich weiter nach München in die Werkstattgarage, in der Bernds kleiner Hans im Glück Verlag immer noch residierte.

Während unseres Familienurlaubs am Irrsee im Salzkammergut besuchten uns Bernd und seine Frau. Nach einigen Spielen und guten Gesprächen waren wir uns einig. Bernd würde *Projekt Neustadt* zur Nürnberger Spielwarenmesse 1991 herausbringen.

Inzwischen hatte ich mir das Buch *Die Schildbürger* von Erich Kästner besorgt und mich mit Vergnügen über die Streiche der biederen Narren amüsiert. Die Geschichte, in der die Schildbürger auf der Jagd nach einem Maushund ihre Stadt abbrannten, eignete sich ideal als Ausgangspunkt, um den Schildbürgern einen neuen Streich anzudichten: den Wiederaufbau ihrer zerstörten Stadt. Ich verfasste eine entsprechende Geschichte, die als Einleitung Eingang in die Spielregel von *Drunter & Drüber* – wie wir das Spiel inzwischen nannten – fand:

Am nächsten Morgen atmeten die Schildbürger erleichtert auf. Der Maushund war verjagt. Er sonnte sich behaglich auf der Wiese außerhalb ihrer Stadt. Als sie jedoch zurück in ihre Häuser wollten, fanden sie nur Schutt und Asche vor. Was jetzt? Schon wollten die Schildbürger betrübt ihre wenigen unversehrten Habseligkeiten packen und in andere Städte ziehen, als die Stimme des Bürgermeisters sie aufhielt:

„Halt, liebe Bürger! Lasst uns Schilda neu aufbauen! Schilda soll die berühmteste Stadt der Welt werden. Am besten bauen wir ganz viele Museen. Damit das neue Schilda die Stadt der Künste genannt wird."

„Aber wir haben doch gar nichts zum Ausstellen", bemerkte die Frau des Schusters zaghaft. „Macht nichts", tönte der Bürgermeister zuversichtlich: „Wir lassen die Fenster weg. dann merkt's keiner."

Der Wirt wurde von der Euphorie des Bürgermeisters als Erster angesteckt: „Lasst uns auch viele Wirtshäuser bauen, am besten schiefe, die einzigen Wirtshäuser der Welt, in denen die Gäste immer gerade stehen, wenn sie mal zu tief ins Glas geschaut haben."

„Schulen müssen her", dozierte der Lehrer, „am besten auf Türmen, damit unsere Schüler die besten Aussichten haben."

„Wir brauchen viele dreieckige Rathäuser", ereiferte sich der Schmied: „Wir wollen eine Stadt sein, in der der Bürgermeister nach Herzenslust im Dreieck springen kann."

„Lernt aus euren Fehlern!“, mahnte der Feuerwehrhauptmann. „Wenn der Maushund zurückkommt, brauchen wir viele Feuerwachen. Am besten solche mit großen Blasebälgen auf den Dächern, damit wir die Feuer besser ausblasen können.“

„Lasst uns eine Stadt der Kirchen werden“, predigte der Pfarrer mit verklärtem Blick. „Und die Renovierungskosten?“, unterbrach ihn der Schultheiß ohne Respekt, „wer soll die bezahlen? Es reicht, wenn wir nur die Kirchtürme bauen, von vorn sieht keiner, dass hinten was fehlt.“

Zum Schluss erhob der Schuster, der schon immer gern selbst Bürgermeister werden wollte, seine Stimme: „Und wer denkt an die Bedürfnisse der Bürger? Wir müssen eine Stadt der öffentlichen Bedürfnisse werden. Lasst uns überall Toilettenhäuschen errichten!“

„Au ja“, stimmten alle Schildbürger euphorisch zu. Denn die Vorstellung, in ihrer zukünftigen Stadt jederzeit und überall dringenden Bedürfnissen nachgehen zu können, begeisterte sie.

So bauten die Schildbürger schließlich doch noch einmal ihre Stadt auf. Zuerst natürlich die fensterlosen Museen, schiefen Wirtshäuser, Schultürme, dreieckigen Rathäuser, Feuerwachen mit Blasebälgen, Kirchtürme und ganz viele Toilettenhäuschen.

Als die Schildbürger während eines Rundgangs zufrieden ihre neuen Bauwerke begutachteten, meldete sich die sonst eher schweigsame Frau des Bürgermeisters zu Wort: „Wo sind denn die Stadtmauern, die Straße und der Fluss geblieben, in dem wir Frauen eure Wäsche waschen sollen?“

„Das regeln wir natürlich auch“, bemerkte ihr Ehegatte in einem Ton, als sei ihm eine besonders dumme Frage gestellt worden.

Doch als die Schildbürger die Stadtmauer, die Wege und den Bach in ihrer Stadt unterbringen wollten, begann das Chaos. Überall standen die neuen Gebäude im Weg. So mussten die Schildbürger notgedrungen mal hier, mal dort ein Gebäude wieder abreißen. Alles ging drunter und drüber, denn jeder versuchte natürlich, seine Wunschbauten zu retten ...

Bei jeder Entwicklung war und ist mir die Harmonie zwischen der Thematik eines Spiels und seinen Abläufen immer sehr wichtig. Besteht diese Harmonie, entsteht eine einladende Atmosphäre, in der die Spieler das Gefühl haben, die Hintergrundgeschichte eines Spiels wirklich zu erleben und in sie eingebunden zu sein. Bei *Drunter & Drüber* war mir das mit dem neuen Streich der Schildbürger gelungen. Das Spiel war ein Spiegel seiner Hintergrundgeschichte. Da ich meine Spiele immer auf der Grundlage von Geschichten entwickle und nie mit einem abstrakten Ansatz beginne, fiel es mir bei keinem meiner Spiele schwer, diese Harmonie herzustellen. Doch nun fehlte noch eine ganz entscheidende Zutat: die Illustration.

Ich erinnerte mich an Franz Vohwinkel, mit dem ich ein paar Jahre zuvor wegen der Gestaltung meines *Rätselmeister*-Spiels Kontakt aufgenommen hatte. Damals hatte mir Franz ein sehr günstiges Angebot für die Illustration meines Spiels gemacht, da er in der Spieleindustrie gern bekannt werden wollte und ich ihm nur eine bescheidene Summe als Honorar für seine Arbeit anbieten konnte.

Auch Bernd hatte mit seinem Kleinverlag Mühe, die Finanzierung der Erstauflage von *Drunter & Drüber* zu stemmen. So brachte ich Franz und Bernd zusammen.

Das Ergebnis der Arbeit mit Franz begeisterte Bernd und mich. Franz malte die Schildbürger treffsicher verschroben und skurril. Seine Coverillustration vermittelte genau das, was im Spiel geschah: Es ging drunter und drüber.

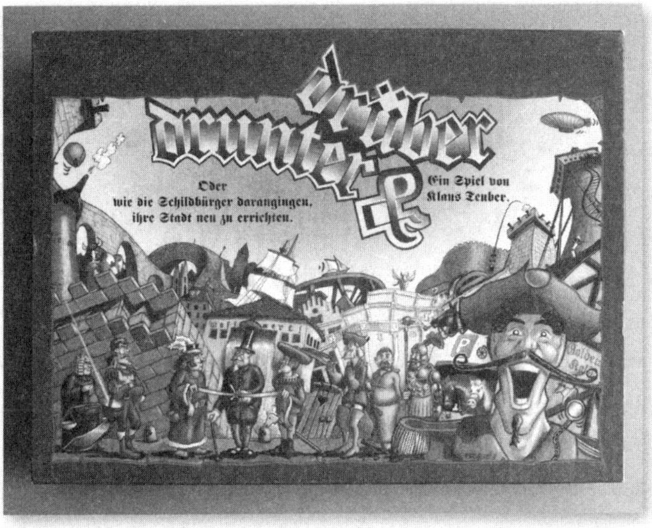

Kann es herrlicher Drunter & Drüber gehen als beim „Spiel des Jahres" 1992, das Franz Vohwinkel illustrierte?

Nun erst war das Spiel rund. Das dachte sich wohl auch die Jury „Spiel des Jahres". 1991 kürte sie mit *Drunter & Drüber* ein drittes Spiel von mir zum „Spiel des Jahres" und gewährte ihm den roten Lorbeer-Pöppel. Damit erhielt erstmals ein Kleinverlag den begehrten Spielepreis.

Bernd half der Preis, seinen Verlag aus einem Nischendasein zu befreien. In den kommenden Jahrzehnten wurde sein Verlag Hans im Glück ein Garant für hervorragende Spiele. Bernd war nicht nur ein erfolgreicher Verleger, sondern auch ein sehr talentierter Autor. Titel wie *St. Petersburg* und *Stoneage,* die beide aus der Feder von Michael Tummelhofer alias ihm selbst, Bernd Brunnhofer, stammten, sowie *Carcassonne* von Klaus-Jürgen Wrede begeisterten in späteren Jahren die Spieler.

Franz wurde in der Spieleszene ein gefragter Illustrator. Bis heute gestaltete er über 200 Brett- und Kartenspiele und erwarb sich einen Namen bei der Illustration von Karten des Kultspiels *Magic, The Gathering.*

Ich hatte innerhalb von vier Jahren für drei meiner Spiele den Preis „Spiel des Jahres" erhalten, was Aufmerksamkeit in der Spieleszene erregte. Im Fachmagazin *Spielzeugmarkt* schrieb Helge Anderson 1990:

„Der Autor, Klaus Teuber, scheint momentan nur angepikt zu werden, um eine Spielidee zutage zu fördern, von der man nicht sagen kann, dass es sie so oder zumindest sehr ähnlich bereits hier oder dort gegeben hat."

Viele Kritiker sagten meinen Spielen nach, sie seien originell. Das lag sicher unter anderem daran, dass ich nie ein Spiel mit dem Vorsatz entwickelt habe, Geld damit zu verdienen, oder nach erfolgreichen Spielen wie beispielsweise *Monopoly* oder *Risiko* schielte und versuchte, diese zu kopieren.

Ich hatte auch nie ein anderes Zielpublikum als mich und meine Familie vor Augen. Damit fielen alle Faktoren weg, die mir Zwänge bei der Spielentwicklung auferlegt und mich abgelenkt hätten. Die Themen für meine Spiele suchte ich nicht; sie fanden mich zufällig, wenn ich ein Buch oder eine Zeitschrift las. Daher wirkten sie frisch und unverbraucht.

Ich habe sehr viele Briefe und später E-Mails von Menschen erhalten, die mich nach dem Geheimnis meines Erfolges fragten. Viele gaben an, auch gern ein Spiel erfinden zu wollen, um damit Geld zu verdienen.

Ich antwortete den Verfassern der Briefe, ich könne ihnen kein Rezept für eine erfolgreiche Spielentwicklung anbieten, da ich keines hätte. Ich schrieb ihnen, es sei egal, ob ein Mensch ein Buch schreiben, ein Bild malen, eine Skulptur erschaffen oder ein Spiel entwickeln wolle. Neben einem gewissen Maß an Talent sei Leidenschaft die Grundvoraussetzung, ja die Triebfeder für jedes kreative Arbeiten. Nur wer bei einem Schaffensprozess von Liebe zu seinem Werk erfüllt ist, wird genügend Geduld aufbringen, trotz Rückschlägen nicht aufzugeben und den Weg weiterzugehen, an dessen Ende seine erträumte Schöpfung steht. Ob das Werk dann auch anderen Menschen gefällt und Geld einbringt, ist eine ganz andere Frage. Aber ein Werk, das spürbar durchwirkt ist von gestalterischer Leidenschaft und Liebe, hat viel größere Chancen auf Erfolg als ein aus rein pekuniären Motiven heraus erschaffenes.

DIE SPIELE-AUTOREN-ZUNFT E.V.

Schon nach meinem Erfolg mit *Barbarossa und die Rätselmeister* kamen Journalisten auf mich zu und wollten mehr über die Entstehung meines Spiels wissen. Auch meine Autorenkollegen gaben fleißig Interviews, wenn ihnen ein erfolgreiches Spiel gelungen war.

Der Kritikerpreis „Spiel des Jahres“ war die Ursache dafür, dass Spieleautoren – im Gegensatz zu den 70er-Jahren – mit Beginn der 80er-Jahre plötzlich so interessant für die Presse, das Radio und später auch für das Fernsehen wurden. Hatte die Jury ihre Wahl verkündet, erschien in fast jeder Zeitung ein Bericht über den Preisträger und eine Auswahlliste mit guten, von den Kritikern empfohlenen Spielen. Auch die Autorin oder der Autor des Preisträgers wurde genannt. Gesellschaftsspiele gewannen weiter mediale Präsenz und das Interesse an ihnen wuchs. Mancher Journalist fand es spannend, über die Hintergründe der Entstehung eines „Spiels des Jahres“ und damit über dessen Urheber zu berichten.

Ich erinnere mich noch gut an mein erstes Interview. Der Mann von der Presse war Journalist und Fotograf in Personalunion. Bevor er mich fotografierte, forderte er mich auf, meine Haare so zu zerzausen, dass sie mir wild vom Kopf standen. Damals hatte ich noch keine Glatze und ich wäre dieser Aufgabe durchaus gewachsen gewesen. Doch ich weigerte mich. Ich ahnte, was der Fotograf im Sinn hatte. Er gehörte noch zu den vielen Menschen, für die das Gesellschaftsspiel eher eine Kindersache war. Und wer sich als Erwachsener mit Kindereien beschäftigte, musste wohl etwas verrückt sein. Er glaubte wohl, mit dem Foto eines irren Erfindertypen könne er bei den Zeitungslesern die Aufmerksamkeit für seine Story steigern.

Ich glaube nicht, dass er die Erfindung eines Spiels als etwas Geniales ansah, hinter der nur ein etwas schräger Mensch stehen konnte. Wäre es seine Intention gewesen, mich als Einsteinklon oder entrückten Professor abzulichten, hätte er wahrscheinlich zusätzlich von mir verlangt, ihm die Zunge herauszustrecken. Das hätte ich am liebsten getan, mit oder ohne wirre Haare. Ich unterließ es aber, da ich zum einen keine Lust hatte, sein Klischee zu bedienen, und zum anderen Claudias Reaktion auf solch ein Bild von mir keinesfalls erleben wollte. Sie hätte mir gründlich den Kopf gewaschen und danach hätten mir meine Haare auch ohne mein Zutun nach allen Seiten vom Kopf abgestanden.

Im Lauf der Jahre, in denen ich interviewt wurde, wurden die Fragen immer gehaltvoller, und ich hatte den Eindruck, die Anerkennung für das Schaffen eines Spieleautors stieg mit der wachsenden Präsenz neuer, guter Gesellschaftsspiele.

Die Spieleautoren wurden selbstbewusster. *„Jeder Berufsstand hat eine Interessenvertretung, nur wir nicht"*, mögen sich die Spieleautoren Alex Randolph, Wolfgang Kramer und Hajo Bücken gesagt haben, als sie bei einem Glas Bier zusammensaßen. Die drei waren damals schon erfolgreiche Spieleautoren und ich kannte sie inzwischen gut von verschiedenen Spieleveranstaltungen. Sie fanden, dieser Missstand, zu dem auch ein mangelnder Urheberschutz für Autoren und eine mangelnde Anerkennung das Spiels als Kulturgut gehörte, müsse behoben werden, und initiierten die Gründung einer Spieleautoren-Vereinigung.

Hajo Bücken und sein Freund und Autorenkollege Dirk Hanneforth nahmen das Heft in die Hand und sprachen die damals bekanntesten und aktivsten Spieleautoren in Deutschland an, ob sie einer Spieleautorenvereinigung beitreten wollten. Auch ich wurde gefragt und sagte gern Ja. Nach der hektischen Erstellung einer Satzung für den Verein und der Klärung verschiedener Organisationsfragen trafen wir uns 1991 auf den *Internationalen Spieletagen* in Essen zur Gründungsversammlung der Spieleautorenzunft, kurz SAZ. Wir waren zu zwölft, eine Dame und elf Herren. Die 13. Fee blieb uns zur Geburt unseres Kindes erspart.

Hajo Bücken wurde zum ersten Vorsitzenden gewählt, ich zum zweiten und Dirk Hanneforth zum Schatzmeister. Ein Beschluss der ersten Mitgliederversammlung war die Ernennung Reinhold Wittigs zum Ehrenmitglied der SAZ. Alle waren sich einig, dass Reinhold diese Ehrung in höchstem Maße verdient hatte. Sein Göttinger Spieleautorentreffen war der Nährboden gewesen, in dem die Spieleautoren zu ihrer Identität und ihrem Selbstverständnis gefunden hatten, was letztlich zur Gründung der Spieleautorenzunft geführt hatte.

Aber es war der Spieleautor Alex Randolph, der im Hintergrund kunstvoll seine Fäden gesponnen und uns jüngere Autoren zur Gründung der SAZ motiviert hatte. Für uns war Alex der Grandseigneur der Spieleszene: scharfsinnig, wortgewandt und umgeben von weltmännischem Flair. Er war unser Mentor, der sich schon in eigener Sache für die Rechte der Spieleautoren eingesetzt hatte. Da seine Spiele wie beispielsweise *Twixt*, *Sagaland*, *Tempo, kleine Schnecke* oder *Hol's der Geier* Verkaufsrenner waren, konnte er bei den Verlagen – was bis dahin unüblich war – seinen Namen als Autor auf den Covern seiner Spiele durchsetzen. Andere Autoren, wie auch ich, folgten seinem Beispiel.

Es gibt ein sehr interessantes von Phillipe Evrard herausgegebenes Buch mit Textfragmenten von Alex Randolph. Es trägt den Titel: *Die Sonnenseite, Fragmente aus dem Leben eines Spieleerfinders*. In diesem Buch fand ich eine bemerkenswerte Aussage von Alex:

„‚Spieleerfinder', das ist der Titel, den ich mir gegeben habe. Eigentlich ist er ein bisschen lächerlich, etwas geschwollen, aber

er gefällt mir. Die Leute lächeln, wenn sie ihn hören. Im Leben muss man ein Etikett haben, sonst ist man niemand. ‚Wer ist dieser Typ?' – ‚Ein Paläontologe.' – ‚Aha.' Aber ich habe auch meine Zweifel: Über einen Dichter würde man nicht sagen, dass er Erfinder von Gedichten ist. Und sagt man über einen Maler, dass er Gemälde erfindet?"

Ich weiß, was Alex meinte. Ich selbst habe mich nie als Erfinder von Spielen gesehen, sondern immer nur als Entwickler oder Autor.

Anders als bei vielen Vereinen oder Interessenverbänden üblich wurden die Mitglieder des SAZ-Vorstandes alle zwei Jahre neu gewählt. Es gab bis heute kein Mitglied der SAZ, wie die Abkürzung der Spieleautorenzunft lautet, das zweimal den ersten Vorsitz innehatte. *„Oh, haben die alle so schlecht gearbeitet?"*, mögen Sie jetzt vielleicht denken. Mitnichten. Der ehrenamtliche Einsatz im Vorstand der SAZ war sehr zeitraubend. Die alten Vorstandsmitglieder klebten daher nicht an ihrem Posten, und bei einer stetig wachsenden Mitgliederzahl gaben sie den Staffelstab gern an einen fähigen Kollegen oder eine Kollegin ab, der oder die den Posten eines Vorstandmitgliedes mit frischen Ideen dynamisch und kreativ ausfüllte.

In den folgenden Jahren setzte sich die SAZ unter anderem erfolgreich für die Stärkung des Kulturguts Spiel ein, womit die Gleichstellung des Spiels im Kulturbetrieb mit anderen Werken wie Büchern oder Kunstobjekten gemeint ist, und für die Anerkennung von Spieleautoren als Urheber im Sinne des Urheberrechtsgesetzes.

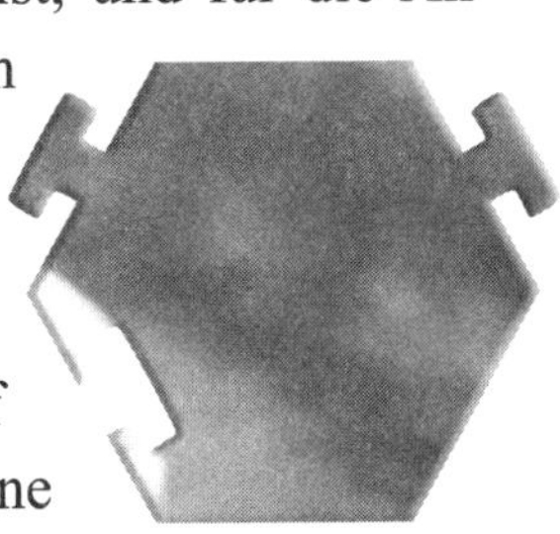

Darüber hinaus bietet die SAZ ihren Mitgliedern in einer Schriftenreihe, den sogenannten „SAZ-Zeichen", Antworten auf viele Fragen. So zum Beispiel, wie man eine

Spielidee schützen kann oder was man beim Abschluss eines Lizenzvertrages beachten sollte.

Die Mitgliedschaft in der SAZ hat mir, wie vielen der inzwischen 480 Kolleginnen und Kollegen aus aller Welt, sehr geholfen, meinen Weg als Spieleautor erfolgreich weiterzuverfolgen.

DER FLIEGENDE HOLLÄNDER

1990 trafen Claudia und ich Reiner Müller auf den *Internationalen Spieletagen* in Essen. Er stand einsam und blass in einer Ecke. Kurz zuvor hatte er wegen unüberwindbarer Meinungsverschiedenheiten mit der Geschäftsleitung den ASS-Verlag verlassen und berichtete uns von den Schwierigkeiten, seine Steuerschuld zu begleichen. Erst als er von der Geburt seiner Tochter Stephanie erzählte, kam Leben in seine Augen und Farbe in sein Gesicht. In Heft 5 der *Spielbox* von 2011 beschrieb er seine damalige Situation so:

„Es gab Zeiten, da hatte ich keine zehn Mark in der Tasche. Oder mitten im Urlaub wurde mir mal das Konto gesperrt. Das Finanzamt hatte gepfändet, und ich musste jetzt gucken, wie ich überhaupt wieder nach Hause komme. Das war halt so, damit musste man umgehen. Mit der Zeit kriegt man aber ein dickes Fell.“

Das klang typisch nach Reiner. Einer seiner Lieblingssprüche war: „Helm auf, Augen zu und durch“. Diesen Satz hörte ich später bei vielen Testspielen, die ich mit ihm erleben durfte, sodass er sogar zum Leitmotiv bei der Entwicklung eines meiner späteren Spiele wurde.

1991 war Reiner als Redakteur bei Bandai-Huki, einem deutsch-japanischen Verlag tätig. Ich hatte ihm meinen Spielentwurf *Der Fliegende Holländer* zugeschickt. Ursprünglich hieß das Spiel *Pleitegeier*. Die Idee: Jeder Spieler besitzt Aktien von Konzernen, die in verschiedenen Farben auf dem Spielplan abgebildet sind. Als zentrale Spielfigur kreist ein Pleitegeier bedrohlich über den Unternehmen. Jeder Spieler kann mit Karten Einfluss auf die Flugrichtung des Pleitegeiers nehmen, um ihn an der Landung auf einem Konzern zu hindern, von dem er Aktien besitzt. Das gelingt natürlich nicht immer, und je nachdem, auf welcher Firma sich der Pleitegeier ausruht, rauscht der Kurs mal der eigenen, mal der Aktien der Mitspieler in den Keller.

Das Spiel war spannend, aber das Thema erschien mir zu real und zu negativ besetzt, da in den 80er-Jahren immer wieder Pleitewellen über Deutschland geschwappt waren, die den Verlust von Arbeitsplätzen nach sich gezogen hatten.

Claudia und ich hatten Ende 1990 das Spielefest in Wien besucht und die Gelegenheit genutzt, in der Staatsoper den „Fliegenden Holländer" zu genießen. Wir beide liebten diese Oper von Wagner, und während ich der dramatischen Musik lauschte, sah ich im Geiste plötzlich statt eines Pleitegeiers, der Konzerne bedrohte, den Fliegenden Holländer, wie er die Schiffe verschiedener Handelskompanien heimsuchte. Nach der gleichnamigen Sage wird jedes Schiff, das dem Fliegenden Holländer begegnet, vom Unglück verfolgt und ist dem Untergang geweiht.

Reiner war sowohl vom Spielablauf als auch vom Thema angetan, und so wurde *Der Fliegende Holländer* 1992 auf der Spielwarenmesse in Nürnberg als Spieleneuheit der Firma Bandai-Huki präsentiert. Wieder war es Franz Vohwinkel, der mit gelungenen Illustrationen zu einem einladenden Gesamteindruck des Spiels beitrug.

Das wichtigste Ereignis, das ich heute mit dem *Fliegenden Holländer* verbinde, ist die Bekanntschaft mit einem Mann, der mich eine lange Zeit auf meinem spielerischen Weg begleiten sollte. Mit seiner dunkelblonden Lockenpracht und seinem stattlichen Äußeren erinnerte er mich an Siegfried, einen Helden aus einer anderen Wagner-Oper. Nur wäre Siegfried wohl nicht so charmant gewesen, mir schon nach unserem ersten Treffen auf der Spielwarenmesse das Gefühl zu geben, dass wir uns viel länger als ein paar Stunden kennen.

© privat

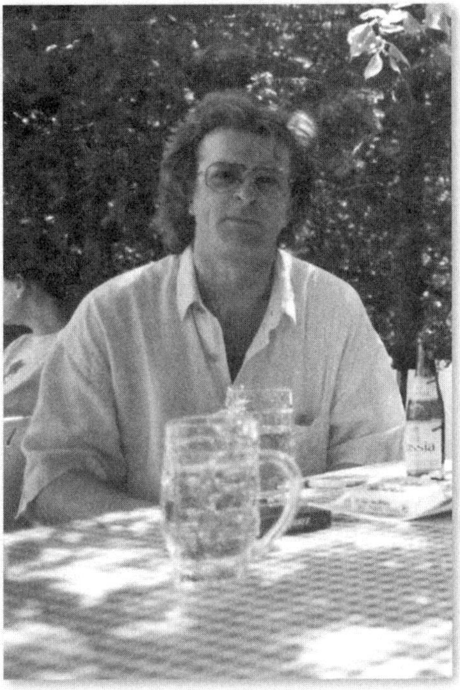

Nach einer langen gemeinsamen Wanderung mit unseren Frauen kam die Erlösung: zwei Humpen Bier. Einer für Fritz Gruber, einer für mich.

Siegfried stellte sich als Fritz Gruber vor, Pressesprecher der Firma Bandai-Huki. Fritz war der Mann, der mich die kommenden Jahre zunächst im Dienst von Bandai Huki und später auch im Dienst anderer Verlage an die Hand nehmen und als Interviewpartner der Presse zuführen würde.

Die Begegnung mit dem *Fliegenden Holländer* schien Bandai Huki nicht gutgetan zu haben. Die Firma ging unter bzw. wurde von der amerikanischen Firma Kenner-Parker geschluckt. Das Firmenlogo auf der Schachtel des *Fliegenden Holländers* wurde ausgetauscht. Mehr änderte sich nicht.

Auf den *Internationalen Spieletagen* in Essen bekam ich einen Pokal für mein Spiel *Der Fliegende Holländer,* da es auf den 1. Platz des „Deutschen Spielepreis" gewählt worden war.

Den „Deutschen Spielepreis" gibt es seit 1990, als mein Spiel *Adel verpflichtet* den ersten Platz belegte. Im Gegensatz zum Kritikerpreis „Spiel des Jahres", der von einem Gremium aus Journalisten vergeben wird, stimmen Spielekenner und Vielspieler unabhängig voneinander darüber ab, welches Spiel den „Deutschen Spielepreis" erhalten soll. Das führte in den vergangenen Jahren vermehrt zur Würdigung komplexerer Spiele.

Bis heute hat der vom Friedhelm Merz Verlag vergebene „Deutsche Spielepreis" bei Weitem nicht die Publikumswirksamkeit von „Spiel des Jahres" erreicht, aber in Vielspielerkreisen wird er sehr respektiert und für jede Autorin und jeden Autor ist es eine große Ehre, ihn zu erhalten.

TM-SPIELE

Mit Reiner traf ich mich jetzt öfter. Im Sommer 1992 saßen wir zusammen auf der Terrasse unseres Reihenhauses und spielten mit dem Gedanken, einen eignen kleinen, aber feinen Spieleverlag zu gründen. Ich glaube, Reiner hatte es damals satt, von Verlag zu Verlag zu tingeln und unter Chefs zu leiden, die ihm ständig in seine Arbeit pfuschten.

Ein Spiel hatten wir auch schon. *Pleitegeier* hatte ich es während seiner Entwicklung genannt. So hieß auch schon der Prototyp des *Fliegenden Holländers.* Offenbar hatte ich ein fast pathologisches Verhältnis zu diesem Vogel entwickelt. Wollte ich mir vielleicht die traumatische Zeit der 80er-Jahre, als ständig der Pleitegeier über dem Dentallabor und damit über meinem Kopf und den Köpfen meiner Familie kreiste, von der Seele spielen? Möglich.

Leider gefiel Reiner das Thema nicht, was ich nachvollziehen konnte. Schließlich hatte er auch seine Erfahrungen mit Fastpleiten. So ersetzte ich den Pleitegeier durch einen gestrengen Kritiker und verlagerte das Thema in die Welt der Kunst. Für die Existenz eines Künstlers kann ein Kritiker wohl ähnlich bedrohlich werden wie ein Pleitegeier für eine Firma.

Stellen Sie sich vor, Sie sind ein ehrgeiziger, hartgesottener Galerist und besitzen Werke junger, aufstrebender Maler. Was tun Sie, um den Ruhm Ihrer Galerie zu steigern und sich die Taschen mit Geld vollzustopfen? Ganz einfach, Sie fördern die Künstler Ihrer Galerie mit Vernissagen und torpedieren die Karrieren der armen Schlucker, die ihre Werke in den Galerien der Konkurrenten ausstellen, mit Schaffenskrisen, Skandalen und bestochenen Kunstkritikern. Genau darum geht es in meinem Spiel *Vernissage,* in dem ich die Kunstszene augenzwinkernd unter die Lupe genommen habe.

Claudia und ich hatten *Vernissage* mit dem Thema Pleitegeier oft und gern mit meinem Schwager Richard und meiner Schwägerin Angela gespielt. Nicht zu Testzwecken, sondern zum reinen Vergnügen. Das Spiel war ausgereift.

Reiner war mit *Vernissage* vertraut und hatte ursprünglich vorgehabt, es bei Bandai Huki herauszubringen. Das hatte sich durch den Verkauf an Kenner-Parker erübrigt. Der Verlag lehnte *Vernissage* ab, da es ihm zu komplex erschien.

Nach anfänglichem Zögern erwärmte sich Reiner immer mehr für unseren Verlag und schließlich war er Feuer und Flamme dafür. So mündete die Gründung unseres Verlages vom reinen Gedankenspiel in ernsthafte Vorbereitungen.

Als Erstes brauchten wir einen griffigen Namen. Wir überlegten nicht lange und nannten unsere zu gründende GmbH „TM-Spiele“, was für Teuber-Müller-Spiele stand. Wir hätten unseren Verlag auch „MT-Spiele“ nennen können. Wir fanden aber den Klang dieser Abkürzung weniger harmonisch. Ich schlug Reiner vor, Peter Neugebauer und Wolfgang Lüdtke mit ins Boot zu holen. Peter und Wolfgang war ich inzwischen freundschaftlich verbunden und ich wollte das sich anbahnende Abenteuer gern gemeinsam mit ihnen bestreiten. Reiner war einverstanden.

Mit Peter Neugebauer, den ich 1986 in Göttingen kennengelernt und dem ich damals mein erstes Spiel *Rätselmeister* verkauft hatte, war ich seither in ständigem Kontakt geblieben. Ich schickte ihm jeden meiner Prototypen zu. Peter dankte mir dafür mit Erfahrungsberichten von seinen Testspielen und gab mir aus der Sicht eines Spielekritikers wertvolle Hinweise.

Wolfgang Lüdtke begegnete Claudia und mir erstmals 1987 auf dem Spieleautorentreffen in Göttingen. Wolfgang hatte Peter über eine

Anzeige in einer Spielezeitschrift kennengelernt, sich mit ihm getroffen und meinen *Rätselmeister* mit ihm gespielt. Wolfgang gefiel mein Spiel sehr und so wollte er die Gelegenheit nutzen, mich kennenzulernen.

Wolfgang erinnert sich:

„Nun lernte ich die Teubers also persönlich kennen. Klaus und seine Frau Claudia waren mir von Anfang an sympathisch. Mit Claudias quirligem, begeisterndem Temperament und Klaus' ruhigem und klugem Wesen konnte ich mich gleich anfreunden. Mit Claudia kam ich ins Gespräch über ein Spiel, bei dem man große Schaumstoffmännchen in eine Telefonzelle quetschen musste, bis diese platzte. Sie war so begeistert von der gleichnamigen ‚Verflixten Zelle‘, dass ich sie ihr nach dem Autorentreffen geschickt hatte. In der Folgezeit habe ich die beiden und die ganze Familie immer wieder mal zu gemeinsamen Spiel- und Testrunden besucht und häufig neue Entwürfe im Frühstadium gespielt.“

Wolfgang liebte Gesellschaftsspiele, schrieb Kritiken in Spielezeitschriften, und wenn er sich nicht leidenschaftlich mit seinem Hobby beschäftigte, widmete er sich zwischendurch notgedrungen auch hin und wieder seinem Studium der Betriebswirtschaft.

Ich hatte bei meinem zweiten Besuch des Autorentreffens 1987 in Göttingen nicht nur *Rätselmeister,* sondern auch *Ausstellung in New York* (das spätere *Adel verpflichtet*) und noch ein paar andere Spielentwürfe präsentiert. Wolfgang war sehr interessiert an meinen Spielen und es entspannen sich interessante Gespräche zwischen uns. Claudia und ich mochten den unbekümmerten jungen Studenten und so riss der Kontakt mit Wolfgang wie auch schon der mit Peter nicht ab.

Als ich Wolfgang fragte, ob er Gesellschafter unseres noch zu gründenden Verlags werden wollte, sagte er spontan zu. Peter tat sich mit seiner Zusage etwas schwerer. Er wollte weiterhin Spielekritiken schreiben und befürchtete Interessenkonflikte, wenn er an der redaktionellen Bearbeitung von Spielen mitwirkte. Zudem war Peter in seinem Hauptberuf ein sehr engagierter Gymnasiallehrer und sorgte sich, aufgrund seines Berufs nicht genügend Zeit für die Verlagsarbeit aufbringen zu können. In diesem Punkt konnte ich ihn beruhigen. Auch ich war nicht in der Lage, mich mit allzu viel Zeit in unserem zukünftigen Verlag zu engagieren. Reiner würde die Hauptarbeit übernehmen und dafür als Geschäftsführer ein bescheidenes Gehalt beziehen. Die Aufgabe von Peter, Wolfgang und mir würde es sein, Reiner bei der Auswahl und den Tests von Spielen zu unterstützen. Dazu würden wir uns alle vier bis sechs Wochen an einem Wochenende treffen. Schließlich warf Peter seine Bedenken über Bord; auch er konnte dem Reiz eines großen, gemeinsamen Abenteuers nicht widerstehen.

Am 20. November 1992 trafen Reiner, Peter, Wolfgang und ich uns bei einem Notar in Darmstadt, unterschrieben unseren Gesellschaftsvertrag und gründeten damit unsere TM-Spiele GmbH.

VERNISSAGE IN NÜRNBERG UND IN ESSEN

Stolz präsentierten wir unseren taufrischen Kleinverlag 1992 auf der Spielwarenmesse in Nürnberg erstmals der Öffentlichkeit. Joe Nikisch, dem ich fünf Jahre zuvor mein Spiel *Rätselmeister* vorgestellt hatte, war schon 1989 in die Fußstapfen eines Gründers getreten und hatte einen kleinen Verlag namens Abacusspiele ins Leben gerufen. Auf der Messe hatte er für Abacusspiele einen kleinen Stand gemietet und war so nett, uns die Hälfte seines Standes unterzuvermieten, was beiden Parteien Kosten sparte.

Ich nahm mir eine Woche Urlaub und fuhr jeden Tag frühmorgens mit dem Zug von Darmstadt nach Nürnberg und reiste abends wieder zurück. Reiner, Wolfgang und ich – am Wochenende auch Peter – präsentierten den Händlern auf etwa fünf Quadratmetern unseren großen Hoffnungsträger, unsere einzige Neuheit und gleichzeitig auch das einzige Spiel unseres Spieleprogramms: *Vernissage*.

Wir waren jedes Mal überaus glücklich, wenn der Besitzer eines Spielwarenladens ein paar Exemplare unseres Spiels orderte. Joe und seine Frau Pia freuten sich mit uns und wir uns umgekehrt mit ihnen, wenn die Händler Abacusspiele bestellten. Überhaupt herrschte eine sehr gute Stimmung an unserem kleinen Stand. Jeder Tag war aufregend und gern betrat ich morgens die Messehallen in Nürnberg.

„Siegfried“ Fritz Gruber war inzwischen für die Öffentlichkeitsarbeit von Simba Toys zuständig. Täglich besuchte er uns und war ein gern gesehener Gast – und das nicht nur, weil er uns hin und wieder ein paar Früchte seiner Pressearbeit zukommen ließ, die uns den einen oder anderen Artikel in diversen Zeitungen bescheren sollte.

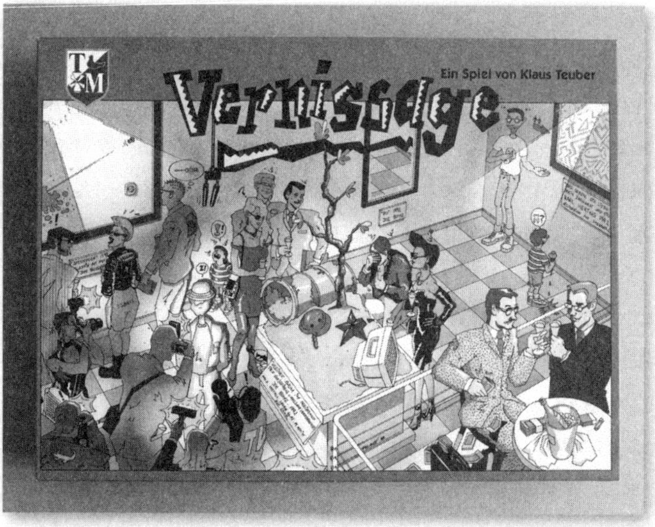

Stolz prangte unser TM-Logo auf dem Cover von ‚Vernissage'. Der unbeachtete Künstler, Karl Hering, in der oberen rechten Ecke wurde zu unserem Maskottchen.

Die Messe ging zu Ende und wir hatten 1.500 *Vernissage*-Spiele verkauft. Das entsprach nicht ganz unseren Erwartungen. 1.000 Stück mehr hätten es schon sein dürfen. Immerhin lagen nach der Messe noch 3.500 *Vernissage*-Spiele in einem angemieteten Lager. Aber das Jahr war noch nicht zu Ende. Optimistisch bereiteten wir uns auf die im Oktober stattfindenden *Internationalen Spieletage* in Essen vor.

Der Illustrator von *Vernissage* hieß abermals Franz Vohwinkel. Als ich Franz 1992 in die Story des Spiels eingeweiht und ihm erklärte hatte, ich wolle das Geschehen in der Kunstszene ein wenig auf die Schippe nehmen, war er sehr angetan von der Möglichkeit, nicht nur illustrieren sondern auch karikieren zu dürfen. Er schuf nach unseren Vorgaben fünf herrlich skurrile Charaktere, deren auf Pappe gedruckte Konterfeis im Spielverlauf auf einer

Erfolgstreppe nach oben in die Richtung ewigen Ruhms gezogen oder nach unten in den Abgrund ewiger Bedeutungslosigkeit gestoßen wurden.

Ich war von den von Franz geschaffenen Künstlern so angetan, dass ich sie mit großer Freude in Wachs modellierte, abformte, mit Zinn ausgoss und liebevoll bemalte. Von Karl Hering, der mir mit seiner Trostlosigkeit der Liebste war, fertigte ich eine zweite Figur an und fädelte eine dünne Lederschur durch einen kleinen Bügel an seinem Kopf. Claudia legte sich das Lederband mit Karl Hering gern um ihren Hals und trug ihn mit Stolz, als sie uns später auf der Spiel 1993 besuchte. Ich glaube, Karl Hering hat sich bei ihr sehr wohlgefühlt.

Während Franz die Werke unserer Künstler toll in Szene setzte und dabei auch eigene gute Ideen verwirklichte, widmete ich jedem Maler in der Einleitung der Spielregel eine kurze Biografie. Stellvertretend für alle zitiere ich den Abschnitt über Karl Hering:

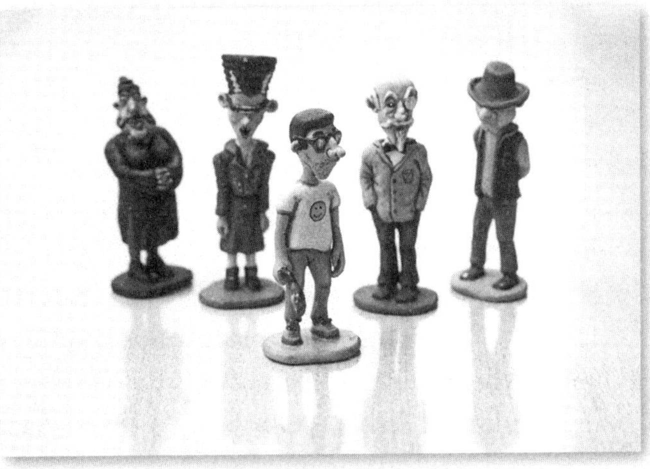

Die Künstler von ‚Vernissage' als Zinnfiguren sind hier in einem Gruppenfoto vereint. Von links nach rechts: Donna Salva Kali, Elfrida Krach, „unser" Karl Hering, Ron Lightenstone und Joe Boyz.

Mit seinem Werk „Der Schmerz, die Lust, der Müll und ein Honigbrot“ erregte er erstmals Aufsehen in der Kunstszene. Herings Malereien zeigen fast immer einen Menschen in der Umgebung einfacher, alltäglicher Dinge. Dadurch wird dem Betrachter die Isolation des modernen Menschen erschreckend klar. Seine Sehnsucht nach Geborgenheit drückt Hering durch das in seinen Werken immer wiederkehrende Motiv „Heizkissen“ aus.

Für unseren Auftritt in Essen planten wir eine echte Vernissage. Hierzu suchte ich drei der von Franz gestalteten Werke aus und malte die Motive mit Öl auf Leinwand. Auch Franz steuerte ein großes Ölgemälde bei. Besonders viel Spaß hatte ich bei der Übertragung des Gemäldes „Knirsch“ unseres Pop-Art-Künstlers Ron Lightenstone in eine Installation.

Ich grub meine fast vergessene Prothetik-Meisterarbeit aus: eine Unterkieferprothese mit 14 künstlichen Zähnen und ihr passendes Gegenstück im Oberkiefer – zusammen ein sogenannter 28er. Die Unterkieferprothese befestigte ich an einem Holzbrett, die Oberkieferprothese an einem Scharnier. Ein Elektromotor sorgte dafür, dass die obere Prothese fröhlich auf der unteren klapperte. Die Besucher unseres Standes auf der Messe sollten sich im Angesicht der Installation fragen, was ihnen die Prothesen sagen wollten. Das war ganz im Sinne unseres Künstlers Ron Lightenstone, der stets versuchte, seinen Motiven eine Sprache zu geben, die es dem Betrachter erlaubte, mit seinem Kunstwerk zu kommunizieren.

Peter kümmerte sich um das Werk von Joe Boyz „Verstopfung“. Sichtbar angestrengt schleppte er einen Tag vor Messebeginn eine echte Toilette an, die zwar nicht mehr ganz neu, aber immerhin sauber war. Dann holte er noch die zum Kunstwerk gehörenden Backsteine und vollendete mit ihnen die Installation.

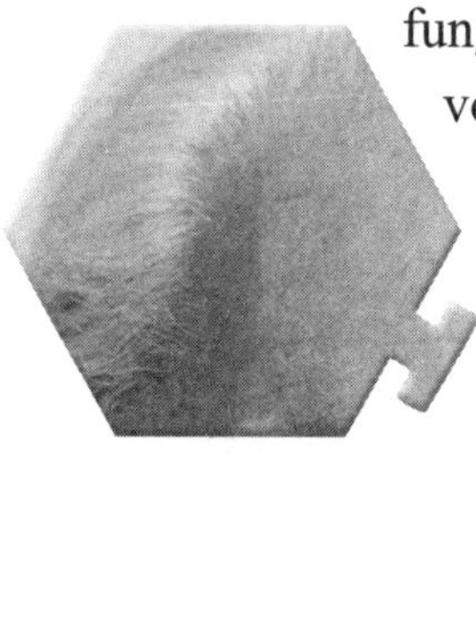

Die Vernissage, die wir liebevoll auf unserem Stand präsentierten, zog viele Besucher an. Wir waren zufrieden mit dem Verkauf der Spiele. Zeitweise saß unser jüngster Sohn Benjamin stolz an der Kasse und tauschte Spiele gegen Geldscheine. Benjamin fühlte sich sichtlich wohl in seiner wichtigen Position, schließlich war er die einzige Person des TM-Standes, die für eine volle Kasse sorgte.

So erinnert sich Benjamin:

„Als Kind war es für mich ungeheuer aufregend, auf der Messe an der Kasse des TM-Standes zu sitzen. War es doch wie bei meinem Kaufmannsladen zu Hause, den ich zu Weihnachten geschenkt bekommen hatte – nur in echt! Zwar kauften schon einige Leute Spiele bei mir, jedoch gab es auch langweilige Pausen, in denen leider genau so wenig los war wie an meinem Kaufmannsladen zu Hause. Zunächst interpretierte ich es so, dass die kaufwillige Kundschaft nicht so recht wusste, dass sie an meinen Tisch kommen kann, um die Spiele zu erwerben. Tatsächlich half das Basteln von insgesamt vier handgeschriebenen ‚KASSE'-Schildern dann auch zumindest ein wenig, dass sie den Neunjährigen am Verkaufstisch etwas schneller fanden. Wobei ‚schneller finden' wohlgemerkt nur die Sache beschleunigte, nicht aber zu dramatischen Verkaufssteigerungen führte ...“

Am letzten Tag der Messe versteigerten wir unsere Exponate. Für insgesamt knapp über 1000,– DM wechselten die Gemälde ihre Besitzer. Auch Friedhelm Merz, der Veranstalter der *Internationalen Spieletage,* hatte unseren Stand besucht und zwei Bilder ersteigert. Den Verkaufserlös spendeten wir großzügig einer karitativen Organisation, obwohl wir ihn selbst auch gut hätten brauchen können. Schließlich hatte uns die Produktion von Vernissage einen großen Teil des Kapitals unserer GmbH gekostet.

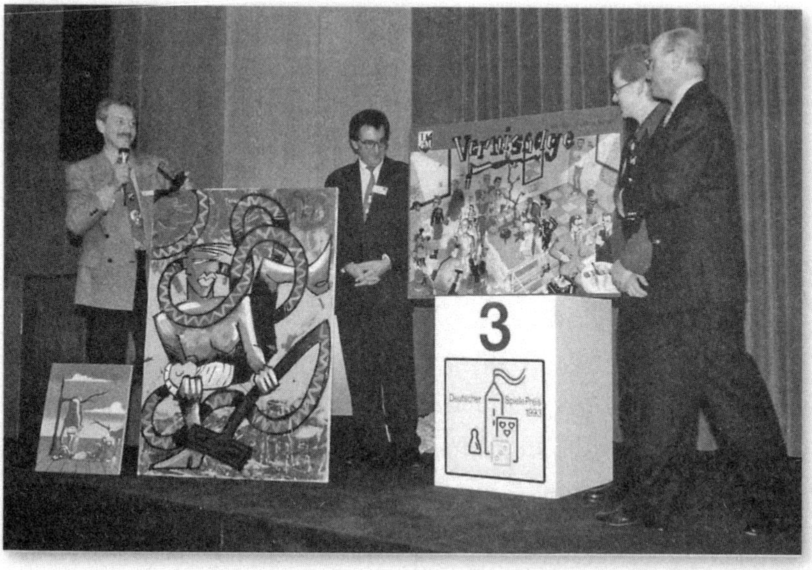

Bei der Verleihung des 3. Platzes des „Deutschen Spielepreises“ an Vernissage waren die Exponate dabei, die Friedhelm Merz (rechts) ersteigert hatte.

Leider wollte trotz des niedrigen Aktionspreises keiner unsere Installation „Verstopfung“ erwerben. Ich glaube, Peter hätte liebend gern ein Scheinchen geopfert, um das Ding loszuwerden. Aber er behielt das Kunstwerk und schleppte die Toilettenschüssel und die Backsteine schicksalsergeben zurück zu seinem Auto. Über den weiteren Verbleib der Installation ist nichts bekannt.

Am Ende des Jahres hatten wir 2.500 *Vernissage*-Spiele verkauft. Für einen Kleinverlag war das keine schlechte Bilanz. Aber immer noch lagerten 2.500 Spiele in unserem angemieteten Lager und verursachten Kosten.

Ich habe *Vernissage* ein wenig mehr Platz in diesem Buch gegönnt, da ich es zu meinen besten Spielen zähle. Auch war das Spiel letztlich der Auslöser für die Gründung unseres Verlages TM-Spiele, ein Meilenstein auf meinem weiteren Weg als Spieleautor. Die Qualität von *Vernissage* wurde auch von der Presse gewürdigt. Nachfolgend eine kleine Auswahl von Zitaten:

Neue Kärntner Krone (11.5.1993): *„‚Vernissage' ist ein einfaches Spiel, dessen Tiefen man aber erst nach einigen Partien auszuloten beginnt und das auch nach oftmaligem Spiel nichts von seinem Reiz verliert. Es ist ein gelungener Einstand des neu gegründeten TM-Verlages und ein Muss für jeden Spieler."*

Westfalenblatt (24./25.7.1993):

„‚Vernissage' ist ein spannendes und unterhaltsames Spiel um Kunst und Kommerz, aufgemacht mit Witz und Liebe zum Detail. Mühsam ist es allerdings, sich durch die mehrere Seiten lange Spielregel zu kämpfen."

Kölner Stadtanzeiger (14.8.93):

„Der Mechanismus ist schlüssig konstruiert, und das Spiel läuft zügig ab. [...] Dennoch gibt es zwei Kritikpunkte: Die knallige Grafik des Plans und die äußerst kompliziert wirkenden Spielregeln. Wer die Hürde überwindet, findet für 60 Mark ein empfehlenswertes Spiel."

Wir bemerkten beim Lesen der Rezensionen: Die Presse hatte *Vernissage* nicht nur gelobt, sondern auch Kritik geübt. Die Regel wurde als „mühsam", „kompliziert" und als „Hürde" bezeichnet. Wenn ich mir heute mit einem Abstand von fast 30 Jahren Erfahrung die zwölfseitige *Vernissage*-Regel von damals anschaue, gebe ich den Rezensenten recht.

1993 gab es noch zu wenige erfahrene Spieler, die sich nicht von einer langen Regel abschrecken ließen. Viele Gelegenheitsspieler, die mit *Barbarossa, Adel verpflichtet* und *Drunter & Drüber* Spaß gehabt und nach *Vernissage* gegriffen hatten, verzweifelten wohl an der Regel, verstauten Vernissage unbespielt und enttäuscht im Wohnzimmerschrank oder verkauften es auf dem nächsten Flohmarkt.

Die Kritiken an *Vernissage* zeigten mir einmal mehr, wie wichtig es ist, einen Spielentwurf wieder und wieder auf Vereinfachungsmöglichkeiten hin zu überprüfen, und Reiner als verantwortlicher Redakteur machte sich Gedanken über die vollendete Form einer Regel.

Die Erfahrungen, die Reiner und ich mit *Vernissage* gesammelt hatten, sollten einem Spiel zugutekommen, das zwei Jahre später, 1995, das Licht der Spielewelt erblickte.

Reiner gelang es erst in den beiden folgenden Jahren, dem Handel die restlichen Lagerbestände von *Vernissage* zu verkaufen. So schlossen wir das Jahr 1993 mit einem leichten Verlust ab. Wir hatten aber noch genügend Geld für die Produktion eines zweiten Spiels, das wir 1994 auf der Spielwarenmesse in Nürnberg präsentieren wollten.

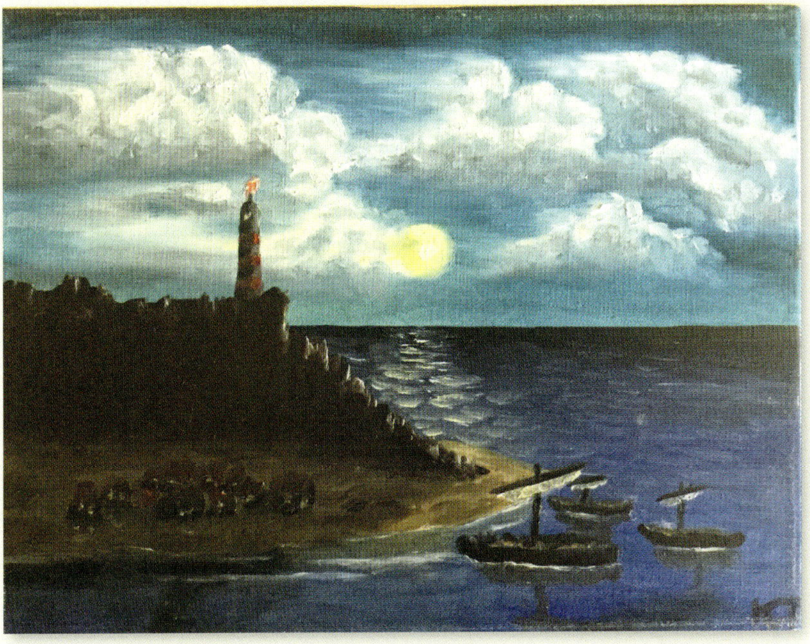

Als hätten mir die ‚Seefahrer von Catan' aus der Zukunft zugewinkt, malte ich Anfang der 70er Jahre mein Bild „Nächtliche See".

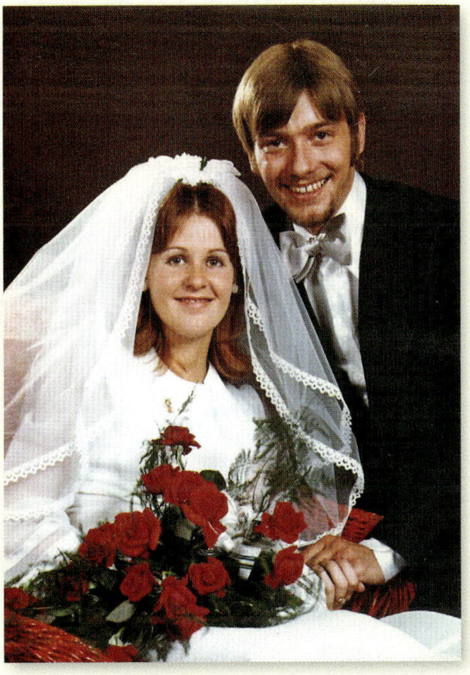

Im Juli 1973 hatten Claudia und ich uns getraut. Was würde uns erwarten?

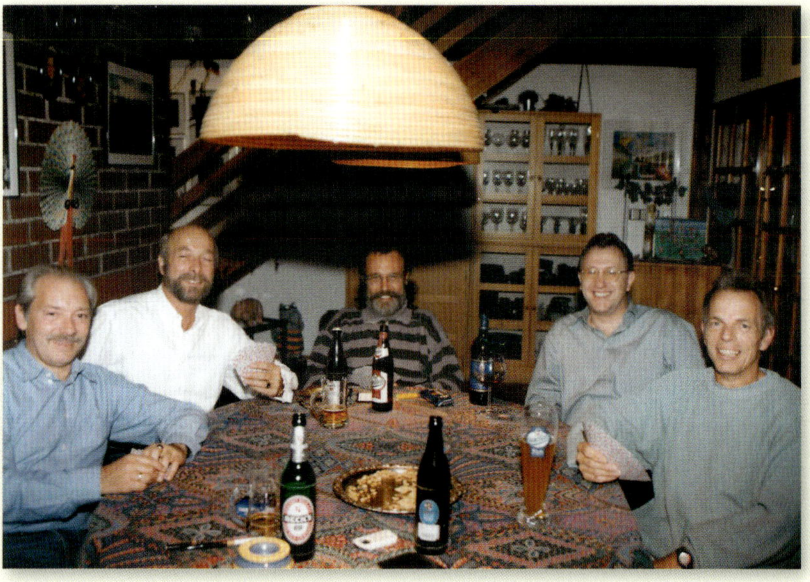

Unsere Doppelkopfrunde 2001: Neben mir sitzt Thomas. Es folgen Dieter (der Bass in unserer Band spielte), Achim und mein Schwager Richard.

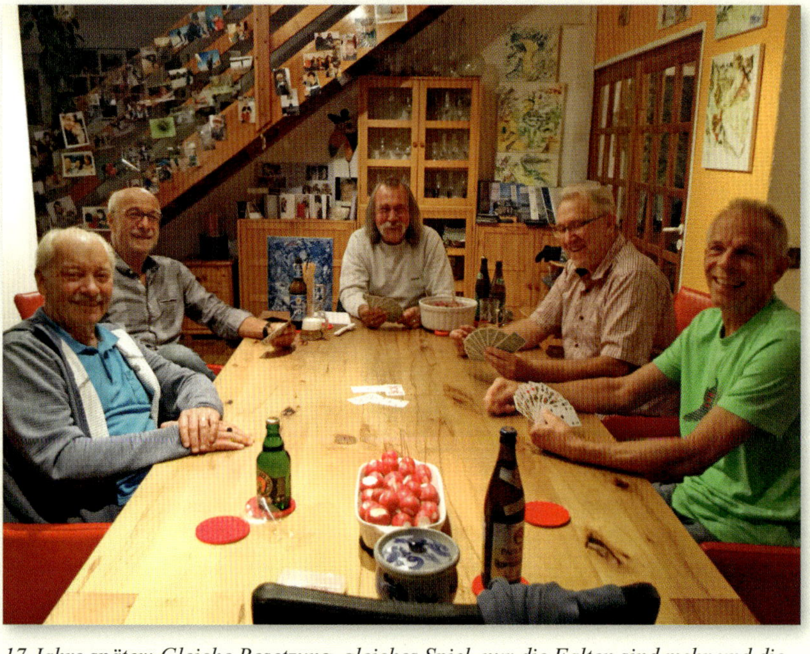

17 Jahre später: Gleiche Besetzung, gleiches Spiel, nur die Falten sind mehr und die Haare weniger geworden. Statt mit Chips und Erdnüssen kräftigen wir uns inzwischen mit Radieschen.

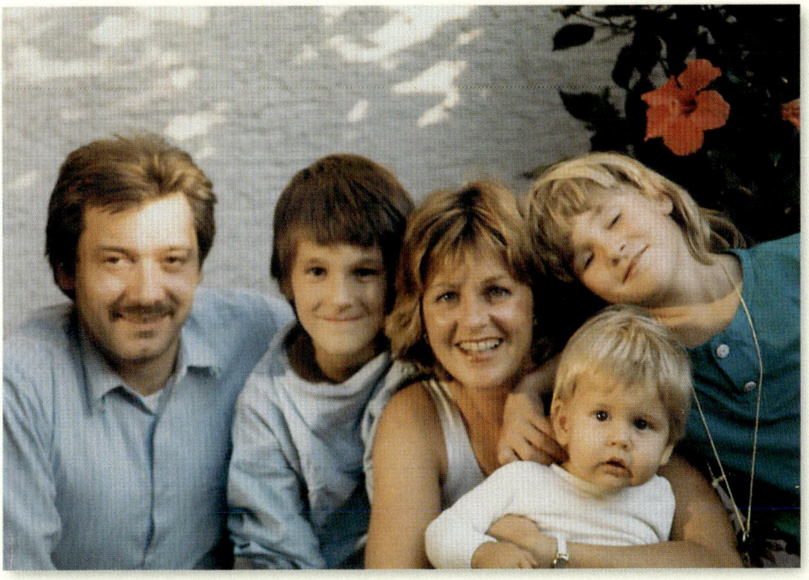

Meine Familie im Jahr 1985: Guido, Claudia, Benjamin, Marie und ich.

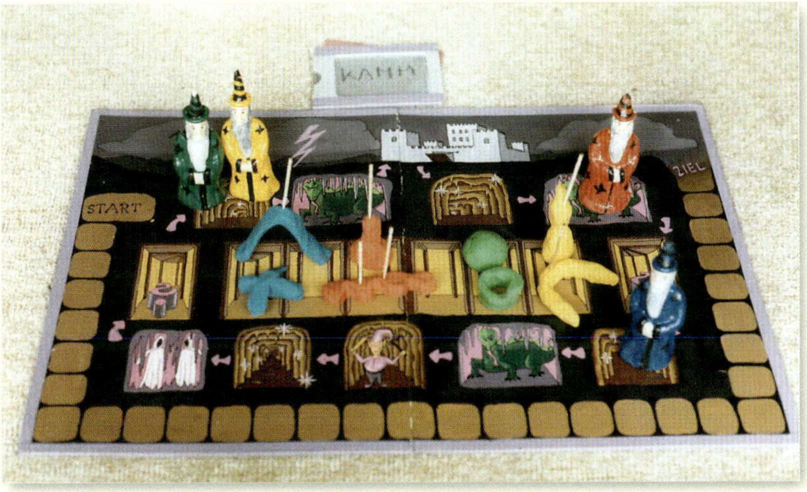

Den zweiten Prototyp von Rätselmeister, verkaufte ich damals für 100,- DM.

© Tom Werneck

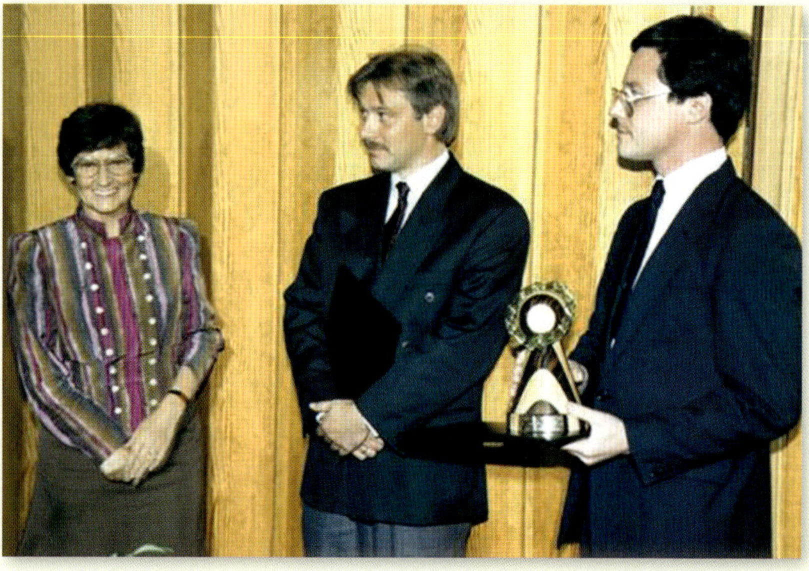

Bei der Preisverleihung 1988 lächelte Bundesministerin Dr. Süssmuth in die Kamera. Während ich im Geiste schon meine Rede hielt, überlegte der Geschäftsführer von ASS, Herr Jany, wohl, was er mit dem Spiel anfangen sollte.

© privat

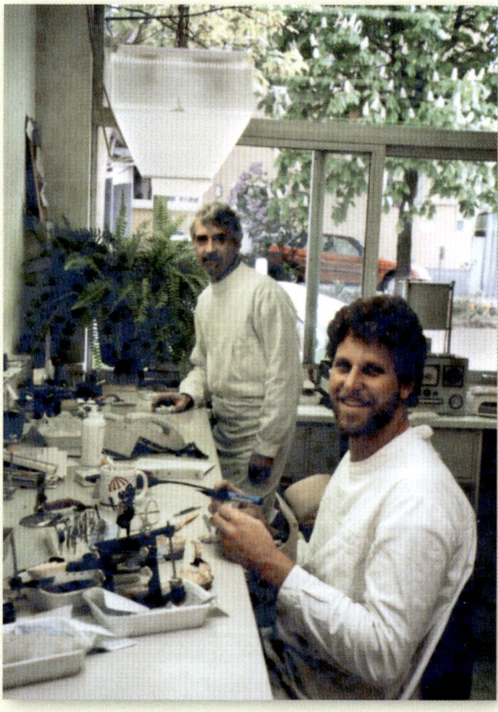

Hans (vorn) und Werner, meine beiden sehr von mir geschätzten Geschäftsführer-kollegen im Dentallabor.

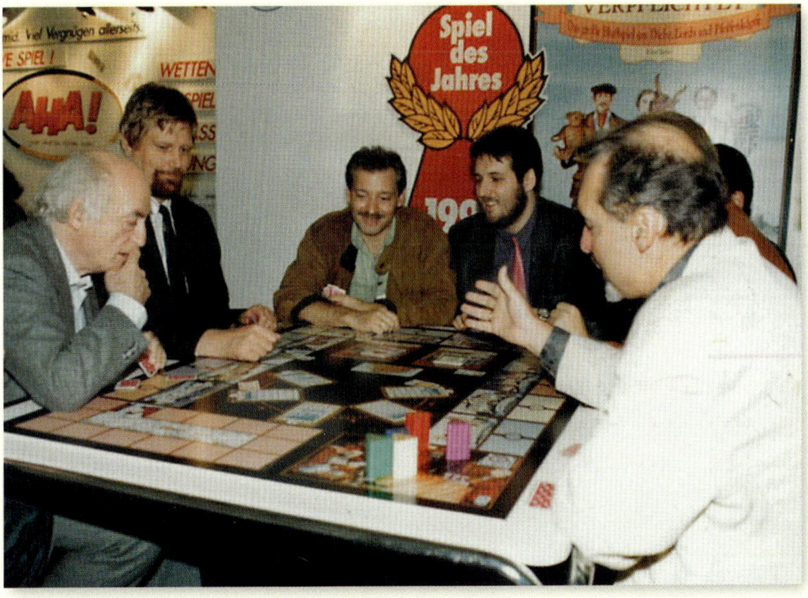

1990 spielten Altmeister Alex Randolph (links) und Wolfgang Kramer (rechts) eine Partie ‚Adel verpflichtet' mit mir. Das empfand ich als große Ehre für mich und mein Spiel.

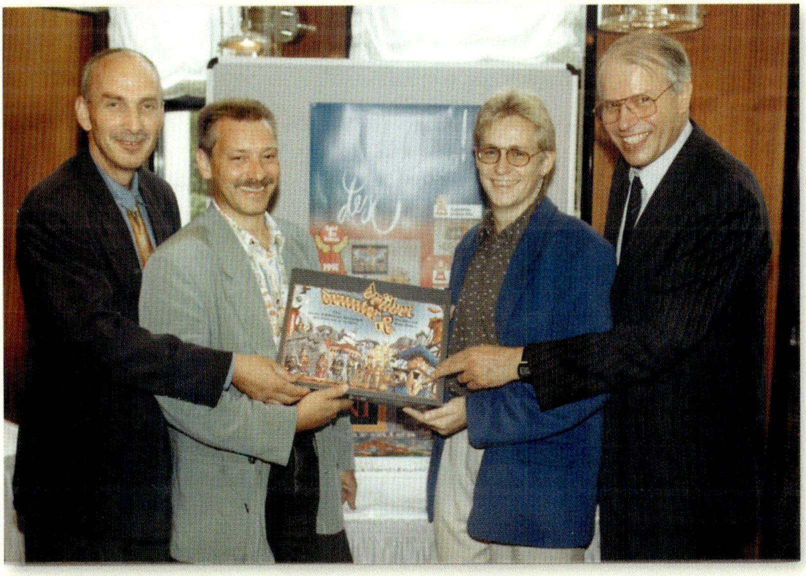

Bei der Preisverleihung zum „Spiel des Jahres" 1991 lächelt links von mir Bernd Brunnhofer in die Kamera. Rechts von mir stehen Franz Vohwinkel und Dr. Bernward Thole, Sprecher der Jury.

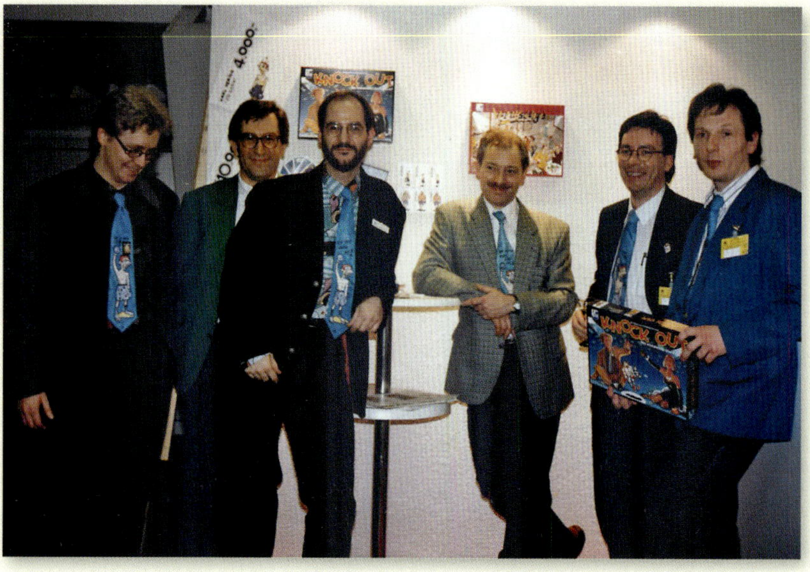

Ungeachtet der zögerlichen Verkäufe von ‚Knock Out' blickten Franz Vohwinkel, Reiner Müller, Wolfgang Lüdtke, ich, Peter Neugebauer und Wolfgang Panning (von links nach rechts) optimistisch in die Kamera. Jeder trug eine von Claudia angefertigte Krawatte mit Karl Hering, die „Gräte" als Motiv.

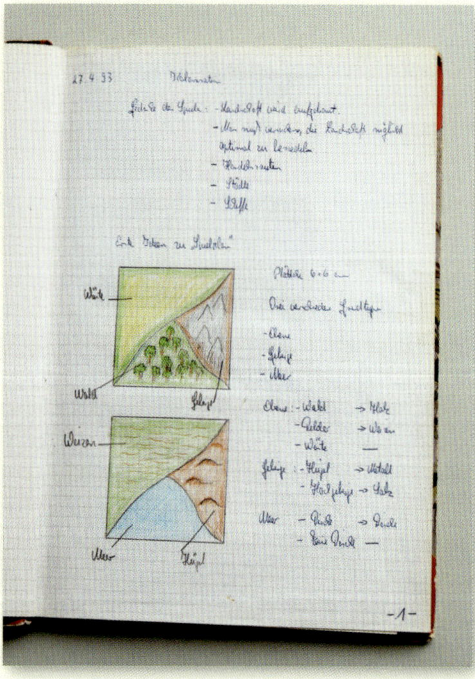

Bei den ersten Skizzen zum Entdeckungs- und Besiedlungsspiel wurde noch nicht auf Sechsecken gesiedelt.

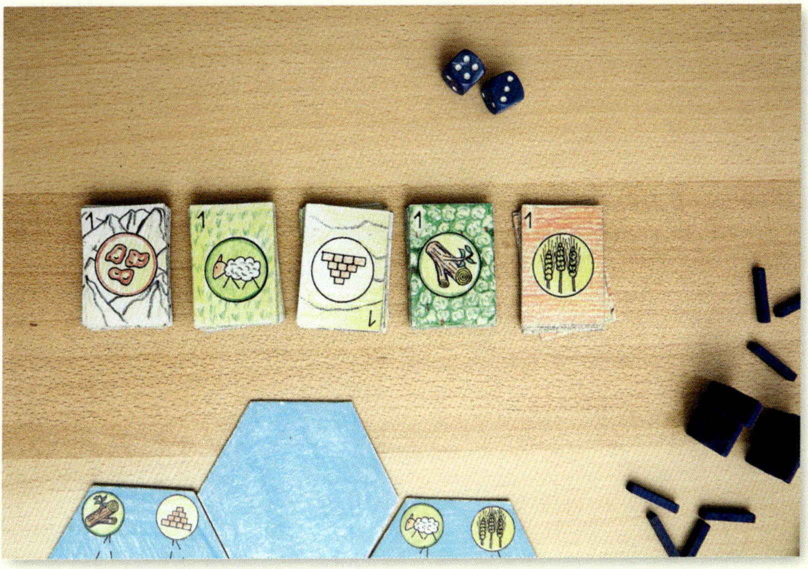

Nicht nur der Spielplan, sondern auch die Rohstoffkarten für ‚Kolonisation' zeugten von meiner naiven Malkunst.

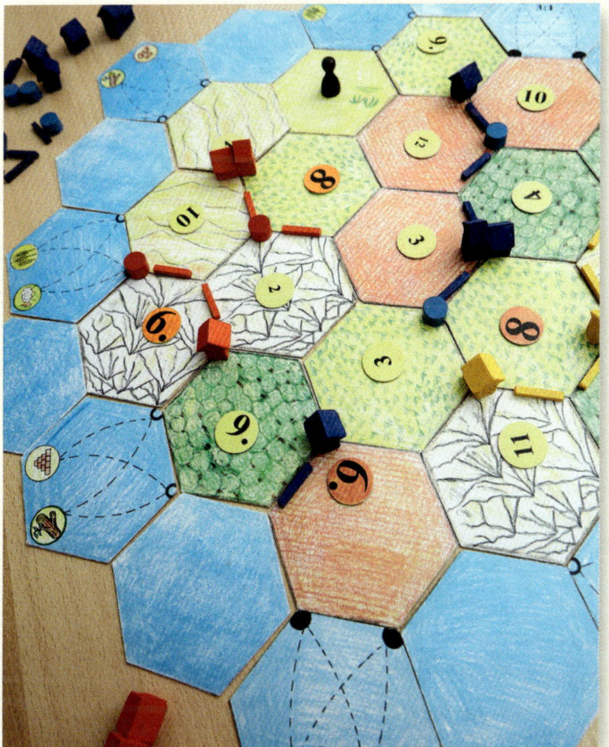

Der Prototyp von ‚Kolonisation' wurde später zu ‚Die Siedler von Catan'.

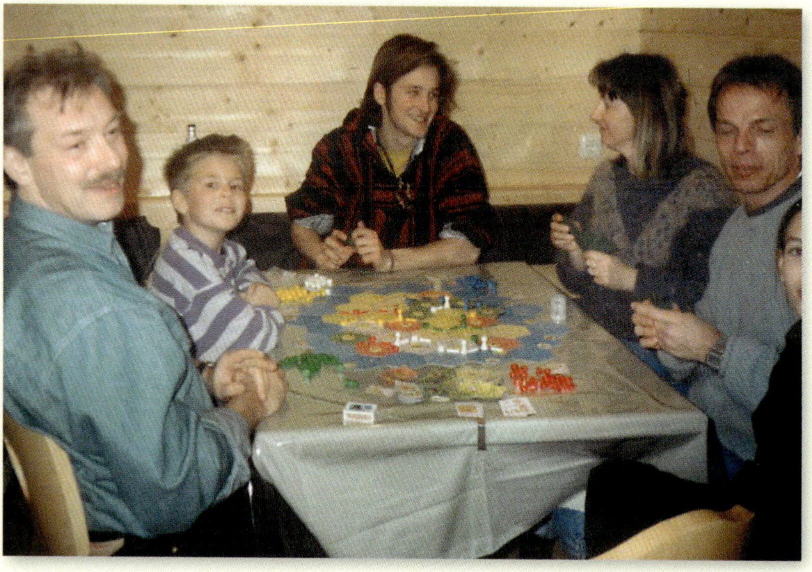

‚Kolonisation' wurde Anfang 1994 von mir, Benjamin, Guido und meinen Verwandten Angela, Richard und deren Tochter Anne (von links nach rechts) mit großer Freude gespielt. Auf dem größeren Spielfeld sind die Ritter, die es damals gab, gut zu erkennen.

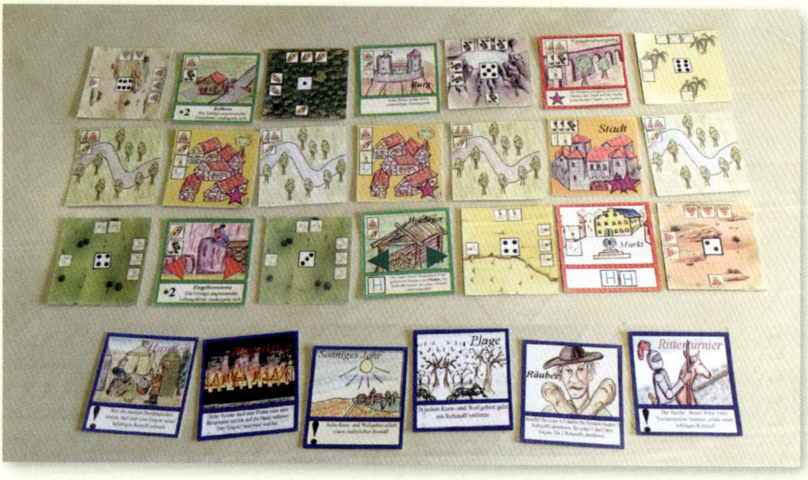

Die Karten des Prototyps ‚Catan – Das Kartenspiel für zwei' malte ich wie immer selbst. Oben: ein Fürstentum im Aufbau – unten: ein paar Ereigniskarten.

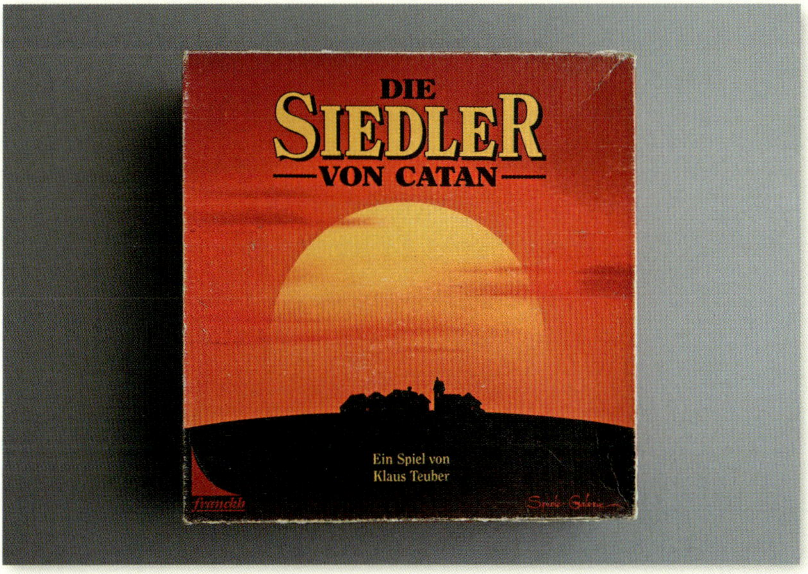

Der Zahn der Zeit hat schon etwas an der ersten Ausgabe von ‚Die Siedler von Catan' genagt.

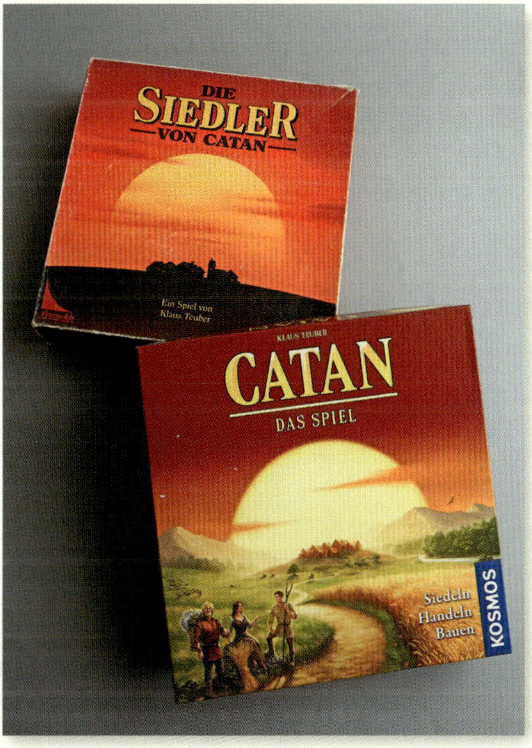

Seit seinem Erscheinen 1995 hat sich das Erscheinungsbild von ‚Catan' in den 25 Jahren danach etwas gewandelt.

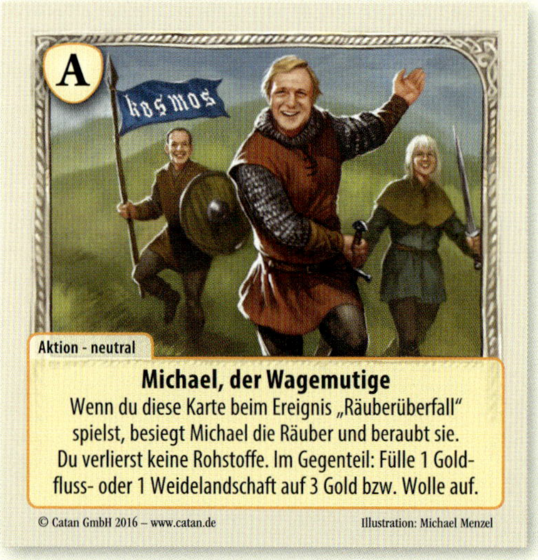

Michael Fleissner, der heutige Geschäftsführer von Kosmos, schmückt als „Michael, der Wagemutige" die Sonderkarte 2016 für ‚Catan – Das Duell'.

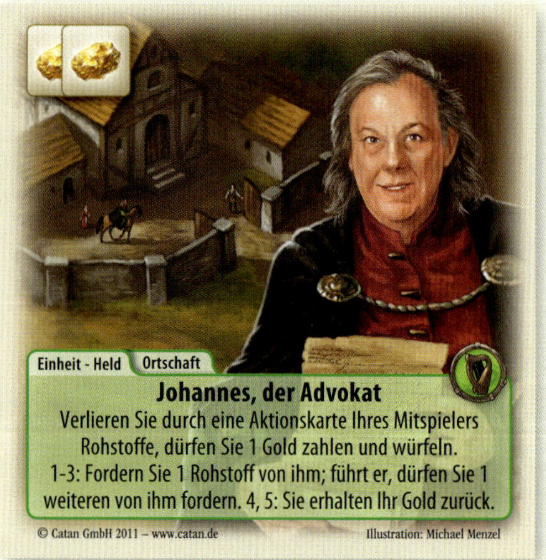

Dr. Johannes Delmere, unser langjähriger Anwalt, findet sich als „Johannes, der Advokat" auf der Sonderkarte 2011 für ‚Catan – Das Duell'.

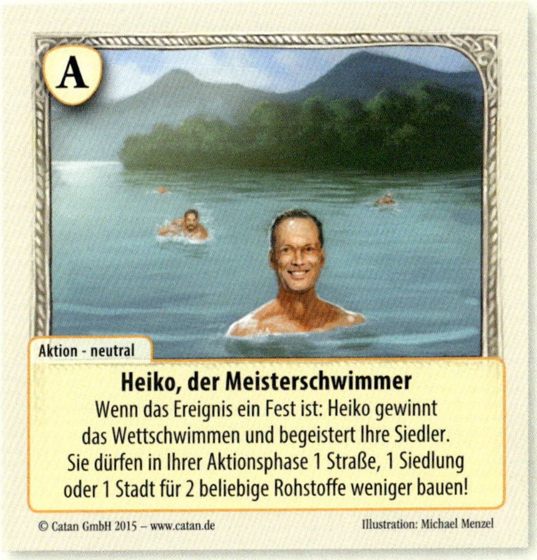

Heiko Windfelder, ein passionierter Schwimmer, ziert als „Heiko, der Meisterschwimmer" die Sonderkarte 2015 für ‚Catan – Das Duell'.

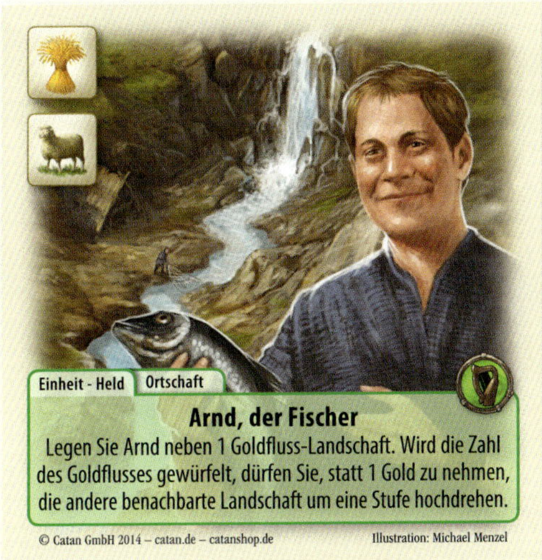

Arnd Fischer, der seit 2014 Produktmanager für Catan bei Kosmos ist. Ist auf der Sonderkarte 2014 für ‚Catan – Das Duell' abgebildet.

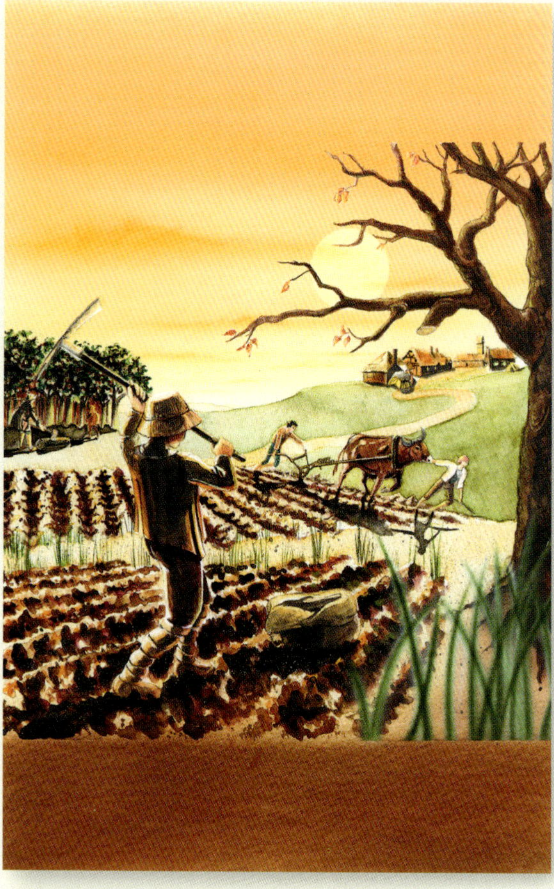

Auf einem der ersten Entwürfe von Marion Pott und Karin Späth für das Cover von ‚Die Siedler von Catan' war das Siedeln noch eine schweißtreibende Angelegenheit.

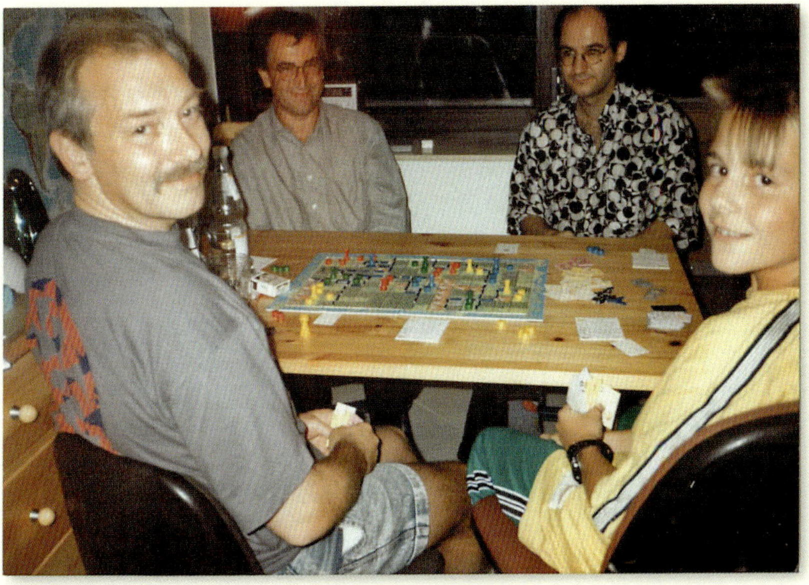

Bei dieser Momentaufnahme von einer der vielen Testpartien mit TM lag 1997 ein Prototyp von ‚Löwenherz' auf dem Tisch. Vorn: Benjamin und ich. Hinten: Reiner und Wolfgang.

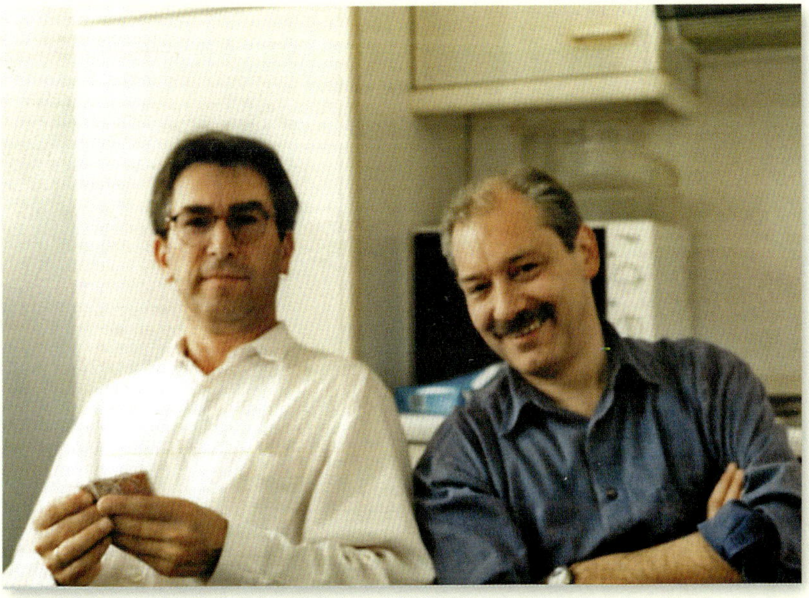

1997 testeten Reiner und ich ‚Catan – Das Kartenspiel für zwei'.

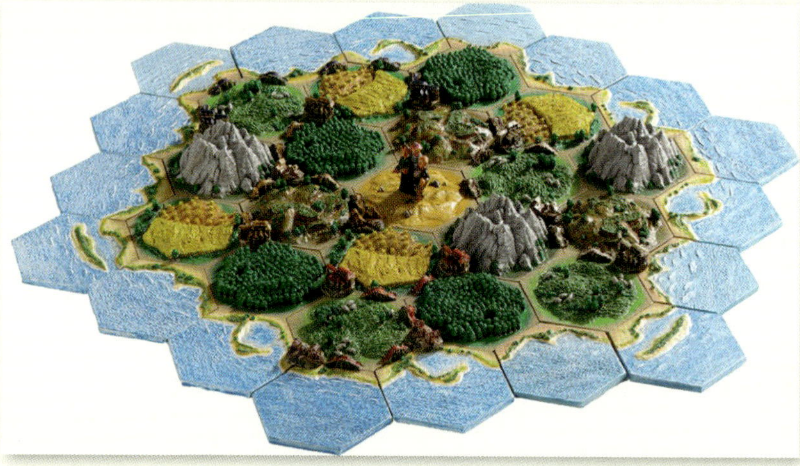

© Kosmos Verlag

Zum zehnjährigen Jubiläum gönnte ich den Liebhabern von ‚Catan' und mir etwas Besonderes: die 3D-Edition.

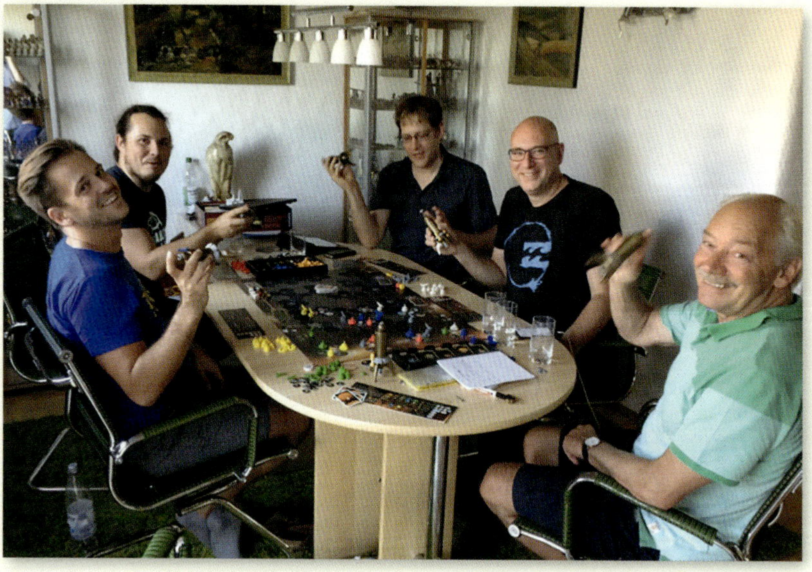

© Kosmos Verlag

2018 testeten Benjamin, Martin Pflieger, Arnd Fischer, Arnd Beenen und ich die im Jahr 2019 erschienene und überarbeitete Ausgabe von ‚Catan – Die Sternenfahrer'.

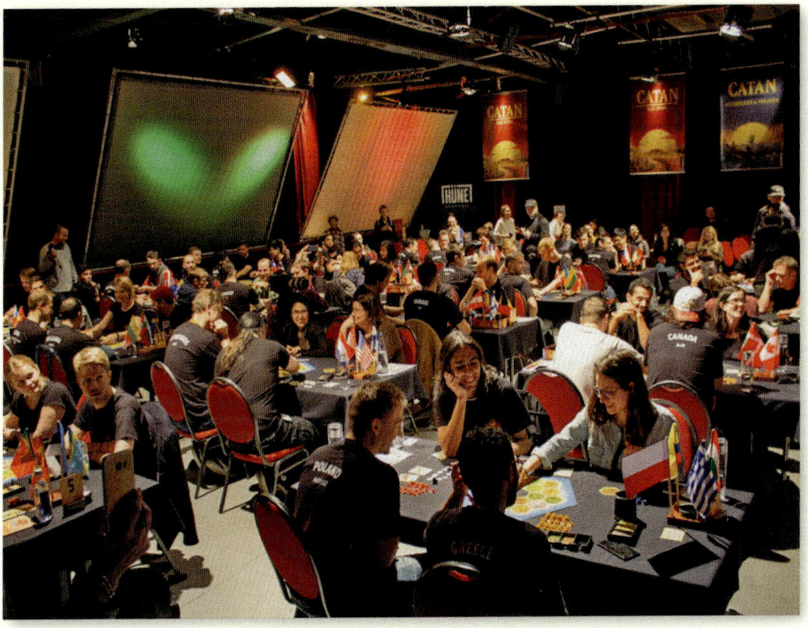

Spielerinnen und Spieler aus vielen Nationen konnten in bester Stimmung die Catan-WM 2018 in Köln genießen.

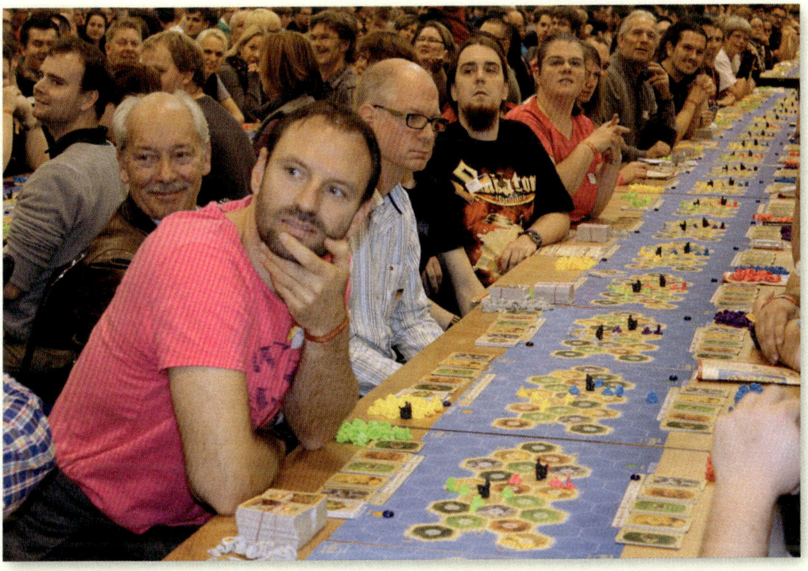

Beim ‚Big Game' auf der Spiel in Essen 2015 saßen über 1000 Spieler am Tisch.

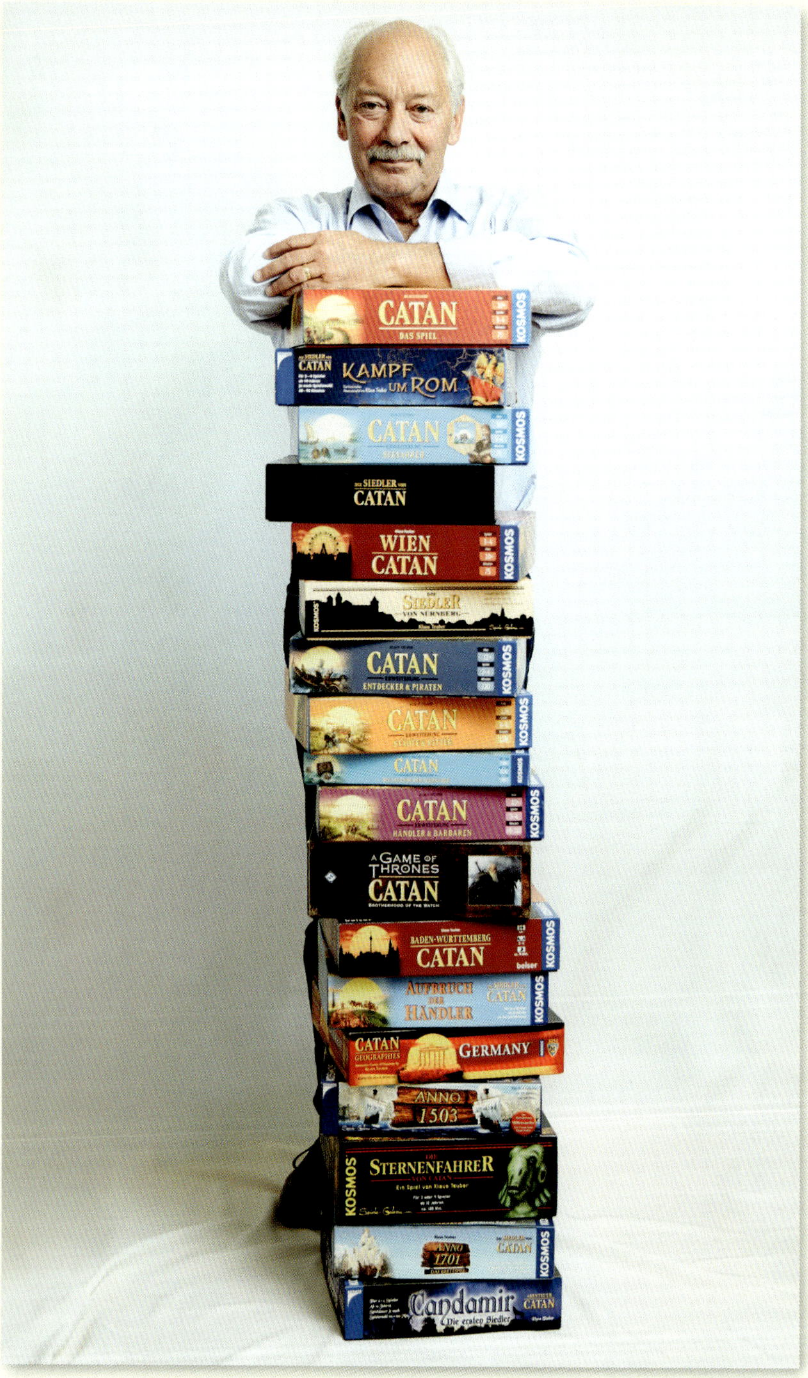

Mein spontaner Gedanke beim Betrachten des Bildes: ich bin nicht dicker als eine Auswahl von 17 übereinander gestapelten ‚Catan'-Spielen.

KNOCK OUT

Das zweite Spiel unseres Programms hatte Peter bei einem Spieleautorentreffen in Göttingen entdeckt. Es hieß *Knock Out* und stammte von Wolfgang Panning. Diesmal war es nicht die Kunstszene, sondern die Boxszene, in die wir die Spieler einluden. Schon das Covermotiv mit einem Mann der Unterwelt und einer mit Klunkern behangenen Lady, die beide Boxer als Marionetten gegeneinander kämpfen lassen, und der Untertitel *Wer wird Meister aller K(l)assen?* verrieten, dass wir das Thema Boxen nicht bierernst aufbereitet, sondern es mit einer Prise Ironie gewürzt hatten. Bei *Knock Out* kann man schon mal gegen einen Boxer des eigenen Teams wetten und ihn sich dann eine blutige Nase holen lassen – Hauptsache, die Kasse stimmt am Ende.

Zu erwähnen sei noch, dass der aus *Vernissage* bekannte Künstler Karl Hering seine Pinsel gegen Boxhandschuhe getauscht hatte und unter dem Spitznamen „die Gräte" in *Knock Out* gegen Schwergewichte wie Adon Chippendale oder Arnold Blackndecker antrat, die ihm – nach seinen eigenen Worten – regelmäßig die Fresse polierten. Lange fand er daran keinen Gefallen. Wir werden noch von ihm und seinem weiteren abwechslungsreichen Lebensweg hören.

Auch 1994 teilten wir uns mit Joe und Pia einen Stand auf der Spielwarenmesse in Nürnberg und präsentierten hoffnungsvoll die beiden Spiele unseres schmalen Programms. Die Händler reagierten auf unsere Neuheit *Knock Out* wesentlich verhaltener als ein Jahr zuvor auf *Vernissage* und bestellten entsprechend weniger Spiele.* Mitte 1994 zeichnete sich ab, dass unsere Einkünfte nicht ausreichten, die laufenden Kosten unseres Verlags längerfristig zu begleichen, und schon gar nicht hatten wir die Mittel, ein weiteres in Arbeit befindliches Spiel zu produzieren. Vor der

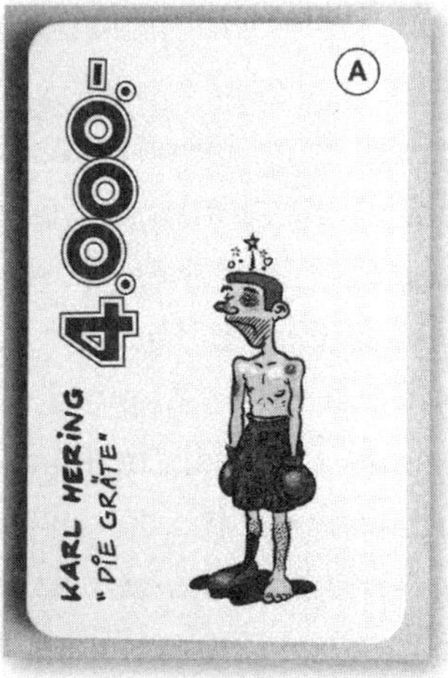

Karl Hering als Boxer im Spiel ‚Knock Out'. Keiner sammelte mehr blaue Veilchen.

Spiel 1994 in Essen mussten wir uns daher eingestehen, dass unser kleiner, feiner Verlag mit seinem Spieleprogramm „knockout" gegangen war.

Als wir uns gedanklich schon mit der Liquidation von TM-Spiele beschäftigten, kam „Siegfried" Fritz Gruber fröhlich um die Ecke gerauscht, sah in unsere sauertöpfischen Gesichter und unterbreitete uns ein Angebot, das wir nicht ablehnen konnten.

Fritz war inzwischen für die Öffentlichkeitsarbeit des großen Spielwarenkonzerns Simba Toys zuständig. Den Spielwaren des Konzerns haftete der Makel von Billigprodukten an, da sie hauptsächlich in Fernost hergestellt wurden. Fritz hatte gute Kontakte zur Geschäftsleitung von Simba Toys und hatte ihr bereits im Herbst 1993 vorgeschlagen, das Ansehen des Konzerns mit einer eigenen noblen Gesellschaftsspielelinie aufzuwerten. Michael Sieber, dem Chef von Simba Toys, gefiel diese Idee. Aber es sollte bis Mitte 1994 dauern, bis er grünes Licht gab.

Der Gedanke, mit Gesellschaftsspielen das Image einer Firma aufzuwerten, sprach für ein gehöriges Wachstum des Ansehens der Gesellschaftsspiele seit den 70er-Jahren. Was war geschehen? Warum schenkten immer mehr Erwachsene den Gesellschaftsspielen ihre Aufmerksamkeit und ihr Interesse? Und warum gerade in Deutschland? Diese Fragen hörte ich damals oft von Journalisten.

Böse Zungen behaupteten, die Deutschen spielten gern, da sie es liebten, sich innerhalb fester Regeln zu bewegen. Das ist natürlich Unsinn. Was aber gab es in Deutschland, das es in anderen Ländern nicht gab und eine lebhafte sich selbst befruchtende Spielekultur schuf?

Ich bin überzeugt, es waren mehrere von vielen Menschen geschaffene Säulen, die emporwuchsen, bis sie schließlich ein Gebäude tragen konnten, das zur Keimzelle für den Aufschwung des Gesellschaftsspiels in Deutschland wurde.

Ab den späten 60er-Jahren veröffentlichten namhafte Spielekritiker wie Eugen Oker, Bernward Thole und Tom Werneck Rezensionen von Gesellschaftsspielen in renommierten Zeitungen wie beispielsweise der ZEIT und der Frankfurter Rundschau. Das war die erste Säule. Sie half dem Gesellschaftsspiel, seine Kinderecke zu verlassen und sich zu entfalten.

Um über Spiele für die ganze Familie und für Erwachsene berichten zu können, müssen solche Spiele aber auch vorhanden sein. Dazu brauchte es Menschen, die den Mut aufbrachten und das Risiko eingingen, mit Spielen abseits des Standards neue Wege zu beschreiten. Solch ein Avantgardist des Gesellschaftsspiels war Reiner Müller. Ja, unser Reiner, mit dem wir unseren TM-Spieleverlag gegründet hatten. Reiner war 1974, nach seinem Studium der Pressetechnik und der Verlagswirtschaft, von der Firma Kenner-Parker eingestellt worden. Trotz Vorbehalten der

Geschäftsleitung veröffentlichte er die Spiele *Risiko* und *Diplomacy*. Bereits im ersten Jahr der Veröffentlichung konnte Kenner-Parker in Deutschland rund 70.000 *Risiko*-Spiele verkaufen. Ein Riesenerfolg. *Risiko* wurde in Deutschland zum Klassiker.

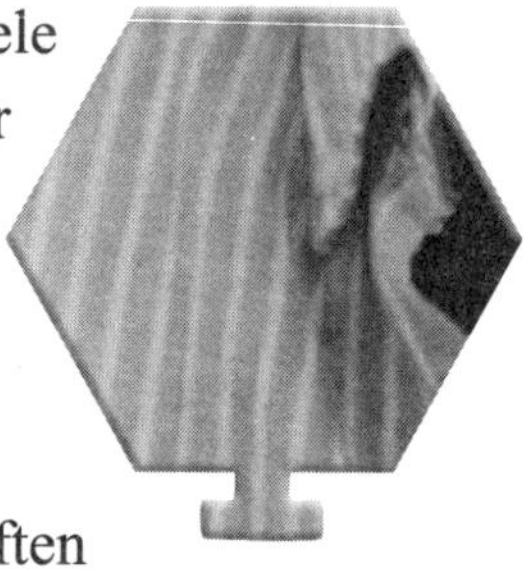

Zusätzlich entstanden Amateurzeitschriften für Spielebegeisterte. Im Jahr 1979 erschien die erste Ausgabe der *Pöppel Revue,* des Fachmagazins für Spieler, in dem der von mir sehr geschätzte Herausgeber Knut-Michael Wolf und andere Spielekritiker Spiele rezensierten. 1987 folgte das in der Szene bis heute anerkannte Fachblatt *Fairplay*.

Im Jahr 1978 war Reiner Müller zum Vorwärts-Verlag gewechselt, der die Parteizeitung der SPD *Vorwärts* publizierte. Das klingt zunächst gar nicht nach einer Fortsetzung der spielerischen Laufbahn von Reiner. Doch der passionierte Spieler Reiner fand auch beim Vorwärts-Verlag eine Möglichkeit, dem Kulturgut Spiel auf die Beine zu helfen: Er machte dem Verlagsleiter Friedhelm Merz den Vorschlag, eine professionelle Spielezeitschrift herauszugeben. Friedhelm Merz war einverstanden, da er so die Auslastung der Verlagsdruckerei steigern konnte.

Ende 1981 erschien die erste Ausgabe der Spielezeitschrift im Hochglanzformat, die sich *Spielbox* nannte und noch heute über die Spieleszene und neu erschienene Spiele berichtet. Reiner war anfangs und auch später zeitweise ihr Chefredakteur.

Die Spielezeitschriften, die interessierten Spielern Orientierung beim Einkauf boten und in denen sie eine geistige Heimat für ihre Liebhaberei fanden, bildeten die zweite tragende Säule für den Siegeszug des Gesellschaftsspiels.

Die dritte Säule war der bereits erwähnte Kritikerpreis „Spiel des Jahres“. Die Qualität der ausgezeichneten Spiele überzeugte die Menschen, was einen Vertrauensvorschuss für jedes kommende, neue „Spiel des Jahres“ schuf und viele Erwachsene zur Beschäftigung mit dem Gesellschaftsspiel führte.

Als vierte Säule sehe ich die Spieleveranstaltungen und Spielefeste, die in den 80er- und 90er-Jahren in Städten wie beispielsweise München, Bielefeld oder Darmstadt ihren Ursprung hatten. Die größte Spieleveranstaltung, die in dieser Zeit entstand, sind die *Internationalen Spieletage* in Essen. Ihr Initiator heißt Reiner Müller. 1982 rief er in einer Ausgabe der *Spielbox* seine Leser auf, zu den *Spielertagen 83* in die Volkshochschule Essen zu kommen. 4.500 Menschen folgten seinem Ruf. 1984 waren es bereits über 10.000 Spieler, die sich mit den damals gängigen Spielen in der Volkshochschule vergnügten. 1985 musste die Veranstaltung aus Platzgründen in die Hallen der Messe in Essen umziehen und wurde, nachdem Reiner Müller den Vorwärts-Verlag verlassen hatte, vom Friedhelm Merz Verlag ausgerichtet. Reiner war ein Visionär, aber kein Geschäftsmann Es waren Friedhelm Merz, seine Lebensgefährtin Rosemarie Geu und später seine Tochter Dominique Metzler, die die 1986 in *Internationale Spieletage* unbenannte Veranstaltung mit geschickter Hand zu dem machten, was sie heute ist: zur weltweit größten und bedeutendsten Publikumsmesse für Gesellschaftsspiele.

Reiner Müller, mögen Sie sich fragen, wo hatte der seine Finger nicht drin? Das ist eine berechtigte Frage, denn Reiner hat an vielen Säulen mitgebaut oder gar ihren Grundstein gelegt. In einem Artikel der *Stuttgarter Nachrichten,* der nach der Jahrtausendwende über Reiner erschien, wurde er als „Dinosaurier der Spielebranche“ bezeichnet. Dieser Titel klingt zwar wenig schmeichelhaft und wurde weder seinem Wesen noch seinem Aussehen gerecht, trifft aber den Kern von Reiner Müllers Schaffen. Reiners großes Lebenswerk wurde von der Spieleszene nie offiziell gewürdigt. Vielleicht, weil er ein eher zurückhaltender Mensch war und die Früchte seiner Arbeit nie prahlerisch öffentlich verkostete. Vielleicht, weil er seine Früchte lieber wachsen und gedeihen sah, als sie zu ernten und zu verkaufen.

Daher ehre ich Reiner hier in meinem Buch für sein Lebenswerk, mit dem er das Gesellschaftsspiel wie kaum ein Zweiter gefördert und womit er vielen Menschen Freude bereitet hat.

Es waren viele Akteure am Bau der von mir genannten Säulen beteiligt – natürlich auch die Spieleverlage und wir Spieleautoren. Obwohl es mir in den Fingern kribbelt, noch den einen oder die andere zu erwähnen und ihr Schaffen zu würdigen, unterlasse ich das jetzt. Sonst riskiere ich zu Recht den mahnenden Kommentar meiner Lektorin: „Thema verfehlt, Herr Teuber, das Buch wird zu lang."

Die zunehmende Beliebtheit des Gesellschaftsspiels in Deutschland schwappte auch auf viele andere Länder über und sorgte dort für eine prosperierende Spielekultur. Einen wesentlichen Anteil an diesem Kulturexport hatten Spiele, die „German-style Board Game" oder auch „Euro-style Game" genannt werden.

Diese Spiele stehen im Gegensatz zu abstrakten, strategischen Spielen wie beispielsweise Schach oder Kriegsspielen (Cosims), die in den 70er- und 80er-Jahren nicht nur in den USA populär waren.

Alle „Euro-style Game"-Vertreter sind nach gängiger Meinung relativ leicht zu erlernen; sie sind gesellig, interaktiv, thematisch und haben ein nicht zu hohes Glücksmoment. Es gibt keine offenen Konflikte, die zwischen den Spielern ausgetragen werden, und kein Spieler wird vor Spielende aus dem Spiel geworfen.

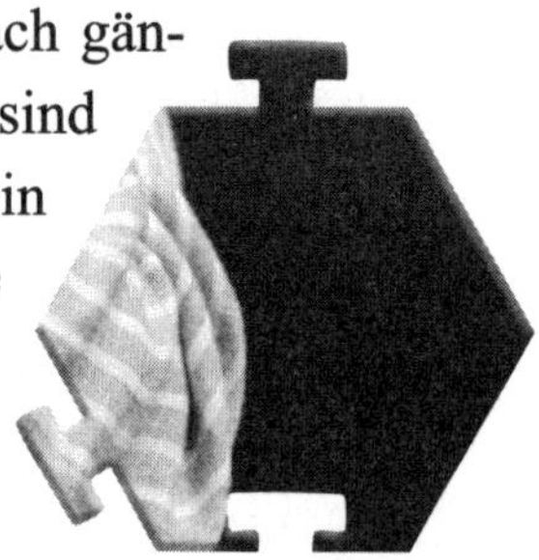

„Hallo, Klaus", zwitscherte mein Berufswunsch-Geist, offenbar bester Stimmung. „Fast alles läuft zu meiner Zufriedenheit. Mit deinen Spielen hast du dir einen Namen gemacht. Du bist auf einem guten Weg!"

„Was soll die Einschränkung ‚fast', Geist, und warum bin ich ‚auf einem guten Weg'? Ich dachte, ich hätte das von dir gesteckte Ziel erreicht und wäre angekommen. Ich hätte erwartet, du würdest mich mit einem Blumenstrauß zu meinem Erfolg als Spieleautor beglückwünschen und dich dann für immer aus meinen Träumen verabschieden!"

„Hast du eine Vase parat, Herr Hobby-Spieleautor? Dann zaubere ich auch gern einen prachtvollen Blumenstrauß herbei. Aber lass dir meinen Namen doch noch mal Silbe für Silbe über deine verschlafene Zunge gleiten. Steckt da nicht das Wörtchen ‚Beruf' im Wort ‚Berufswunsch-Geist'?"

„Ja, und?", erwiderte ich ungerührt.

„Ja, und?", äffte mich der Geist nach. „Meines Wissens bist du von Beruf immer noch Zahntechnikermeister und sitzt tagaus, tagein zusammen mit deinen Kollegen Hans und Werner in eurem Kabuff und schnitzt Zähne.

Nebenbei hin und wieder ein Spiel zu entwickeln ist DEIN HOBBY und nicht dein Beruf!"

Offenbar hatte sich der Geist, dessen Stimme kurzfristig wieder eine höhere Lage erklommen hatte, nicht mit meinem Zahntechnikerdasein auseinandergesetzt, ansonsten hätte er nicht so despektierlich das Wort „schnitzen" verwendet.

„Also verlasse das Dentallabor und lebe vom Spieleentwickeln. Erst dann, wenn du nach deinem Beruf gefragt wirst und brav, ohne Scheu und mit gutem Gewissen ‚Spieleautor' angibst, ist meine Mission erfüllt und ich werde dich ein allerletztes Mal in einem Traum heimsuchen."

„Ich kann mit meiner Familie unmöglich vom Spieleentwickeln leben. Dazu müsste ich vier oder fünf Spiele jährlich auf den Markt bringen. Ich kann mir aber nur dann gute Spiele ausdenken, wenn ich mich nicht dazu gezwungen fühle. Unter Druck würde meine Kreativität unter Existenzängsten leiden und könnte sich nicht entfalten. Meine drei Spiele des Jahres haben sich jeweils nur im ersten Jahr gut verkauft. Mit dem Betrag, den wir bisher auf die hohe Kante gelegt haben, könnten wir uns für drei oder vier Jahre über Wasser halten. Und dann? Nein, ich werde meinen Beruf als Zahntechnikermeister nicht aufgeben. Lass mich einfach zufrieden und kümmere dich um deine anderen Klienten."

„Ich weiß ja", entgegnete der Geist, „du trägst Verantwortung für deine Lieben und bist nicht gerade ein Abenteurer und gewiss kein Hasardeur. Leider", seufzte der Geist, „darf ich dir keinen Blick in meine Glaskugel gewähren. Aber ich versichere dir, mit all deinen bisher gewonnenen Erfahrungen stehst du kurz vor der Entwicklung eines ganz besonderen Spiels. Wenn du alles richtig machst, wird dieses Spiel sehr erfolgreich werden."

„Was könnte ich denn falsch machen?"

„Deine Gedanken könnten sich – berauscht von deinen bisherigen Erfolgen – mehr in eine kommerzielle Richtung bewegen. Statt dir weiterhin deine eigenen spielerischen Wünsche zu erfüllen, könntest du versuchen, die Bedürfnisse bestimmter Zielgruppen zu befriedigen, um noch mehr Erfolge anzuhäufen. Dabei ginge deine Fähigkeit verloren, deiner Kreativität unverkrampft freien Lauf zu lassen, und du würdest damit genau das Gegenteil erreichen. Das wäre für mich, wie du weißt, eine Katastrophe."

„Bitte komm mir jetzt nicht wieder mit der Leier von den Schulkindern, auf die du aufpassen musst, wenn du mir meinen Berufswunsch nicht erfüllst."

Der Geist schwieg eine Weile, bevor er nachdenklich fortfuhr: „Es gibt da ein bestimmtes Buch, in das du mal wieder hineinschauen solltest. Hmm, vielleicht sollte ich dir noch mal eine kleine Weiche stellen ... Es ist die letzte. Versprochen!"

AUF DEN SPUREN DER ENTDECKER

Schon als Schüler und später auch als Erwachsener war Geschichte ein spannendes Thema für mich. Anfang der 80er-Jahre hatte ich ein Buch mit dem Titel *Auf den Spuren der Entdecker* aus dem Verlag Das Beste erworben. Die Autoren berichteten darin über die Entdeckungsreisen der Menschheit. Sie begannen mit der Fahrt einer karthagischen Flotte, die entlang der Westküste Afrikas ins Unbekannte vorstieß, und endeten mit der Mission von Apollo 11, die drei Menschen auf den Mond beförderte. Ich nahm das Buch immer mal wieder zur Hand und las das eine oder andere Kapitel. Besonders faszinierend fand ich den Abschnitt mit der Beschreibung der Entdeckungsfahrten der Wikinger. Im Lauf der Zeit kaufte ich mir weitere Bücher über dieses im frühmittelalterlichen Skandinavien beheimatete, offenbar unerschrockene Seefahrervolk.

So erfuhr ich, dass die Bezeichnung „Wikinger" ein falscher Sammelbegriff für die frühen Norweger, Schweden und Dänen ist. Die meisten Menschen dieser Völker waren Bauern und Hirten, die ihre Äcker bestellten und ihre Schafe weideten. Oder sie bereisten als Händler die Küsten und Flüsse Europas und tauschten ihre begehrten Waren des Nordens gegen exotische Güter des Südens ein. Wikinger nannten sich nur die wohlhabenden Bauern und Fürsten, die lieber raubten, als zu handeln, und mit ihren Schiffen auf Wikingerfahrt oder anders ausgedrückt auf Beute- oder Raubfahrt gingen.

Dann gab es noch die nachgeborenen Söhne und Töchter freier Bauern, die keine rosige Zukunft hatten, da es in ihrer Heimat zu wenig Ackerland und Weiden für alle gab. In ihrer Not forschten sie in den Weiten des Meeres, das an ihre Küsten brandete, nach einem neuen Lebensraum. Sie segelten mutig mit ihren hochseetüchtigen Schiffen auf das offene Meer hinaus und entdeckten fremde Gestade, darunter auch die unbewohnte Insel Island. Damals, im neunten Jahrhundert, bestimmte eine Warmzeit das Wetter in Europa, und der Süden Islands profitierte davon. So hießen sattgrüne Weiden, fruchtbare Ebenen und ausgedehnte Birkenwälder die Menschen willkommen, die an der Südwestküste Islands landeten.

Ich stellte mir vor, wie die Nordleute ihre Schiffe verließen und zugleich ehrfürchtig und hoffnungsvoll das jungfräuliche Land, ihre neue Heimat, betraten. Mit ihren scharfen Äxten fällten sie Bäume und bauten sich aus dem gewonnenen Holz Häuser zum Schutz vor den Widrigkeiten der Naturgewalten. Ihre Schafe ließen sie frei und ohne Furcht auf den fetten Weiden grasen, denn Wölfe gab es keine in Island. Allerdings gab es auch keine größeren jagdbaren Tiere auf der Insel, sodass das Anlegen von Äckern wohl oberste Siedlerpflicht war.

In meiner – zugegeben ziemlich romantischen – Vorstellung gaben sich die Empfindungen von der Reinheit der Natur, der Ursprünglichkeit eines natürlichen Lebens und der Aufbruchsstimmung in eine bessere Zukunft die Hände. Sie vereinten sich zu einem Wunsch in meinem Hinterkopf, als Siedler in einem Spiel zumindest von einem Hauch dieser Gefühle gestreift zu werden.

Ich entwickelte seit 1991 immer mal wieder Ansätze, wie ich diesen Wunsch realisieren könnte, verwarf sie aber meist wieder. Erst Ende April 1993 setze ich mich an meinen Schreibtisch und begann aufgrund neuer, vermeintlich vielversprechender Ideen mit der Konzeption eines Entdeckungs- und Besiedlungsspiels. Ich skizzierte meine Einfälle in meinem Konzeptbuch.

Wenn ich an einem Spiel arbeite, diskutiere ich in meinen Gedanken bisweilen mit mir selbst beziehungsweise mit meinem zweiten Ich, das mir nur zu gern widerspricht. Dieser Prozess ähnelt der Analogie mit dem Engelchen und dem Teufelchen, die sich in unserem Gehirn streiten und hoffen, von uns recht zu erhalten.

Oft, wenn ich bei einer Spielentwicklung eine Idee euphorisch zu Papier gebracht hatte, meldete sich das Teufelchen, das meine Idee infrage stellte. Da das Teufelchen oft recht hatte, ich aber einem dunklen Wesen keinen Einfluss auf meine Gedanken einräumen möchte, taufe ich meinen inneren Widerpart lieber auf den Namen „Zweifel".

Zweifel ist ein starker Partner der Kreativität. Um die Bedeutung des Zweifels als korrigierender Partner und nicht als Feind meines kreativen Schaffens zu betonen, nenne ich ihn im nachfolgenden Dialog vollständigkeitshalber „Gefährte Zweifel".

Ich saß in meinem Refugium und bemalte viereckige Felder, die ich jeweils in drei verschiedenen Landschaften aufteilte. So illustrierte ich gerade ein Feld mit einem Acker, einem Gebirge und einem Wald.

Während ich gemütlich vor mich hinmalte, erwachte Gefährte Zweifel aus seinem Schlaf: „Das Ackerland erinnert eigentlich mehr an einen Sumpf. Willst du dir beim Malen nicht etwas mehr Mühe geben?*

„Ist doch wurscht", antwortete ich, etwas genervt darüber, von Gefährte Zweifel bei meiner beschaulichen Entwicklungsarbeit gestört zu werden, „Hauptsache, WIR wissen, dass hier Weizen wächst", und malte unbeeindruckt weitere braune Wellen in das grün eingefärbte Ackerland.

„Jetzt bin ich gespannt, welchen Unsinn du mit den Feldern anstellst."

„Das wirst du gleich sehen", reagierte ich gelassen auf die respektlose Bemerkung meines Gefährten. Ich schnitt die Felder aus und legte eines davon – ich hatte es mit Meer, Wald und Hügelland bemalt – in die Tischmitte.

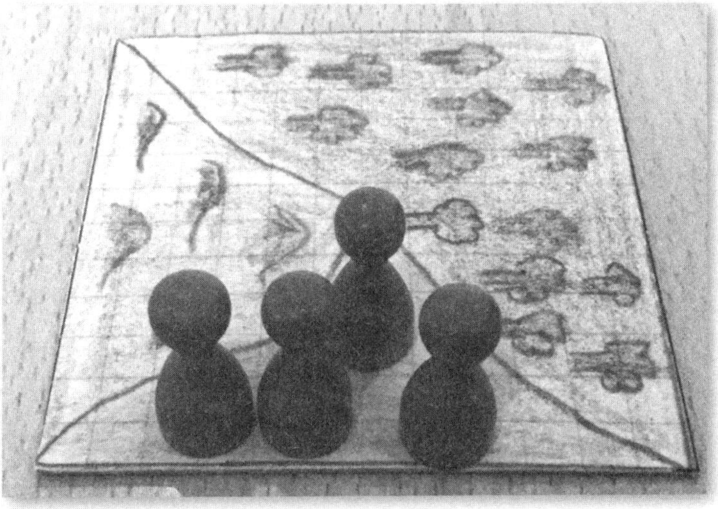

Die ersten Siedler kommen auf der Insel an.

Ich tippte auf den Meeresabschnitt des Feldes. „Hier sind wir gerade mit unserem Schiff an der Küste einer unbekannten Insel gelandet. Im Schiff befinden sich landhungrige Siedler. Die steigen jetzt aus."

Ich stellte vier kleine Halmakegel stellvertretend für die ausgestiegenen Siedler auf den Meeresabschnitt. „Jetzt ziehen wir einen Siedler in den angrenzenden Wald und einen in das angrenzende Hügelland."

„Da stehen sie nun, unsere Siedler, und hungern und frieren ordentlich", stichelte Gefährte Zweifel.

„Nein, sie erkunden weiter. Das heißt, wir suchen nach einem Feld, das entweder einen Anteil Hügelland oder einen Anteil Wald besitzt. Dieses Feld legen wir passend an das Hügelland oder den Wald unseres ersten Feldes, ziehen unsere Siedler darauf und entdecken weitere Felder mit ihnen. Auf diese Weise entsteht im Lauf des Spiels eine abwechslungsreiche Landschaft."

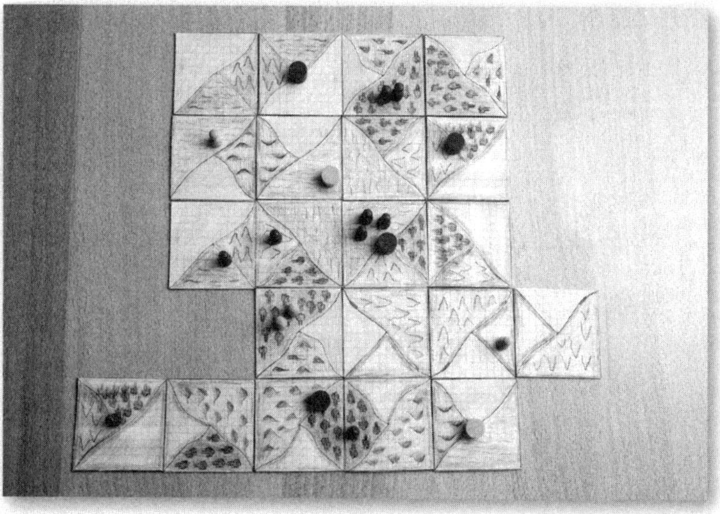

Es fügte sich, was zusammengehörte: Gebirgszüge, Ackerland, Wälder, Hügelland und Wüsten. Nur die Schafe hatten noch kein Zuhause.

„Abwechslungsreiche Landschaften zu schaffen ist reizvoll. Aber das ist noch lange kein Spiel!"

„Natürlich geht es um mehr als nur ums Entdecken."

Inzwischen hatte ich die Siedler weitergezogen, neue Felder entdeckt und angelegt und dies auch für zwei andere, fiktive Spieler getan. Auf dem Wald eines Feldes hatte ich drei Siedler ‚meiner Spielerfarbe' versammelt.*

„Die drei Siedler im Wald gründen jetzt eine Stadt." Gesagt, getan: Ich legte die drei Siedler zurück zum Vorrat und ersetzte sie durch eine Holzscheibe, die für eine Stadt stand.

„Jetzt besitzen wir eine Stadt im Wald. Und?"

„Jetzt können wir Rohstoffe ernten! Jedes Mal, wenn wir an der Reihe sind, erhalten wir für unsere Stadt ein Rohstoffplättchen ‚Holz', das wir neben unserer Stadt platzieren. Überschüssiges Holz können wir mit den Städten unserer Mitspieler tau-

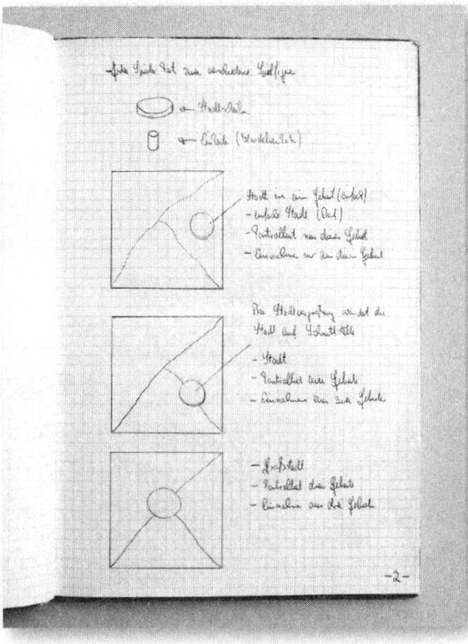

In den ersten Skizzen zum Entdeckungs- und Besiedlungsspiel waren Städte auf Wanderschaft.

schen. Zum Beispiel gegen Fisch oder Getreide. Sobald neben unserer Stadt drei verschiedene Rohstoffplättchen ausliegen, also beispielsweise je ein Getreide-, ein Holz- und ein Fischplättchen, dürfen wir sie vergrößern. Dann geben wir die Rohstoffplättchen zurück zum Vorrat und schieben die Stadtscheibe auf die Linie, die zwei Landschaften trennt. Dann erhalten wir immer von beiden angrenzenden Landschaften ein Rohstoffplättchen."

Gefährte Zweifel hatte einen seltenen konstruktiven Anfall und ergänzte meine Gedanken: „Ich verstehe. Um unsere Stadt weiter ausbauen zu können, müssen wir erneut drei verschiedene Rohstoffplättchen neben ihr ansammeln. Ich tippe mal, dann dürfen wir unsere Stadtscheibe auf die Kreuzung ziehen, an der sich drei Linien treffen, und erhalten zukünftig von drei angrenzenden Landschaften je einen Rohstoff."

„Genau. Statt unsere Stadt zu vergrößern, dürfen wir für die abgegebenen Rohstoffe auch drei neue Einheiten neben ihr aufstellen. Mit denen können wir weiter entdecken und an einer anderen Stelle eine neue Stadt gründen. Wer als Erster eine bestimmte Anzahl Städte besitzt, gewinnt!"

Ein selbstzufriedenes Lächeln stahl sich auf meine Lippen. Das hörte sich doch alles ganz gut an. Gefährte Zweifel schwieg eine Weile, während ich eifrig an meinem Konzept weiterschrieb. Als ich innehielt und meine Ideen noch mal überdachte, meldet er sich zurück:

„Irgendwie klingt das langweilig, Ich ernte Rohstoffe für meine Städte, vergrößere sie oder baue Einheiten, mit denen ich entdecke oder neue Städte gründe. Alles läuft gleichförmig ab. Es gibt keine Unwägbarkeiten, keinen Nervenkitzel. Und wohl auch keine Konkurrenz mit Mitspielern, denn das neue Land scheint ja genügend Platz für alle Spieler und Rohstoffe in Hülle und Fülle zu bieten."

Musste mir Gefährte Zweifel immer so rücksichtslos in die Parade fahren?, dachte ich, und mein selbstgefälliges Lächeln erstarb.

„Außerdem", setzte er noch eins drauf: „Wenn ich eine Stadt an drei verschiedenen Landschaften stehen habe, bekomme ich doch immer drei verschiedene Rohstoffe und kann Einheiten ohne Ende produzieren. Wer handelt denn da noch?"

„Ja, ja, ja, ich hab's kapiert. Du hältst unser Konzept für Stuss."

„Nicht ganz. Ich glaube, da stecken Grundideen für zwei verschiedene Spiele drin. Vielleicht sollten wir uns noch mal die Stadt auf der Kreuzung näher anschauen?"

„Aber nicht mehr heute Abend. Morgen muss ich fit für eine schwierige Arbeit im Labor sein."

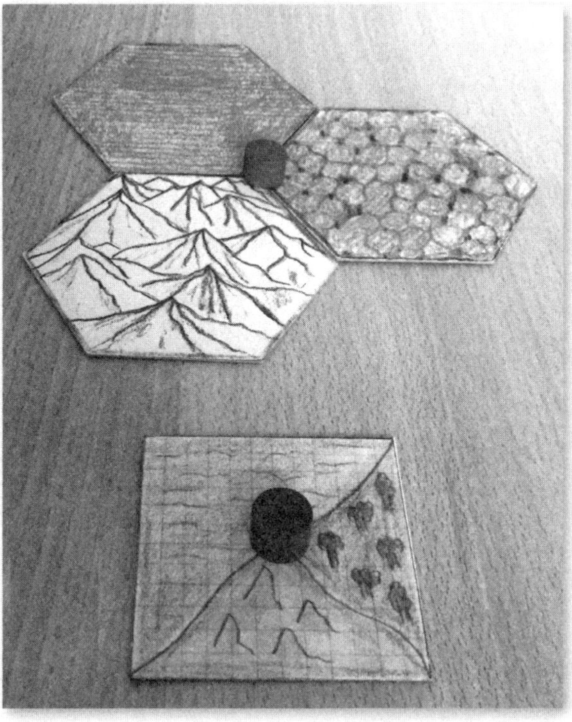

Die Geburt von ‚Kolonisation': Vierecke werden zu Sechsecken.

Missmutig klappte ich mein Konzeptbuch zu und ging zu Bett. Gefährte Zweifel folgte mir notgedrungen.

An einem der folgenden Abende sah ich mir die Stadt auf der Kreuzung meiner viereckigen Landschaftsfelder genauer an.

„Siehst du sie nicht?", tönte Gefährte Zweifel in meinem Kopf.

„Wen oder was sehe ich nicht?"

„Na, die drei Sechsecke! Wenn du eine Stadt in dem Punkt baust, in dem sich drei Sechsecke treffen, grenzen drei Landschaften an die Stadt – genauso wie in der Mitte der viereckigen Felder."

Endlich sah ich es. Ob der Aufbau meines unbekannten Landes mit Sechseckfeldern vorteilhafter wäre als der Aufbau mit meinen bisherigen Viereckfeldern? Ich wusste es nicht, aber meine Neugier war geweckt.

Jetzt war Experimentieren angesagt! Ich holte meine Buntstifte aus der Schublade und malte verschiedene sechseckige Landfelder – Gebirge, Ackerland, Wald, Wüste, Hügelland und Weideland – sowie ein Meerfeld. Am nächsten Tag besuchte ich in meiner Mittagspause einen Copyshop und stellte farbige Kopien meiner Landschaften her. Abends klebte ich die Kopien auf Kartons und schnitt die Landschaften aus. Im Hintergrund hörte ich die CD Songs of Love and War von Mike Batt.

Ich spielte mit den Landschaftsfeldern und setzte sie immer wieder zu neuen Formationen zusammen. Zuletzt hatte ich mit 19 Landfeldern eine Insel ausgelegt, die ich mit 18 Meerfeldern umgab.

„Hmm“, meinte Gefährte Zweifel. „Ich muss zugeben, die Insel gefällt mir. Mit 37 kleinen Sechseckfeldern haben wir ein großes Sechseck gebildet. Das wirkt sehr harmonisch. Aber gibt es nicht zu viele Kreuzungen auf der Insel? Da können ja Unmengen Städte gebaut werden. So kann das nicht funktionieren!“

Das stimmte. Entweder ich entfernte ein paar Landschaften, verkleinerte die Insel und zerstörte damit die Harmonie, oder ich führte eine Regel ein, dass zwischen zwei Städten mindestens eine Kreuzung nicht bebaut werden dürfte. Ich entschied mich für Letzteres.

So entstand die Abstandsregel.

Ich erinnerte mich an die Straßen der Römer und ihre große Bedeutung bei der Eingliederung eroberter Gebiete in das Römische Reich. Die gepflasterten Wege dienten einerseits der schnellen Bewegung der Legionen, andererseits aber auch einem regen Handelsverkehr und damit der Versorgung der römischen Städte. Nur durch Straßenanbindungen konnten beispielsweise die Siedlungen der besiegten Gallier prosperieren und sich zu römischen Städten wie Lutetia (Paris) oder Lugdunum (Lyon) entwickeln.

„Das ist es!“, unterbrach Gefährte Zweifel meine Gedanken. „Vergessen wir das Erkunden! Die Spieler bauen Straßen und Siedlungen auf einer bereits entdeckten Insel!“

Ich überlegte: Wenn es nicht mehr ums Entdecken ginge, sondern nur um die Besiedlung einer unbewohnten Insel, ließe ich jeden Spieler am besten mit zwei Siedlungen starten. Dann könnten schon zu Beginn Rohstoffe fließen. Eine neue Siedlung sollte ein Spieler nur dann auf einer freien Kreuzung gründen können, wenn er die Kreuzung mittels Straßen mit einer anderen seiner Siedlungen verbunden hätte. Bestehende Siedlungen könnten zu Städten ausgebaut werden.

„Das hört sich jetzt um einiges aufregender an als unser erster Entwurf“, lobte mich mein kritischer Gefährte. „Bei der Konkurrenz um Bauplätze wird es ganz schön eng auf der Insel zugehen. Aber die Rohstoffernte ist immer noch ein sehr, sehr ödes Unterfangen.“

Damit hatte er unzweifelhaft recht. Die Landschaften neben den Städten sollten nicht zuverlässig Rohstoffe produzieren. Im realen Leben war das schließlich auch nicht so. Da konnte ein Sturm oder eine Dürre schon mal eine Ernte vernichten, oder Schafe verendeten an einer Seuche. Ich brauchte ein Zufallselement, einen Würfel.

Zunächst dachte ich daran, jedem Landschaftsfeld eine Zahl eines sechsseitigen Würfels zuzuordnen. Doch es störte mich, dass die Wahrscheinlichkeit, gewürfelt zu werden, bei jeder Zahl eines sechsseitigen Würfels gleich hoch war. Bei den Zahlen, die ich mit zwei Würfeln erzeuge, ist das anders. Wenn ich 36-mal hintereinander zwei Würfel werfe, dann fällt statistisch die „7" sechsmal, die „6" und die „8" fallen je fünfmal, die „9" und die „5" je viermal, die „10" und die „4" je dreimal, die „11" und die „3" je zweimal und die „12" und die „2" nur je einmal.

Zügig malte ich je einmal die Würfelzahlen „2" und „12" und die restlichen Würfelzahlen – ausgenommen die „7" – je zweimal auf ein Blatt Papier. Ich schnitt die Zahlen aus und legte mit Ausnahme der Wüste auf jede der 18 Landschaften einen Zahlenschnipsel.

Zu Beginn seines Zuges würde ich einen Spieler zwei Würfel werfen lassen. Er bekäme dann für jede Stadt und jede Siedlung den Rohstoff der angrenzenden Landschaft mit der gewürfelten Zahl. Die Rohstoffe würden sich die Spieler als Karten auf die Hand nehmen und könnten mit ihnen in bestimmten Kombinationen neue Straßen, Siedlungen und Städte bauen.

Gefährte Zweifel rumorte wieder in meinen Gedanken: „Zugegeben, die Rohstofferzeugung ist jetzt nicht mehr berechenbar und spannender als zuvor. Besonders, da es jetzt Felder mit unterschiedlichen Ertragswahrscheinlichkeiten gibt. Aber haben wir den Teufel nicht mit dem Beelzebub ausgetrieben? Gab es vormals Rohstoffe im Übermaß, so sind die Einkünfte jetzt sehr mager."

Ich simulierte ein paar Runden und stellte fest, dass der Zweifel meines Gefährten berechtigt war. Aber fast wie von selbst ergab sich die Lösung: „Dann sollen eben alle Spieler Rohstoffe für ihre Städte erhalten, die an einer Landschaft mit der gewürfelten Zahl stehen, und nicht nur der Spieler, der gewürfelt hat."

Gefährte Zweifel schien zufriedengestellt. Eine letzte Bemerkung konnte er sich dennoch nicht verkneifen: „Warum fehlt die „7" auf dem Spielfeld? Die wird doch recht häufig gewürfelt. Was dann?"

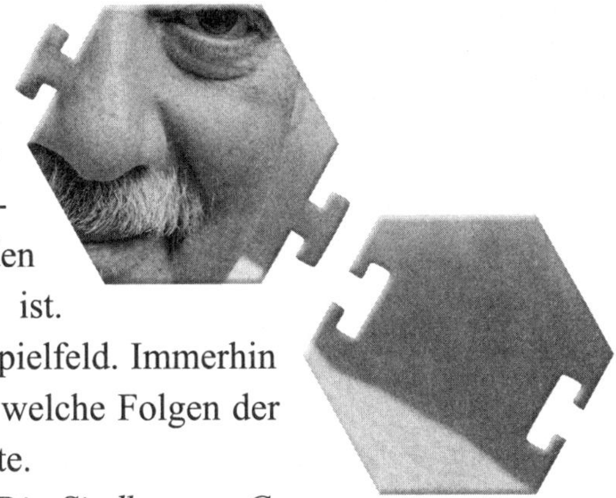

Gute Frage. Ich empfand die „7“ als etwas Besonderes, da sie die Symmetrieachse zwischen den möglichen Würfelzahlen ist. Sie gehörte nicht auf das Spielfeld. Immerhin hatte ich zwei vage Ideen, welche Folgen der Wurf einer „7“ haben könnte.

Die Insel des späteren *Die Siedler von Catan* war an diesem Abend geboren worden, als ich mit den Landschaftsfeldern spielte und, von einem gewissen Harmoniebedürfnis geleitet, mit 19 Sechseckfeldern ein großes Sechseck bildete. Diese Struktur der Insel sollte sich bis heute nicht mehr ändern. Im Nachhinein erschien es mir, als sei die Insel vom Himmel gefallen oder habe auf der Straße gelegen und ich sei zufällig darübergestolpert.

Irgendwann ist es Zeit, ein Spiel aus der Konzeptionsphase zu entlassen und zu testen, ob sich die theoretischen Überlegungen in der Praxis bewähren.

Den ersten Entwurf eines Spieles testete ich zunächst nur mit meiner Familie, meist sonntagnachmittags, wenn alle ausgeruht waren und nicht unbedingt Besseres zu tun hatten. Guido und Marie spielten in den 90er-Jahren nicht mehr so oft mit. Sie wurden erwachsen und hatten verständlicherweise andere Dinge im Kopf als „uncool“ mit ihren Eltern zu spielen. Unser Jüngster, Benjamin, war aber fast immer dabei:

„Einen Spieleentwickler als Vater zu haben ist sicherlich etwas Besonderes, auch wenn einem das erst ein bisschen später bewusst wird. So merkte ich im Kindergarten nach einer Weile, dass andere Kinder ihre Väter am Wochenende oft fragten, ob

sie nicht etwas mit ihnen spielen könnten. Bei uns geschah das aber oft auch andersherum. So war es keine Seltenheit, dass mein Vater am Wochenende mit einer geheimnisvollen Schachtel in der Hand auf uns zukam und fragte, ob wir nicht gern ein Spiel mit ihm spielen möchten.

In einem früheren Blogbeitrag griff ich irgendwann auf, was viele an dieser Stelle oft direkt nachfragen: ‚Wurdest du als Kind zum Testen neuer Spiele gezwungen?' Manch einer, der meinen Humor nicht richtig einzuschätzen wusste, sah mich erschrocken an, wenn ich möglichst trocken entgegnete:

‚Ja, regelmäßig. Wir hatten ein sogenanntes ‚Spielelabor' im Keller, in das wir unter Ausschluss von Sonnenlicht jeden Tag sechs Stunden lang zum Testen neuer Spiele eingeschlossen wurden. So kam natürlich richtig Freude auf. Die Spiele haben wir dann per Checkliste auf Logik und Spielspaß geprüft. Ich glaube, das hat auch wirklich maßgeblich zum Erfolg beigetragen.'

Nein, so war es natürlich nicht. Mein Vater befolgte jedoch immer zwei clevere Vorgehensweisen, wenn es ums Testen ging und er schauen wollte, ob ein Spiel auch wirklich Spaß macht.

Erstens fragte er mich immer nur dann, ob wir etwas spielen wollten, wenn ich dazu offen schien. Es gab keine festen ‚Spieletesttage' oder die Verpflichtung, mitzumachen. Wer keine Lust hatte, spielte eben nicht mit. Denn sowohl bei einem fertigen guten Spiel als auch bei einem Spielentwurf gilt: Spielen macht nur Spaß, wenn man sich zumindest mit einer gewissen Vorfreude an den Tisch setzt.

Wenn wir dann spielten, wendete er einen Trick an, indem er die neueste Ausgabe des Micky-Maus-Hefts in unübersehbarer und greifbarer Reichweite auf der Eckbank geschickt neben mir platzierte. Machte das Spiel keinen Spaß, würde ich einen Blick hineinwerfen und anfangen zu lesen. Das deutete er dann als Signal, dass das Spiel noch nicht so weit war und er wohl noch einmal in den Keller zur Überarbeitung gehen musste.

An diesen Trick werden wir übrigens heute noch erinnert, wenn wir eines unserer gemeinsam entwickelten Spiele mit anderen Menschen testen. Natürlich blättern diese nicht in Micky-Maus-Heften, sondern wischen über die Oberfläche ihrer Smartphones. Dann wissen wir: Das Spiel zieht unsere Tester noch nicht in seinen Bann und wir müssen es noch einmal überarbeiten."

Wenn Claudia und meinen Kindern eines meiner Spiele gut gefallen hatte, testete ich es mit meinen Kameraden von TM. Mit befreundeten Pärchen spielten Claudia und ich erst dann ein neues Spiel von mir, wenn es mir ausgereift erschien und ich seine Kinderkrankheiten geheilt hatte.

Im Frühsommer 1993 war Wolfgang, der damals schon fast zu unserer Familie gehörte, bei uns zu Besuch und ich brachte zum ersten Mal den Prototyp von *Kolonisation,* wie ich das Spiel damals nannte, auf den Spieltisch. Claudia hat diesen denkwürdigen Abend noch gut in Erinnerung:

„Wochenlang beschäftigte sich mein Mann mit wuseligem Eifer mit der Entwicklung und Herstellung eines neuen Spiels. Für mich und unsere drei Kinder ein ganz normales Szenario, das schon immer zu unserem Familienleben gehörte. Mit Teppichmesser, Pappe in allen handelsüblichen Stärken, Buntstiften, Klebern in Eimern und Tuben, diversen Pinseln, Dosen- und Sprühlacken, Holzleisten in verschieden Formen, Sägen, Scheren und Feilen belagerte er zwei winzige Kellerräume unseres Hauses. Nach seiner meist aufreibenden Arbeit im Dentallabor verschwand er oft in seinen Bastelräumchen und kam dann mit entspannter Miene zum Abendessen. Die Kinder und ich lernten früh, nicht allzu viele Fragen zu seinen neuen Spieleideen zu stellen. Wir wussten,

dass er dann mit leuchtenden Augen eine ausführliche Erläuterung folgen lassen würde, die uns etwas nervte.

Benjamin fragte einmal unbedacht, warum überall sechseckige Plättchen auf seinem Basteltisch lagen. Da war es geschehen. Wir gaben uns Mühe, geduldig zuzuhören ...

Eines Abends war es so weit: Wolfgang Lüdtke, der uns ab und zu besuchte, um zu reden, zu spielen und zu testen, aß mit uns zu Abend. Es war lustig am Tisch, dennoch freute ich mich auf meine Couch und einen gemütlichen Fernsehabend. Klaus und Wolfgang wollten noch irgendetwas bereden.

Auf einmal sagte mein Mann leicht aufgeregt zu mir, sein neues Besiedlungsspiel sei jetzt nach so langer Zeit testbereit. Da ich wusste, dass man dafür mindestens drei Leutchen brauchte, habe ich mich sehr müde gestellt, gegähnt und immer zur Couch geguckt. Auch Wolfgang zeigte kein großes Interesse, weil er vom Essen ebenfalls müde war. Doch dann gewann unsere Neugier überhand, welches neue Spiel uns Klaus präsentieren wollte.

Also waren vor uns bald die Sechsecke sowie hübsche bunte Häuschen, kleine Kärtchen und Würfel ausgelegt. So saßen jetzt zwei eher freudlose, gähnende Spieler und ein hoch engagierter, hellwacher Erfinder am Tisch. Eine schlechte Ausgangsbasis für eine Premiere. Wolfgang stellte auch gleich mürrisch fest, dass bei Klaus immer Pappplättchen im Vordergrund stünden, und fragte ihn, ob er sich nicht mal etwas anderes einfallen lassen könne.

Nachdem Klaus das Spiel erklärt hatte, ging es rasch los. Ich muss wohl hier nicht beschreiben, wie das Spiel abläuft. Die Rohstoffkärtchen zum Tausch waren für mich der Knüller. N*ach einem lebhaften und unerbittlichen Handel wanderten die Rohstoffe von einer Hand in die andere. Durch Würfeln neue dazuzubekommen, war eine riesengroße Freude für mich. Ein paar Häuschen und eine lange Straße damit bauen zu können war das Tollste.*

Alle Müdigkeit von Wolfgang und mir war verflogen und wir starteten gleich mit einer neuen Partie. Ich gab dem Spiel den Titel ‚Das Sechseckspiel'. Die Frage von Klaus, ob es Sinn mache, weiter daran zu arbeiten, es perfekter zu gestalten, bejahte ich lauthals, obwohl es damals für mich schon perfekt war. Ich wollte ja immer nur tauschen und bauen. Mehr Spaß konnte ich mir nicht vorstellen."

Nach einem Test war mir immer Claudias Meinung am wichtigsten. Ich wollte bei jeder Entwicklung eines Spiels unbedingt, dass es nicht nur mir, sondern auch ihr gefiel.

Wenn sie einen Spieleansatz nicht mochte, hielt sie mit ihrer Meinung nicht hinter dem Berg, sondern äußerte unverblümt ihre Kritik. Sie beschrieb genau, was ihr nicht gefiel. Das half mir sehr, ein Spiel zu optimieren.

Wenn sie aber schon während des Spiels oder gar am Anfang monierte: *„Ich will spielen und nicht arbeiten"*, und dabei nervös auf ihre Uhr schaute, weil im Alltag noch reale Arbeit – wie beispielsweise eine zu füllende Waschmaschine – auf sie wartete, wusste ich, dass meine Spielidee grundsätzliche Mängel hatte. Meist begrub ich sie dann. Es gab nur sehr wenige Spielansätze, an denen sie nach dem ersten Test nichts oder wenig auszusetzen hatte. Mein Besiedlungsspiel gehörte dazu.

Kolonisation unterschied sich anfangs vom späteren *Die Siedler von Catan* noch in einigen wesentlichen Punkten. So gab es noch keine Entwicklungskarten. Stattdessen konnte ein Spieler, wenn er je ein Erz, Getreide und Wolle ausgab, eine Ritterfigur, die ich damals noch neutral „Einheit" nannte, auf einer freien Kreuzung einsetzen, die an eine eigene Straße grenzte. Die beweglichen Ritter boten den Spielern die Möglichkeit, die Längste Handelsstraße eines Mitspielers zu unterbrechen oder ihre eigene Längste Handelsstraße vor einer Unterbrechung zu schützen.

Schon damals gab es zwei Siegpunkte für die Längste Handelsstraße, die derjenige Spieler erhielt, der die meisten Straßen ohne Verzweigung aneinandergebaut hatte. Städte zählten zwei Siegpunkte. Doppelte Rohstofferträge erbrachten jedoch nur Metropolen. Eine Stadt wurde automatisch zu einer Metropole, wenn sie zu mindestens zwei eigenen Siedlungen oder Städten einen ununterbrochenen Straßenanschluss besaß. Eine Metropole musste mit eigenen Rittern geschützt werden, denn ein fremder Ritter konnte ihr Aus bedeuten, wenn sie den Straßenanschluss zu einer ihr benachbarten Siedlung oder Stadt unterbrach.

Und dann die „7“: Ich hatte damals zwei Regeln entwickelt, die beide sehr sinnvoll waren. Ich setzte aber immer nur die eine oder die andere bei Testspielen ein, da ich befürchtete, es sei für die Spieler zu kompliziert, wenn sie beide zusammen auszuführen müssten.

Wer schon *Catan* gespielt hat, kennt beide Regeln beim Wurf einer „7“:

1. Regel: Wer mehr als sieben Rohstoffkarten auf der Hand hält, muss die Hälfte seiner Karten abgeben. Diese Regel fördert den Handel. Denn wenn ich mehr als sieben Rohstoffkarten auf der Hand halte, bin ich motivierter, Rohstoffe mit meinen Mitspielern zu tauschen, um bauen zu können. Nach dem Bauen habe ich die Anzahl meine Rohstoffkarten reduziert und kann der nächsten „7“ gelassen ins Auge sehen.

2. Regel: Der Spieler, der die „7“ gewürfelt hat, darf eine neutrale schwarze Figur, den Räuber, auf ein Feld versetzen und einem Spieler, der eine Siedlung oder eine Stadt an diesem Feld besitzt, eine Rohstoffkarte rauben. Da die Räuberfigur bis zur nächsten „7“ das Rohstoffeinkommen des von ihr besetzten Fel-

des blockiert, können zurückliegende Spieler gemeinsam einen führenden Spieler ausbremsen.

Ich weiß heute nicht mehr, welche der beiden Regeln ich damals beim ersten Spiel mit Wolfgang und Claudia angewendet habe. Aber bei jeder der vielen noch folgenden Partien vermisste ich immer entweder die eine oder die andere Regel beim Wurf einer „7".*

Im August 1993 war Reiner Müller bei uns zu Gast. Claudia, Benjamin und ich luden Reiner zu einer Partie *Kolonisation* ein. In der Pressemitteilung aus dem Jahr 1995, die er mir damals als Fax zuschickte, schrieb Reiner:

„Im Sommer 1993 besuchte ich Klaus Teuber, um sein neues Spiel ‚Kolonisation' kennenzulernen. Wie sich zeigen sollte, ein äußerst wichtiger Besuch.

‚Kolonisation' hatte damals schon fast die Form des heutigen ‚Die Siedler von Catan' erreicht. Die erste Partie verlief für mich als Anfänger etwas wirr: Während alle anderen schon voller Vorfreude auf bestimmte Situationen kicherten und über mir vollkommen unbekannte Details sprachen, wusste ich nicht so recht, was ich da eigentlich machte und wofür das alles gut war. Dementsprechend war dann auch das Ergebnis: Ich verlor haushoch. Trotzdem fand ich den Spielverlauf spannend. Das große Aha-Erlebnis hatte ich dann auf der Heimfahrt, als mich unentwegt die Frage quälte, wie ich es hätte besser machen können. Ich war drauf und dran, umzukehren und eine zweite Partie spielen zu wollen. Jetzt wusste ich ja, worauf es ankam, und wenn ich da das und das gemacht hätte …

Dieses Gefühl des ‚Wieder-spielen-Wollens' hat mich seitdem nicht mehr verlassen. Es verstärkte sich während der Vielzahl von Partien, die ich danach gespielt habe. Keine ähnelte der anderen, nur das Ergebnis blieb immer gleich: Ich konnte nicht gewinnen.

Hautnah erlebte ich mit, wie ein Spiel zu seiner Reife fand. Jeder einzelne Mechanismus wurde immer wieder auseinandergenommen, teilweise verändert und neu zusammengesetzt. Ich erlebte den Untergang der Ritter, mit denen man Schnittpunkte sperren konnte. Ich erlebte die Geburt der Entwicklungskarten und ihre vielen verschiedenen Fassungen. Und ich erlebte, wie das Spiel immer runder, immer in sich geschlossener wurde. Nur gewinnen konnte ich nicht.“

Da hat Reiner wohl etwas übertrieben. Es gab schon die eine oder andere Partie, die er gewann. Zugegeben, das geschah eher selten, und das lag wohl daran, dass Reiner auch im Spiel sein Mitgefühl nicht ausschalten konnte. Dem Bitten und Drängen seiner Mitspieler gab er oft nach und stimmte einem Tausch von Rohstoffen auch dann zu, wenn er ihm nicht unbedingt zum Vorteil gereichte.

DIE SUCHE

Anfang 1994 besuchte ich auf der Spielwarenmesse in Nürnberg die Stände verschiedener größerer Verlage und stellte ihnen *Kolonisation* vor. Zwei Verlage lehnten mein Spiel von vornherein ab. Noch heute habe ich das Bild eines Geschäftsführers vor Augen, der mehr geringschätzend als interessiert auf mein aufgebautes Spielfeld mit seinen niedlichen Häuschen starrte und nach einiger Zeit meinte, mein Spiel sei für seinen Verlag nicht geeignet. Es wirke zu altbacken und es gebe kein lohnenswertes Spielelement für die Kamera und damit für eine Fernsehwerbung.

Er gab mir den gut gemeinten Rat, mein Spiel thematisch umzuarbeiten. Er schlug mir vor, meine Insel mit Urlaubern zu bevölkern und die Spieler Bettenburgen und Touristenzentren errichten zu lassen. Oder ein ganz anderes Thema, meinte er. Vielleicht Dinosaurier? Warum nicht gewaltige Dinosaurier über das Spielfeld stampfen lassen? Als ich mich verabschiedete, klopfte er mir gönnerhaft auf die Schulter und bot mir an, mich gern erneut zu empfangen, wenn ich mein Spiel umgearbeitet hätte.

Nun möchte man meinen, mein Name, der zu dieser Zeit bei Spieleverlagen bereits einen guten Ruf hatte, sollte genügen, sich mit einem meiner Spiele näher zu beschäftigen. Doch der Name des Autors eines Spiels fällt bei den Käufern – anders als der Name eines Buchautors – kaum ins Gewicht. Über den Verkaufserfolg eines Spiels entscheiden bis heute sein optisches Erscheinungsbild, sein Thema, die Werbung und letztlich sein Spielreiz und die daraus resultierenden Rezensionen in der Presse und im Internet.

Ich dachte gar nicht daran, mein Spiel thematisch neu auszurichten. Auch wenn das Spielfeld und die Häuschen nicht spektakulär wirkten, verströmte das Spielmaterial in seiner Schlichtheit eine gewisse Ursprünglichkeit, die sich zwar nicht für Fernsehwerbung eignen mochte, ihren Reiz aber beim Spielen voll entfaltete. Auch wollte ich das zeitlose Flair meines Spiels nicht einem Thema opfern, das gerade mal in war, morgen aber schon wieder out sein konnte.

Andere Verlage. denen ich *Kolonisation* mit der Post zuschickte, antworteten mir, mein Spiel passe nicht in ihr Programm.

Als ich ein paar Jahre später nach Ravensburg reiste und dort Ravensburger Interactive wegen der Umsetzung der *Siedler von Catan* als Computerspiel besuchte, lernte ich Dorothee Hess-Maier kennen, damals Angehörige des Vorstands der Unternehmensgruppe Ravensburger AG. Wir führten ein nettes Gespräch und zum Schluss brannte Frau Hess-Maier noch eine Frage auf der Zunge. Sie wollte von mir wissen, wann ich dem Ravensburger Verlag denn meinen Prototyp der *Siedler von Catan* geschickt hätte. Ihre Angestellten hätten das ganze Archiv durchsucht, aber nichts gefunden.

„Gar nicht", verblüffte ich sie. „Ich habe Ravensburger die Prototypen von *Barbarossa*, *Adel verpflichtet* und *Drunter & Drüber* zugeschickt. Für alle drei Spiele erhielt ich Absagen, die unter anderem damit begründet wurden, im Verlag würde an einem Spiel mit ähnlichen Mechanismen gearbeitet. Bei den *Siedlern von Catan* befürchtete ich, wieder eine entsprechende Absage zu erhalten. So habe ich es erst gar nicht versucht und mir die Mühe erspart."

Hätte ich mir die Mühe gemacht, dann hätte ich im Frühjahr 1994 möglicherweise nicht mit leeren Händen dagestanden.

Ich hatte zwar ein tolles Spiel, aber keinen Verlag, der es veröffentlichen wollte. Unser eigener kleiner Verlag TM hatte nach *Knock Out* leider nicht die Mittel, die Produktion von *Kolonisation* zu finanzieren.

Etwa zur gleichen Zeit hatte Reiner als freier Mitarbeiter die Redaktionsarbeit des Kosmos-Verlags, der sich damals noch Franckh'sche Verlagshandlung, W. Keller & Co nannte, übernommen. Kosmos produzierte zu dieser Zeit edle, mit hochwertigem Material ausgestattete Spiele, die ziemlich teuer waren und die man nicht gerade als Verkaufsrenner bezeichnen konnte.

Reiner sprach mich darauf an, ob ich *Kolonisation* nicht ihm bzw. Kosmos anbieten wolle. Reiner hätte ich das Spiel liebend gern überlassen, aber mit Kosmos hatte ich meine Probleme. Ich wollte die Zukunft meines Spiels nicht in einer großen, teuren Schachtel wissen, in der seine spielerische Qualität begraben würde und unterginge.

So zögerte ich einige Tage. Schließlich überzeugte mich Reiner. Er versprach mir, *Kolonisation* werde sein eigenes Schachtelformat erhalten, weniger als 60,– DM kosten und sich so im mittleren Preissegment einordnen. Ich willigte ein und unterschrieb ein paar Wochen später meinen Vertrag mit Kosmos.

Zu dieser Zeit hatte ich die Entwicklung von *Kolonisation* abgeschlossen. Zuletzt hatte ich das Spiel weiter vereinfacht und von unnötigem Ballast befreit. So strich ich die Metropolen mit ihren nicht ganz einfachen Regeln und übertrug ihren Vorteil der doppelten Rohstofferträge auf die Städte. Auch die Ritterfiguren mussten ihren Abschied nehmen. Statt einer Ritterfigur konnten sich die Spieler für je ein Erz, ein Getreide und eine Wolle eine der von mir neu eingeführten Entwicklungskarten kaufen. Die Entwicklungskarten bereicherten *Kolonisation* um wichtige taktische und strategische Facetten und sorgten für zusätzliche Spieltiefe.

Mit einer Entwicklungskarte „Ritter" konnten die Spieler den Räuber vertreiben, was bitter nötig ist, wenn längere Zeit keine „7" fällt und der Räuber auf einem ertragreichen Feld festgenagelt zu sein scheint. Mit der Sondersiegpunktkarte „Größte Rittermacht“, die zwei Siegpunkte zählt und die ein Spieler erhält, sobald er drei Ritterkarten ausgespielt hat, schuf ich ein strategisches Pendant zur Sondersiegpunktkarte „Längste Handelsstraße“. Die Fortschrittskarten „Monopol“, „Straßenbau“ und „Erfindung“, sowie die Siegpunktkarten, die man bis zum eigenen Sieg geheim hält, gestalteten das Siedeln unberechenbarer, zugleich aber auch spannender und reizvoller.

Zuletzt hatte ich mich entschieden, beide erwähnten Regeln beim Wurf einer „7“ zuzulassen. Entgegen meinen anfänglichen Befürchtungen kamen die Käufer des fertigen Spiels mit beiden aufeinanderfolgenden Regeln gut zurecht.

Ich hatte endlich das Gefühl, *Kolonisation* – zu Beginn der Entwicklung noch ein roher Edelstein – zu einem eleganten Juwel mit vielen schillernden Facetten geschliffen zu haben.

Immer mal wieder stellte man mir die Frage, ob ich nach all den vielen Jahren etwas am Spielverlauf von *Catan* ändern würde. Meine Antwort war jedes Mal ein klares Nein.

GOLDSIEBER

Wie ich schon erwähnte, hatte Fritz Gruber uns, TM-Spiele, im Sommer 1994 ein Angebot gemacht, das wir angesichts unserer finanziellen Situation nicht ablehnen konnten.

Michael Sieber, der Chef von Simba Toys, war einverstanden, eine neue Spielelinie in seinem Unternehmen zu begründen, in der unter der Marke *Goldsieber* Gesellschaftsspiele veröffentlicht werden sollten. Und er war einverstanden, dass wir, TM-Spiele, die Redaktion der neuen Goldsieber-Spiele übernahmen.

Der Markenname „Goldsieber" war ein Geniestreich von Fritz. Er verband mit dem Begriff „Gold" die Erwartung, die Spiele der neuen Marke seien qualitativ hochwertig. Mit dem Zusatz „Sieber" holte er den Chef Michael Sieber mit ins Boot, der mit seinem Namen in der Marke persönlich für deren Qualität bürgte.

In den Programmheften, die den Goldsieber-Spielen später beiliegen sollten, heißt es in einem Vorwort von Fritz:

„Im Markenzeichen unseres Spieleverlags findet sich ein Goldwäschersieb, Symbol dafür, dass wir künftig zu Ihrer und unserer Freude Jahr für Jahr ein paar Spiele-Nuggets aus dem nie versiegenden Strom neuer Spielideen waschen wollen.

Was wir Ihnen bieten wollen, das sind echte Autorenspiele: Spiele, die den Stempel ihres Erfinders tragen, genauso, wie ein Buch von der Persönlichkeit seines Autors lebt.

Wir ‚sieben' nach strengen Qualitätskriterien und legen Wert darauf, dass Spiele gut sind, ohne dabei gleichzeitig so kompliziert zu sein, dass das Erfassen der Spielregeln eine Art Wissenschaft für sich bildet."

Fritz war kein Mitglied der Spieleautorenzunft, aber er hat viel für uns Spieleautoren bewirkt, als er uns mit Autoren von Büchern verglich und damit auch die Wahrnehmung des Spiels als

Kulturgut schärfte. Ein Übriges tat Wolfgang, der dafür sorgte, dass am Ende jeder Regel der Goldsieber-Spiele ein kurzes Porträt des jeweiligen Autors eingefügt wurde.

Für mein Spiel *Kolonisation* kam die neue Goldsieber-Spielelinie zu spät. Ich hatte den Vertrag mit Kosmos bereits unterschrieben.

Die neue Goldsieber-Spielelinie war für unseren TM-Spieleverlag der Rettungsanker. Wir würden für unsere Arbeit bezahlt werden und zudem an den Verkaufserlösen der von uns betreuten Spiele beteiligt werden. Geldsorgen hatte unser Verlag zukünftig keine mehr; allerdings durften wir auch keine Spiele mehr unter unserer Marke „TM-Spiele" veröffentlichen. Ein bisschen fühlten wir uns wie Fremdenlegionäre, die ihr Ideal aufgegeben hatten, in die Dienste eines fremden Herrn getreten waren und sich dafür schnöde bezahlen ließen.

Letztlich war uns gar nichts anderes übrig geblieben. Es tröstete uns, dass wir bei Goldsieber weiterhin das tun konnten, was wir liebten: gute Spiele veröffentlichen. Wenn auch nicht im eigenen Verlag. Ich denke, wir waren unser Geld wert:

Reiner war ein erfahrener, brillanter Redakteur, der eine goldene Spürnase für gute Spiele besaß.

Peter hatte im Dachboden und im Keller seines Hauses und später sogar in einer eigens für Spiele errichteten Gartenhütte fast alle Spiele der zurückliegenden Spielejahrgänge archiviert. Da er sie auch beinahe alle gespielt hatte, brachte er einen großen Erfahrungsschatz in unser Team mit ein. Zudem liebte er es, im Rahmen der Regeln eines Spiels Aktionen durchzuführen, die der Autor so nicht vorgesehen hatte. Manchmal führte das zu einer Situation, in der ein Spiel nicht weitergespielt werden konnte. Wäre

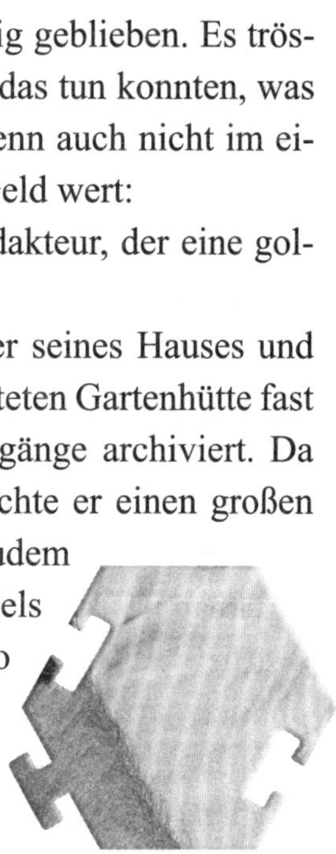

es ein digitales Spiel gewesen, hätte man gesagt, das Spiel sei abgestürzt. Peters Sabotageversuche empfanden wir im Nachhinein, aber auch immer nur im Nachhinein, als sehr hilfreich.

Wolfgang spielte nicht nur sehr gern, er liebte es auch, Spiele redaktionell zu bearbeiten. Er lernte viel von Reiner und übernahm im Lauf der Zeit vermehrt redaktionelle Arbeiten. Wolfgang wurde zu einem sehr guten Redakteur, der heute bei Kosmos eine leitende Stelle im Spielebereich innehat.

Fritz war in den Anfängen unserer Arbeit für Goldsieber zwar noch nicht Mitglied von TM, aber er war bei allen Treffen dabei. Er war der Querdenker unserer Gruppe. Oft machte er uns Vorschläge, die so ungewöhnlich waren, dass uns erst einmal der Mund offen stehen blieb. Häufig waren sie nicht verwertbar, aber wenn, dann waren sie genial und brachten uns ein gutes Stück voran. Außerdem war er ein Meister der Titelfindung. So stammte beispielsweise der Untertitel von *Linie 1,* einem unserer ersten Spiele bei Goldsieber, aus seiner Feder: „Niemand weiß, wo's langgeht, aber alle wollen hin!"

Ich brachte meine Erfahrung als Spieleautor ein. Wenn der Mechanismus eines Spiels hakte, hatte ich nicht selten die rettende Idee.

Wir ergänzten uns gut. Wäre das nicht so gewesen, hätten wir es nicht geschafft, in den verbleibenden wenigen Monaten bis zur Spielwarenmesse 1995 – wie versteckte Asse – noch vier Spiele aus dem Ärmel zu zaubern und sie auch noch zur Verlagsreife zu bringen.

Drei gute Spiele bekamen wir schnell zusammen: Tom Schöps überließ uns seinen *Sternenhimmel,* Stefan Dorra seine *Linie 1,* und ich steuerte *Galopp Royal* bei. *Galopp Royal* ist ein etwas verrücktes Wettlaufspiel. In Versailles besteigen wir nostalgische Sänften und lassen uns holprig ins Ziel schaukeln. Dumm nur,

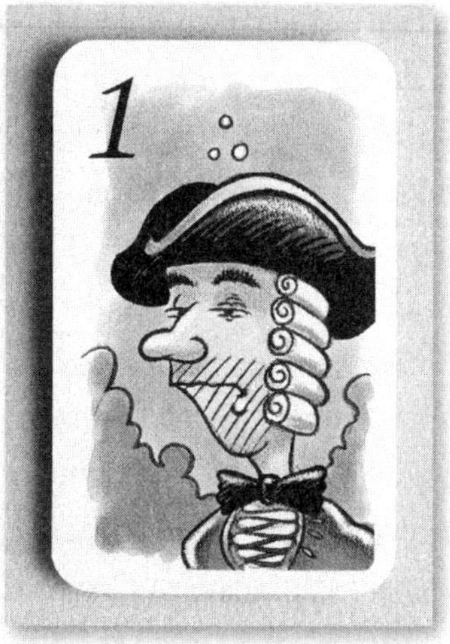

Im Spiel ,Galopp Royal' nimmt sich unser TM-Maskottchen Karl Hering eine Auszeit von seinen glücklosen Karrieren als Künstler und Boxer und verdingt sich als Sänftenträger.

dass die Träger vorher nicht üben dürfen. So hapert es oft bei der Koordination ihrer Bewegungen, und nicht selten legt eine Sänfte plötzlich wackelnd den Rückwärtsgang ein und landet im Schlossteich.

Eines Tages meldete sich unser alter Bekannter Karl Hering bei uns. Er berichtete, er habe seine Boxhandschuhe an den Nagel gehängt. Nachdem er bei *Knock Out* statt grüner Lorbeeren immer nur blaue Veilchen geerntet habe und somit auf seiner Boxer-Karriereleiter auf keinen grünen Zweig gekommen sei, habe er die Faxen dicke gehabt. Jetzt brauche er nach seinen Niederlagen in stickigen Boxarenen frische Luft. Kurzum, Karl Hering bewarb sich bei *Galopp Royal* als Sänftenträger. Das war uns sehr recht, denn so einen brauchten wir noch.

Nun fehlte noch ein viertes Spiel, um die Vorgabe von Simba Toys zum Programmstart der Goldsieber-Spielelinie zu erfüllen. Keines war in Sicht. Aber eines musste noch her. Was tun?

Als wir bei einem unserer Treffen abends gemeinsam beim Abendessen saßen, ließen wir – wie so oft – Ideen zwischen uns hin und her fliegen. Zwei davon verpufften nicht: Unser viertes Spiel sollte im Orient spielen und sein zentrales Thema sollte „Bestechung“ sein. Ein kinderloser Kalif sucht einen Nachfolger. Wer am geschicktesten Wächter, Haremsdamen und Eunuchen mit seinen Münzen besticht, wird neuer Kalif.

Nach nur zweitägiger Entwicklungszeit waren wir zufrieden mit unserem Werk. Wir nannten es *Bakschisch* und als Dank für seine treuen Dienste gaben wir Karl Hering alias Kara Ben Hering als Autor an.

Unsere vier Goldsieber-Spiele erschienen pünktlich zur Spielwarenmesse 1995 in Nürnberg. Im Sommer wurden *Linie 1* und *Galopp Royal* von der Jury in die Auswahlliste zum „Spiel des Jahres“ gewählt. Beide Spiele sowie *Sternenhimmel* landeten unter den ersten sechs Spielen auf der Rangliste des „Deutschen Spielepreises“. *Linie 1* bekleidete sogar den zweiten Rang. Den „Deutschen Spielepreis“ gewann jedoch ein anderes Spiel, das zudem auch zum „Spiel des Jahres“ gewählt werden sollte …

Nur unser gemeinsames Spiel *Bakschisch* erntete keine Lorbeeren. Kein Wunder, schließlich hatten wir unseren vom Pech verfolgten Karl Hering als Autor des Spiels genannt.

Wir konnten mit unserem Debüt bei Goldsieber sehr zufrieden sein. Nur Fritz war es nicht so ganz. Im Jahr 2005 schrieb er im Buch *Im Zeichen des Sechsecks* von Peter Gustav Bartschat:

„Die göttliche Spielekomödie namens DIE SIEDLER begann für mich persönlich als ausgewachsene Tragödie. Ich glaube, es war im Frühherbst 1993, als ich zum ersten Mal Klausens Proto-

typ spielte. Natürlich, wie später so viele andere auch, war ich hingerissen von diesem Spiel. Begeistert. Mann, wäre das ein Einstieg! Einstieg wohin?

Etwa zur gleichen Zeit hatte ich für das Fürther Spielwarenunternehmen ‚Simba Toys' ein Konzept für die Gründung eines eigenen Spieleverlages ausgearbeitet. Für Simba war die Welt der Spieleverlage damals noch recht fremd, und so würde es, das war klar, geraume Zeit dauern, bis die Argumente, die ich ‚pro Spieleverlag' vorgetragen hatte, auf Stichhaltigkeit überprüft und entsprechende Marktsondierungen abgeschlossen waren. Ich saß auf heißen Kohlen, ebenso Klaus und ebenso Reiner Müller, der damals bereits gute Arbeitsbeziehungen zum Stuttgarter Kosmos-Verlag unterhielt. Im Frühjahr 1994 stand immer noch nicht fest, ob Simba sich auf das später dann ‚Goldsieber' genannte Unternehmen wirklich einlassen würde. Klaus lief die Zeit davon. Er war überzeugt davon, dass DIE SIEDLER zur Spielwarenmesse im nächsten Februar (1995) erscheinen müssten. Ein Bauchgefühl sagte ihm, dass ein Spiel wie DIE SIEDLER irgendwie in der Luft lag, dass die Zeit reif – wenn nicht gar schon überreif – für solch ein Spiel war.

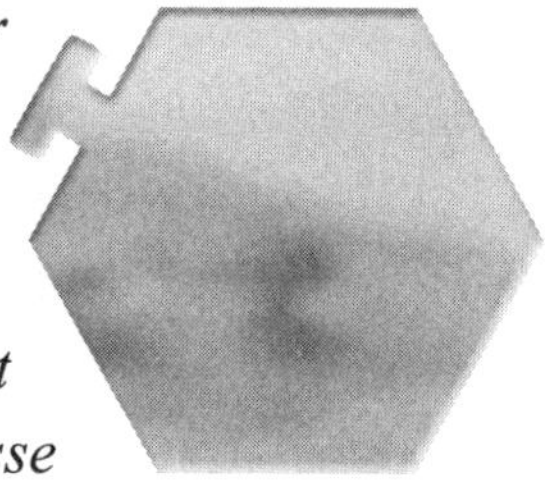

Reiner Müller hatte indes bei Kosmos vorgefühlt, ob der Stuttgarter Verlag vielleicht bereit wäre, ein Spiel wie die DIE SIEDLER ...

Und siehe da: Kosmos war bereit. – Schließlich musste Klaus für sich eine Art zeitliches Limit setzen. Wenn bis da und dahin nicht verbindlich klar wäre, ob es nun einen Verlag ‚Goldsieber' geben würde, dann müsste Kosmos den Zuschlag erhalten. Und genau das passierte auch: Kosmos erhielt den Zuschlag. Kaum vier Wochen später fiel dann endlich die Entscheidung: Simba würde das Projekt ‚Goldsieber' starten. – Wie heißt das Körperteil noch mal, in das man sich aus gegebenem Anlass hie und da mal beißen möchte?"

DIE SIEDLER VON CATAN

In jener Zeit hatte ich einen Traum, an den ich mich bis heute gut erinnere:

Ich saß am Ufer eines Teiches und angelte. Plötzlich zupfte etwas an meiner Schnur, zunächst zaghaft, dann immer heftiger, bis der Schwimmer schließlich gänzlich unter der Wasseroberfläche verschwand und ich einen mächtigen Zug an meiner Angelroute verspürte. Ich zog und zog und hievte bald einen Riesenfisch an Land. Ich wusste, ich hatte den größten Fisch des Teiches, wahrscheinlich den größten Fisch meines ganzen Lebens geangelt. Der Fisch zappelte nicht, wie er es in der realen Welt, um sein Leben kämpfend, getan hätte. Er glotzte mich nur schicksalsergeben mit seinen runden, starren Fischaugen an, als wolle er mir sagen, er sei an seinem Ziel angekommen.

Als ich morgens erwachte, war ich noch ganz erfüllt von dem Glück meines großen Fangs. Ich erzählte Claudia davon. Ich fühlte, der Fisch war das Symbol für etwas Großes, das mir vielleicht bevorstehen sollte. Claudia meinte, da könne etwas dran sein.

Nachdem ich meinen Vertrag mit Kosmos unterschrieben hatte, begann Reiner mit der redaktionellen Arbeit an *Kolonisation*. Schon vor Vertragsabschluss war uns klar gewesen, dass *Kolonisation* nur ein Arbeitstitel war. Ich war mit diesem Titel nie glücklich gewesen, da er dem Kolonialismus vorausging, unter dem viele Völker leiden mussten und noch heute leiden. Zwar gab es auf meiner Insel keine Ureinwohner, die von den Spielern bekämpft und verdrängt wurden; dennoch hätte der Name diesen Eindruck erwecken können.

Reiner schlug den Titel *Die Siedler* vor. Ein eher trivialer Name, der in meinen Ohren etwas verstaubt klang, der aber genau das beschrieb, was die Spieler auf meiner Insel erwartete. Also warum nicht?, sagte ich mir und wir sprachen seitdem nur noch von *Die Siedler* und nicht mehr von *Kolonisation*. Allerdings war auch dieser Titel nicht unproblematisch.

Im Sommer 1994 hatte ich das gleichnamige digitale Spiel *Die Siedler* von Blue Byte auf meinen PC geladen. Ich freundete mich schnell mit den vielen kleinen Siedlermännchen an, die auf meinem Bildschirm fleißig hin und her wuselten. Sie ernteten Rohstoffe, stellten Waren her, transportierten sie zu Plätzen, die ich bestimmte und bauten dort Gebäude, die ich zuvor ausgewählt hatte. War ein Gebäude fertiggestellt, zog ein Siedler ein und verrichtete seine Arbeit: So schlug der Holzfäller Holz, der Steinmetz behaute Steine, der Farmer baute Getreide an und die Minenarbeiter förderten Kohle, Erz oder Gold. Ein Warenkreislauf entstand und es war meine Hauptaufgabe, ihn in Schwung zu halten. Wenn ich einen Fehler machte, stockte der Warenkreislauf; die Siedlermännchen standen dumm in der Gegend herum und warteten geduldig auf eine Eingebung ihres Meisters.

Die digitalen Siedler unterschieden sich nicht nur spielmechanisch stark von meinem Brettspiel, sondern auch in ihrer Siegbedingung. Beim PC-Spiel dienten all das Ernten, Schaffen und Wuseln nur einem Ziel: möglichst viele Soldaten bewaffnen, sie mit Gold motivieren und sie anschließend in das benachbarte Gebiet des gegnerischen, vom Computer gesteuerten Siedlerstamms schicken. Dort machten sie dann den Gegner platt. Die digitalen Siedler setzen damals Maßstäbe im Genre der digitalen Aufbauspiele und es machte auch mir Spaß, die kleinen Männchen zu dirigieren und ihnen bei ihrer Aufbauarbeit zuzusehen. Aber immer, wenn ich am Ende des Spiels anlangte, empfand ich bei der unumgänglichen Zerstörung meines oder des gegnerischen Siedlerreichs einen schalen Beigeschmack.

Auch wenn sich die beiden Spiele hinsichtlich der Spielmechanik und des Spielverlaufs stark unterschieden und beide – das eine als PC-Spiel, das andere als Familien-Brettspiel – jeweils andere Zielgruppen ansprachen, würden sie den gleichen Titel tragen.

Das Schreckgespenst zukünftiger gerichtlicher Auseinandersetzungen mit möglichen einstweiligen Verfügungen vor Augen, wurde mir klar, dass sich der Titel für meine Siedler unbedingt vom Titel der digitalen Siedler unterscheiden musste. Vier Jahre später war ich dankbar dafür, zu dieser Einsicht gelangt zu sein.

Ich träumte von Siedlern, die auf ihrer idyllischen Insel brav Getreide ernteten, fleißig Lehm und Erz abbauten, ihre Schafe hüteten und Holz schlugen. Neue Dörfer entstanden, und mit Straßen erschlossen sie weitere Siedlungsgebiete. Ein tiefer Friede schien über dem Land zu liegen.

Plötzlich bebte die Erde. Ein riesiger Krater entstand und zerstörte die Insel samt ihren unschuldigen Bewohnern. Inmitten des Kraters erschien mit seinem typischen gackernden Lachen, offensichtlich gut gelaunt, mein Berufswunsch-Geist.

„Hallo Klaus, ich hoffe, du verzeihst mir, wenn ich deinen seligen Traum kurz unterbreche."

„‚Unterbrechen' nennst du das? Du hast meine Insel zerstört!"

„Welche Insel? Wenn es eine beachtenswerte Insel ist, trägt sie doch sicher einen Namen. Also, wie heißt sie? Wenn du mir ihren Namen nennst, dann werde ich mich das nächste Mal gewiss rücksichtsvoller in deinen Inselträumen anmelden."

„Meine Insel braucht keinen Namen. Die Städte und Siedlungen auf ihr tragen ja auch keinen", erwiderte ich missmutig.

„Hmm. Eigentlich bin ich dir nur erschienen, um dir von dem großen Erfolg deines Siedlerspiels in der Geisterwelt zu berichten. Meine Kolleginnen und Kollegen vernachlässigen schon sträflich ihre Klienten, um miteinander um die Wette zu siedeln. Ich wollte dir mitteilen, dass du bei der Entwicklung deines Siedlerspiels bisher alles richtig gemacht hast. Doch jetzt habe ich so meine Zweifel."

„Und die wären?"

„Ich hatte eigentlich angenommen, du wolltest deiner Insel noch einen Namen geben. Ich bin sehr erstaunt, dass du daran noch nicht gedacht hast. Selbst der mickrigste Bach und der kleinste Berg tragen einen Namen. Nur die Heimat deiner Siedler nennst du immer noch lieblos ‚die Insel'.

Wenn du ihr beispielsweise den Namen ‚Cumor' gäbst, könntest du dein Spiel ‚Die Siedler von Cumor' betiteln. Dann hättest du einen Titel für dein Spiel, der sich deutlich vom PC-Spiel ‚Die Siedler' absetzen würde."

Ich musste zugeben, der Geist hatte nicht unrecht. Aber Cumor? Das klang doch eher nach einem Medikament.

„Ha", meinte der Geist, „ich lese in deinen Gedanken, dass ich dich überzeugt habe. Wenn dir Cumor nicht gefällt, dann taufe deine Insel halt Herpa, Kunga oder Hipti. Du wirst sicher einen guten Namen finden."

Der Geist mochte etwas davon verstehen, kleinen Jungen ihre Berufswünsche zu erfüllen, aber einer Insel einen wohlklingenden Namen zu geben, davon hatte er gewiss keine Ahnung ...

Ein paar Tage später fiel mir ein, wie ich meine Siedler am besten von denen des PC-Spiels der Firma Bluebyte unterscheiden konnte. Eigentlich war es ganz einfach: Ich musste nur einen wohlklingenden Namen für die Insel finden, auf der sich meine Siedler immer wieder aufs Neue ihre Existenz aufbauten.

Ich setzte mich etwa eine halbe Stunde an meinen Schreibtisch und verfasste spontan eine Liste mit – wenn ich mich recht erinnere – sieben Namen. Einer davon war *Catan*. Ich zeigte die Aufzählung meiner Familie und meinen Freunden von TM und bat sie, ihren jeweiligen Favoriten auszuspähen.

Das Ergebnis war eindeutig: *Catan* hatte sich mit Abstand gegen seine Konkurrenten durchgesetzt. So taufte ich meine Insel in einem wenig feierlichen Akt – sozusagen zwischen Tür und Angel – auf den Namen *Catan*.

Ich wurde und werde oft gefragt, welche anderen Fantasienamen ich aufgeschrieben hatte. Ich kann diese Frage leider nicht beantworten. Da ich zu jener Zeit nicht im Entferntesten ahnte, welch großer Erfolg meinem Besiedlungsspiel vergönnt sein würde, übereignete ich die Liste gedankenlos meinem Papierkorb.

Als ich mich das nächste Mal mit Reiner traf, erzählte ich ihm von meinen Überlegungen und schlug ihm vor, *Die Siedler* in *Die Siedler von Catan* umzubenennen. Reiner war einverstanden und somit hatten wir zumindest schon den Titel unseres Spiels in trockenen Tüchern.

Im Spätsommer 1994 fuhr ich nach Stuttgart und traf mich dort mit Reiner und den Illustratorinnen Marion Pott und Karin Späth. Wir besprachen die Gestaltung der Landschaften, der Rohstoff- und der Entwicklungskarten der *Siedler von Catan,* und ich beschrieb den beiden jungen Frauen, wie ich mir das Cover vorstellte: Vor dem Hintergrund eines in romantisches Abendlicht getauchten Dorfes sollten Siedler ihre Felder bestellen.

Reiner beauftragte die Illustratorinnen mit den ersten Entwürfen für das Spielmaterial und das Cover.* Mit dem Ergebnis des Coverentwurfs war Reiner nicht zufrieden. In der Pressemitteilung aus dem Jahr 1995 schrieb er:

„Nun war die Titelgrafik an der Reihe. Das ging schon nicht so einfach. Der erste Ansatz sollte das harte Leben der Siedler vermitteln, nicht vom Detail her, aber von der Stimmung. Es gelang nicht. Was herauskam, war ein tolles Bild, aber jeder, der es betrachtete, begann nach seinem Taschentuch zu suchen, um sich den Schweiß von der Stirn zu wischen. So ging es also nicht. […] Vor lauter Verzweiflung begann ich selbst auf meinem Computer zu malen, weil ich meine Absicht nicht in die richtigen Worte kleiden konnte. Zu Hilfe kam mir dabei ein Plakat, an dem ich täglich vorbeifuhr.“

Das von Reiner erwähnte Plakat zeigte einen stilisierten schwarzen Hubschrauber vor einer gelben Sonne. Es handelte sich um Werbung für das Musical *Miss Saigon,* das 1994 in Stuttgart aufgeführt wurde.

Reiner ersetzte den Hubschrauber durch die schwarze Silhouette einer kleinen Siedlung unterhalb der Sonne und schickte seinen Entwurf den Illustratorinnen per Fax zu. Frau Späth gestaltete nach Reiners Vorlage das Motiv, das bis zum Jahr 2000 die Schachtel der *Siedler von Catan* zieren sollte.

Als ich den neuen Coverentwurf zum ersten Mal sah, wusste ich nicht, ob ich ihn gut oder schlecht finden sollte. Auf jeden Fall nahm ich ihn als außergewöhnlich wahr. Später dann, als ich die Schachtel der *Siedler von Catan* in den Regalen der Spielwarenläden zwischen all ihren bunten, mit Illustrationen überladenen Brüdern zum ersten Mal sah, fand ich das Cover geradezu genial: Eine große, gelbe Sonne erhob sich, eingebettet in ein warmes Abendrot, über der schwarzen Silhouette einer kleinen Siedlung. Es war die Schlichtheit der fast minimalistischen Illustration, die den Blick des Betrachters anzog und in ihm Neugier, vielleicht gepaart mit einem Hauch Sehnsucht, zu erwecken vermochte.*

Obwohl die Entdeckungsfahrten der Wikinger Pate bei der Entwicklung meines Spiels gestanden hatten, war ich im Nachhi-

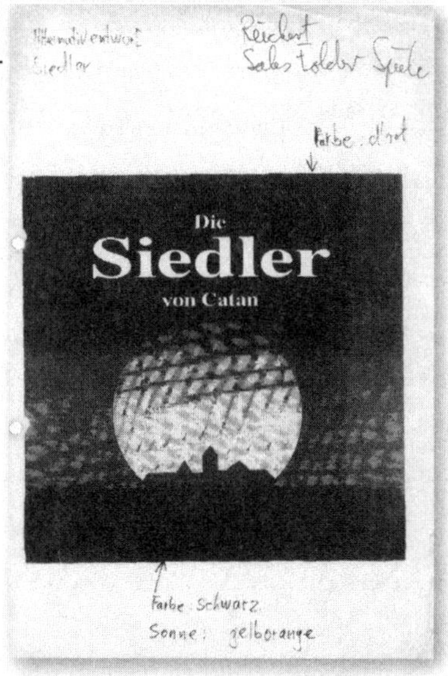

Reiners revolutionäre Coveridee für ,Die Siedler von Catan' erreichte mich per Fax.

nein froh, das Thema allgemein mittelalterlich und nicht nordisch gehalten zu haben. Sonst wäre die Schachtel wahrscheinlich mit von Nordleuten besetzten Drachenschiffen vor den Gestaden einer Insel illustriert worden und in den Regalen zwischen all den anderen bunten Spielen untergegangen.

Auch wenn die Illustration in späteren Jahren modernisiert und die schwarze Silhouette des Dorfes mit Farbe aus ihrem Schattendasein befreit wurde, eines wurde nicht verändert: Die oberen zwei Drittel des Covers gehörten nach wie vor der in Abendrot eingebetteten Sonne.

Wie mir Reiner versprochen hatte, entwickelte er auch ein neues Schachtelformat. Im Jahr 2005 berichtete Reiner im Buch *Im Zeichen des Sechsecks* von P. G. Bartschat:

„Das Schachtelformat wurde tatsächlich für ‚Die Siedler' neu geschaffen. Wir wollten ein Zeichen setzen – einen Neuanfang, weg von den teuren Kosmos-Luxusspielen. Und das von uns ins Auge gefasste Motiv mit der Sonne verlangte einfach nach einer quadratischen Schachtel. Da keiner so richtig widersprach, war das neue Schachtelformat klar. Heute: Der neue Standard im Spielebereich."

Es folgte noch ein weiterer Geniestreich von Reiner. Er arbeitete für *Die Siedler von Catan* ein neues Regelkonzept aus, das dem Spiel wie auf den Leib geschrieben zu sein schien. In der Pressemitteilung aus dem Jahr 1995 schrieb er:

„Ich las damals gerade Stephen Hawkings Buch ‚Eine kurze Geschichte der Zeit'. Dem Mann gelang es, mir Dinge klar und logisch vor Augen zu führen, die ich aufgrund meines Wissensstandes aber überhaupt nicht hätte verstehen können. Der Grund war einfach: Er benutzte Bilder, also optische Informationen, und er ließ alles weg, was für den Augenblick des Verstehens nicht relevant war. Das war der Ansatz, aus dem ein völlig neues Regelkonzept entstand: Ein Bild, das das Spiel erfassbar machte, ein Einführungstext dazu, der den Gesamtablauf schilderte. Dann eine kurze Regel, die nur das erklärte, was ein Spieler wissen musste, wenn er spielen wollte."

Ich erinnere mich gut an den Anruf von Reiner, in dessen Verlauf er mir sein neues Regelkonzept vorstellte. Ich fand seine Ideen spannend und vielversprechend. Allerdings fehlte noch eine Art Almanach, in dem die einzelnen Regelpunkte alphabetisch aufgeführt und mit Bildern und Beispielen ausführlich erläutert wurden. Da Reiner unbedingt die Regel selbst schreiben wollte, aber alle Hände voll mit der Produktion der vier Goldsieber-Spiele und der *Siedler von Catan* hatte, bot ich ihm an, den Almanach zu verfassen und ihn damit zu entlasten.

Obwohl das neue Regelkonzept später von Kritikern und Spielern hoch gelobt wurde, hatten einige Spieler Probleme damit und schickten Kosmos wütende Briefe. Die Verfasser der Beschwerden hatten das große, quadratische Regelblatt schlicht übersehen oder hielten es aufgrund seiner ungewöhnlichen Aufmachung für ein Reklameblatt und mutmaßten, das kleinere Almanach-Heftchen sei die Regel.

Ich konnte mir lebhaft vorstellen, wie sich die Spieler fluchend in alphabetischer Reihenfolge nacheinander durch die aufgeführten Regelpunkte des Almanachs quälten, von denen jeder ohne Bezug zum vorangegangenen oder folgenden Regelpunkt für sich allein stand. Klar, das konnte nicht funktionieren. Bei der nächsten Auflage ließ Reiner einen fetten Warnhinweis auf die erste Seite des Almanachs drucken: „Achtung, das ist nicht die Regel!"

Schließlich war es geschafft: Meine Arbeit an den *Siedlern von Catan* war abgeschlossen. Für Reiner leider noch nicht ganz. In der Pressemitteilung aus dem Jahr 1995 schrieb er:

„‚DIE SIEDLER VON CATAN' gingen in Produktion. Aus Andrucken bastelte ich ein paar Muster, die an die ersten Journalisten gingen. Ich hatte das Vergnügen, über 1.000 Karten mit der Hand schneiden zu dürfen. Bald trafen die ersten Meinungen ein, die alle unsere Erwartungen übertrafen. Man weiß zwar, wenn man an einem Spiel arbeitet, ob es ein gutes Spiel ist; aber wie gut das Spiel dann ankommt, das weiß man nicht."

LORBEEREN

Im Sommer 1995 gewann ich mit den *Siedlern von Catan* zum vierten Mal die Auszeichnung „Spiel des Jahres“. Diesmal war ich nicht überrascht, als mir Dr. Thole die freudige Nachricht überbrachte. Es hatte schon zuvor deutliche Anzeichen gegeben, die auf den Titelgewinn hinwiesen. Viele Spielekritiker hatten in Zeitungen und Zeitschriften begeistert über *Die Siedler von Catan* geschrieben, und die ersten 3.000 Exemplare, die Kosmos produziert hatte, waren schnell vergriffen.

Andreas Mutschke, Mitglied der Jury „Spiel des Jahres“ von 1992 bis 2001, schrieb im Buch *Im Zeichen des Sechsecks* zur damaligen Stimmung:

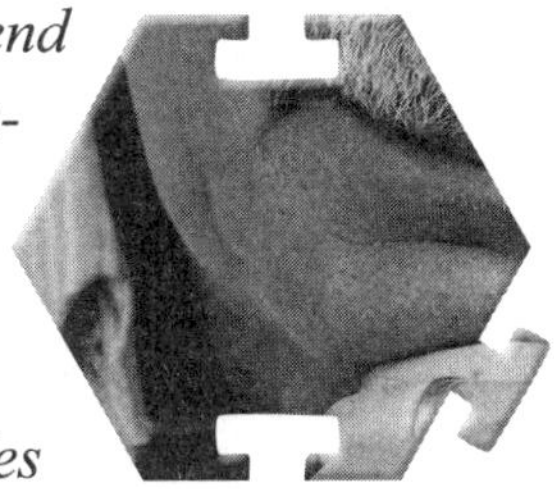

„Wir Jury-Mitglieder haben uns während oder nach der Messe in Nürnberg seit je immer dann, wenn wir uns in den Messehallen über den Weg liefen, gegenseitig gefragt: ‚Na, hast du es schon entdeckt?‘

Wobei mit ‚es‘ das kommende ‚Spiel des Jahres‘ gemeint war. Nie zuvor und niemals danach war dieser erste Eindruck so überwältigend eindeutig wie 1995. Im Prinzip hätten wir direkt im Anschluss an die Nürnberger Messe abstimmen können, dass DIE SIEDLER VON CATAN das ‚Spiel des Jahres‘ 1995 würde. Ging so natürlich nicht – klar.

Das Rennen um das ‚Spiel des Jahres‘ 1995 war zu keinem Zeitpunkt von der Messe bis zur Preisverleihung offen, sondern über den gesamten Zeitraum der Entscheidungsfindung sehr deutlich von den Siedlern angeführt. Im Grunde ging es da nur noch um das schmückende Beiwerk der Auswahlliste.“

Claudia und ich reisten nach Berlin, um den Preis in Form einer Urkunde entgegenzunehmen. In der Urkunde steht:

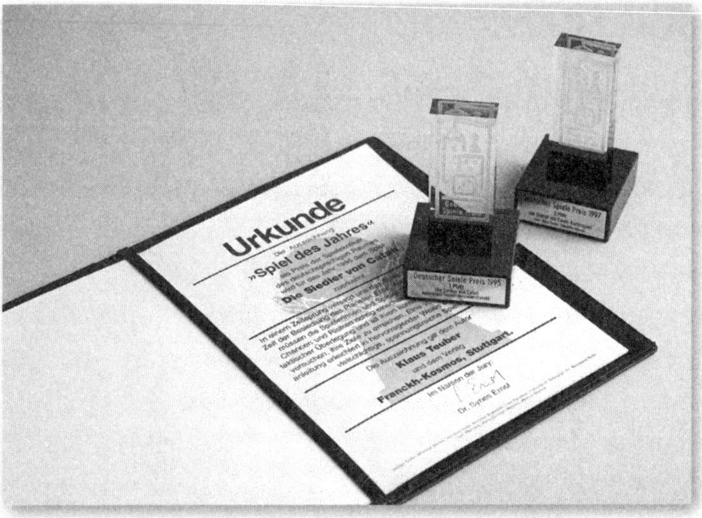

1995 erhielt ‚Die Siedler von Catan' drei Preise: „Spiel des Jahres", „Deutscher Spielepreis" und die „Essener Feder" für die beste Spielregel.

„In einem Zeitsprung versetzt uns das Spiel zurück in die erste Zeit der Besiedlung des Planeten Erde. Als Siedler und Händler müssen die Spielerinnen und Spieler in jeder Situation die Risiken und Chancen richtig einschätzen, mit Fantasie und taktischer Überlegung und all ihren kommunikativen Fähigkeiten versuchen, ihre Ziele zu erreichen. Eine völlig neuartige Spielanleitung erleichtert in hervorragender Weise den Einstieg in die vielschichtige, spannungsreiche Spielewelt."

Das waren schöne Worte. Aber so ganz stimmig waren sie nicht. Mit Rittern und Fortschritten wie Monopol oder Straßenbau war mein Spiel eindeutig nicht in der ersten Zeit der Besiedlung unseres Planeten Erde beheimatet. Aber vielleicht meinte der Verfasser des Textes, die dem Spiel zugrunde liegenden Handlungen Ernten, Handeln und Bauen seien den Menschen von Anbeginn ihrer Existenz in die Wiege gelegt worden? Damit hatte er sicher recht.

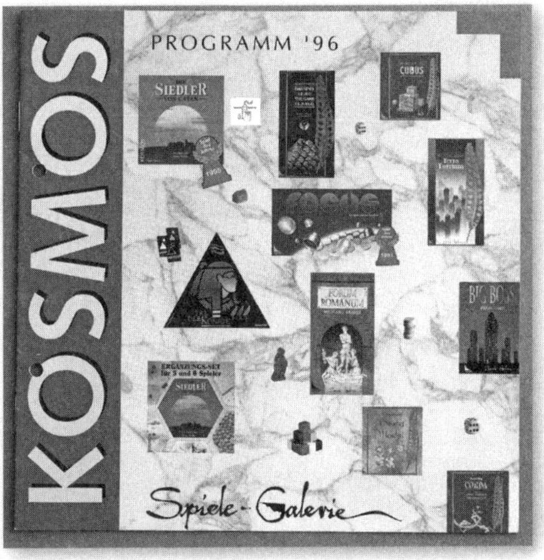

1996 bot Kosmos zwölf Spiele im Programmheft an. Heute sind es über 200.

Am Abend nach der Preisverleihung lernte ich den neuen Geschäftsführer von Kosmos, Axel Meffert, kennen. Hatte ich Glück gehabt, in Reiner Müller einen brillanten Redakteur gefunden zu haben, war mir das Schicksal ein zweites Mal hold. Meinen Siedlern sollte mit Axel Meffert in den kommenden Jahren ein hervorragender Geschäftsmann zur Seite stehen.

Axel Meffert hatte Kosmos in einer schwierigen Situation übernommen. Als ich ihn in den folgenden Jahren besser kennenlernte, schien es mir, als lebe er für den Verlag. Mit seinen frischen Ideen und sicher auch mit den steigenden Umsätzen von *Catan* machte er Kosmos im Lauf der Jahre zu einem gesunden, prosperierenden Unternehmen. Dabei war er seinen Angestellten auch ein guter Chef. Nie hörte ich einen Mitarbeiter sich schlecht über ihn äußern. Im Gegenteil. Wenn über ihn gesprochen wurde, geschah dies mit Respekt und Anerkennung.

Das Kosmos-Spieleprogramm-Heftchen von 1996, dem ersten Jahr, in dem Axel Meffert verantwortlich für das Kosmos-Spieleprogramm war, umfasste zwölf Seiten und listete ebenso viele Spiele auf. Heute, im Jahr 2019, halte ich einen 200 Seiten starken Spielwarenkatalog in den Händen, in dem über 200 Brett- und Kartenspiele angeboten werden. War Kosmos Mitte der 90er-Jahre im Spielebereich eher ein Kleinverlag, gehört er heute zu den Top Drei der umsatzstärksten Spieleverlage in Deutschland.

Nun saß ich Axel Meffert an jenem Abend gegenüber und wir sprachen über *Die Siedler von Catan*. Wir waren beide etwas reserviert, und es kam mir vor, als würden wir uns zunächst vorsichtig beschnuppern, um zu ergründen, wie der jeweils andere tickte. Als ich Axel Meffert anvertraute, dass Reiner und ich an einer Ergänzung für fünf und sechs Spieler arbeiteten und ich eine „Insel-Erweiterung" für *Die Siedler von Catan* plante, schenkte er mir seine ganze Aufmerksamkeit, und ganz kurz vermeinte ich, Dollarzeichen in seinen Augen aufblitzen zu sehen. Das war verständlich. Schließlich hatte sich Axel Meffert Großes für den Kosmos-Verlag vorgenommen. Dafür brauchte er Umsatz und Gewinn.

Als wir abends auseinandergingen, waren wir beide überzeugt davon, zukünftig gut miteinander arbeiten zu können. Aus der Sympathie, die wir anfangs füreinander empfanden, sollte im Lauf unserer langen und fruchtbaren Zusammenarbeit eine Freundschaft werden.

Während der Buchmesse 1995 in Frankfurt veranstaltete Kosmos eine Feier zu Ehren des Titelgewinns der *Siedler von Catan*. Festredner war Ephraim Kishon, dessen satirische in Israel spielende Bücher ich Mitte der 70er-Jahre mit großem Vergnügen gelesen hatte. Warum Ephraim Kishon? Nun, seine Bücher wurden im Verlag Langen-Müller veröffentlicht. Dr. Herbert Fleissner ge-

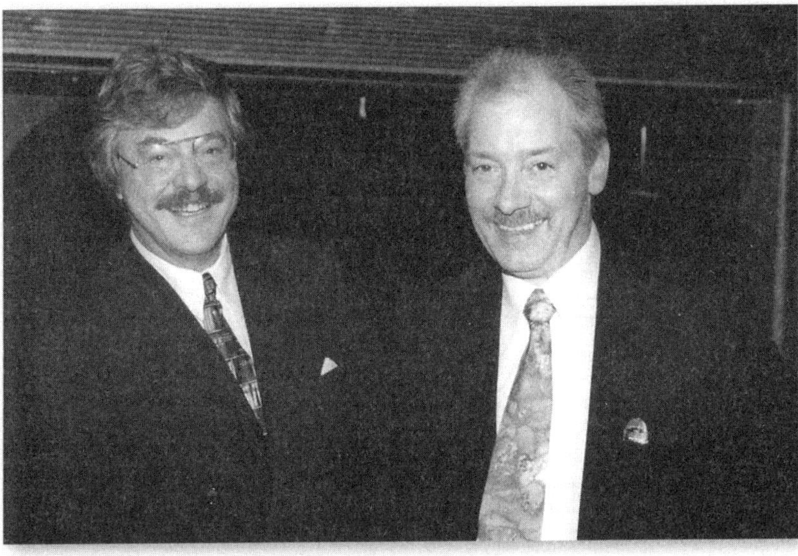

Im Jahr 2000 feierten Axel Meffert und ich das fünfjährige Jubliäum von ‚Die Siedler von Catan'.

hörte nicht nur der Verlag Langen-Müller, sondern er hielt auch die Anteilsmehrheit am damaligen Franckh-Kosmos Verlag. Kishons Festrede war wohl ein kleiner Freundschaftsdienst gegenüber seinem Verleger.

Ich erinnere mich, dass Ephraim Kishon kaum über das Spiel sprach. Er kannte es wohl nicht. Im Vordergrund seiner eher kurzen Rede stand die Problematik der israelischen Siedlungspolitik. Als ich mich später mit ihm unterhielt, erklärte er mir, dass das Wort „Catan" auf Hebräisch „klein" bedeute. Ich wusste damit nichts anzufangen. Was wollte er mir sagen? Dass mein Spiel ein Zwerg neben seinen Werken sei, womit er sicher recht hatte, oder dass mein Spiel keinen Erfolg haben würde? Wahrscheinlich, entschied ich dann, war es nur eine harmlose Bemerkung, um unserem Small Talk ein wenig Würze zu verleihen.

Reiner und ich steckten mitten in der Vorbereitung für die Ergänzung der *Siedler von Catan* für fünf und sechs Spieler, als uns Anfang Oktober 1995 eine unerwartete Nachricht aufschreckte. Reiner hatte erfahren, dass Dr. Herbert Fleissner, Geschäftsführer der damaligen Verlagsgruppe Ullstein-Langen-Müller, die größter Anteilseigner des Franckh-Kosmos Verlags war, den Spielwarenbereich an eine Firma im Südwesten Deutschlands verkauft hatte. Reiner und ich fielen aus allen Wolken.

Alle bisherigen Reaktionen der Presse, der Spieler und der Händler deuteten darauf hin, dass *Die Siedler von Catan* nicht nur im Jahr der Prämierung als „Spiel des Jahres", sondern auch in den darauffolgenden Jahren ein Verkaufsrenner werden könnte. Wie konnte man so ein Spiel gehen lassen?

Heute weiß ich, dass Dr. Herbert Fleissner aufgrund eines Beschlusses der Gesellschafterversammlung von Ullstein-Langen-Müller schon vor 1994 den Auftrag erhalten hatte, die unrentable Abteilung Spiele, Hobby, Technik des Franckh-Kosmos Verlages zu verkaufen.

Die Kommunikation zwischen Reiner und mir, die meist aus stummem gegenseitigem Kopfschütteln bestand, half uns nicht weiter. Tatsachen waren geschaffen worden, wir mussten uns ihnen stellen und uns auf die neue Situation vorbereiten. Glücklicherweise enthielt mein Lizenzvertrag mit Kosmos eine Klausel, in der zu lesen war, dass ich die Rechte an meinem Spiel zurückerhielte, sollte Kosmos sein Spieleprogramm veräußern. Damit waren Reiner und ich frei, die Lizenz der *Siedler von Catan* einem Verlag unserer Wahl anzubieten, und mussten das Spiel nicht als Teil der Verkaufsmasse in den Besitz eines Unternehmens übergehen lassen, von dem wir noch nie etwas gehört hatten.

Dennoch besuchte ich die Firma, die das Spieleprogramm von Kosmos übernehmen sollte, um mir vor Ort ein Bild von ihr zu machen. Ich erinnere mich an große, bunte Kinderfahrzeuge in den Schauräumen und diverses anderes Spielzeug, vornehmlich aus Kunststoff. Ich konnte mir *Catan* als Produkt in diesem mehr auf kleinere Kinder zugeschnittenen Portfolio nicht vorstellen. Außerdem sprang kein Funke zu den leitenden Angestellten über, mit denen ich sprach und die für das Spieleprogramm zukünftig verantwortlich sein sollten.

Auch wenn es aufgrund noch nicht geklärter Fragen bezüglich der Rechte an den Illustrationen und dem Schachtelformat einfacher gewesen wäre, dem Käufer *Die Siedler von Catan* so zu überlassen, wie es die Spieler und Händler inzwischen kannten, entschied ich mich dagegen. Reiner und ich hatten auch schon einen neuen Verlag im Sinn: Goldsieber. Wie ich Fritz kannte, würde er einen Luftsprung machen.

Aber dazu kam es nicht. Dr. Herbert Fleissner blies im letztmöglichen Moment den Verkauf ab, was massive Verärgerung bei der kaufwilligen Firma auslöste. Einer der Gründe war die Sanierung von Franckh-Kosmos durch den Verkauf verschiedener verlagseigener Zeitschriften und Magazine.

Michael Fleissner*, der Sohn von Dr. Herbert Fleissner und heutiger Geschäftsführer von Kosmos berichtet über die genauen Hintergründe:

1989 hatten wir den damals hoch verschuldeten Verlag Franckh-Kosmos zunächst mit 50 % Anteil übernommen. Das Unternehmen war in einer sehr schwierigen Lage und zunächst galt es, den Buchbereich, damals mit Abstand der wichtigste Umsatzanteil, zu sanieren. Dies konnte nur durch die rasche Tilgung der erheblichen Bank-Schulden gelingen. Auch das sogenannte Tafelsilber des Verlages musste herhalten, um das existenzgefährdete Unternehmen zu retten und um möglichst viele Arbeitsplätze zu erhalten.

Axel Meffert, mein Vater und der damalige kaufmännische Geschäftsführer Bösinger konzentrierten sich auf den Verkauf des Spielebereichs, während ich mich um den Verkauf diverser Fachzeitschriften kümmern durfte.

Die Verhandlungen mit unterschiedlichen Firmen begannen bereits Anfang der Neunzigerjahre und führten rasch zu ersten Verkaufserfolgen des angeschlagenen Unternehmens. Durch den Verkaufserlös der Fachzeitschriften Ende 1995 war Franckh-Kosmos praktisch schuldenfrei. Die zu diesem Zeitpunkt von Herrn Meffert und meinem Vater geführten Verhandlungen mit dem Karlsruher Spielwarenhersteller sowie einem amerikanisch/kanadischen Unternehmen für die Experimentierkästen wurden daraufhin umgehend abgebrochen. Dies führte zu Regressforderungen, da die Käuferseite der Meinung war, bereits über Ansprüche zu verfügen, obwohl noch kein unterschriebener Kaufvertrag vorlag. Da wir zu einem späten Zeitpunkt einen konsequenten Rückzieher gemacht hatten, erstatteten wir der Gegenseite auch sämtliche Anwaltskosten.

Die Mittel aus dem Verkauf der o.g. Assets wurden vollständig in den Verlag reinvestiert und konnten auch den Aufbau des Jahrhundertspiels CATAN beflügeln.

Der Rest ist Geschichte und führte bis heute zu den weiteren Möglichkeiten, die dem Verlag in besonderer Weise auch durch den Erfolg von CATAN entstanden sind.“

Obwohl Dr. Herbert Fleissner geraten worden war, den defizitären Spielebereich trotz der gelungenen Sanierung zu verkaufen, hatte er sich dagegen entschieden. Vielleicht hatte Dr. Fleissner dank seines verlegerischen Gespürs das Potenzial von *Catan* erkannt?

Ich war jedenfalls sehr erleichtert. Den ganzen Schlamassel wollte ich nicht erleben, und Axel Meffert traute ich es zu, *Catan* ordentlich zu vermarkten und zu vertreiben.

Ungeachtet eventueller Verkaufsabsichten begann für die Vertriebsabteilung des Kosmos Verlages ein heißer Herbst. Roswita Schuhmacher, die seit Januar 1992 bei Kosmos als Verkaufsleiterin angestellt ist, erinnert sich:

„Herr Müller hatte das Spiel 1994 auf der Tagung dem Außendienst vorgestellt. Wir haben es gespielt – es gab Vertreter, die haben es nicht verstanden. Danach verkündete Herr Müller: ‚Dies wird das Spiel des Jahres!' Wir haben ihn ausgelacht – mit dem Hinweis: ‚Dann träum mal schön weiter!'

Herr Müller sollte recht behalten.

Auf die darauf einsetzende Catan-Welle war Kosmos im Grunde gar nicht eingerichtet. Ganz am Anfang der Welle rief der Vertreter einer großen Kaufhauskette bei mir an und wollte 1.000 Spiele bestellen. Ich habe mit meiner sehr netten Art erwidert: ‚Verarschen kann ich mich selber!', und habe aufgelegt. Natürlich rief er wieder an, was mich schon ziemlich nervte, hat sich entschuldigt und ganz lieb gefragt: ‚Darf ich bestellen?'

Danach ist mir das nicht mehr passiert und es kam die große Herausforderung: ‚Wie können wir dass alles stemmen von der Produktion hin bis zur Auslieferung?' Da Kosmos selbst fakturiert hat (über einen Großrechner mit Fakturschluss 12:00 Uhr) haben wir um 11:00 alle Telefone leise geschaltet und klingeln lassen, damit wir es schafften, alle Bestellungen, die uns vorlagen, auch ins System zu bekommen. Die meiste Zeit stand ich unter Strom, und zusammen mit meinen Kollegen habe ich trotz aller Widrigkeiten irgendwie die Welle bewältigt.

Eine Marketingabteilung für Spielwaren gab es bei Kosmos nicht – irgendwann dachte ich: Vielleicht brauchen wir irgendwie ein Display. Nach Rücksprache mit der Werbung haben wir ein rotes, ganz einfaches, wirklich sehr einfaches Pappdisplay gemacht – das war unser Marketing.

Dies alles nach so vielen Jahren erscheint einem unmöglich und nicht wirklich – aber es war so.“

Auf der Messe Spiel 1995 in Essen erhielt ich den „Deutschen Spielepreis“ für *Die Siedler von Catan*. Die richtungweisende Aufmachung der Spielregel wurde mit der „Essener Feder“ gewürdigt, die jährlich für die beste Spielregel vergeben wurde. Leider wohnte Reiner den Feierlichkeiten nicht bei und konnte den Preis nicht mit mir zusammen in Empfang nehmen.

Damals hatte ich den Gipfel meiner Karriere als Spieleautor erreicht. Ich war stolz auf meine Werke und die Würdigung meiner Leistungen, aber ich war weit davon entfernt, abzuheben und die Bodenhaftung zu verlieren. Das lag zum einen an meinem Naturell. Ich mache mir nichts aus Auftritten in der Öffentlichkeit und Applaus, sondern sitze lieber zu Hause an meinem Schreibtisch und arbeite an Spielen oder teste meine Spielideen im Kreis meiner Familie und mit meinen Freunden von TM. Zum anderen ging es mir ein bisschen wie den siegreichen römischen Feldherren bei ihrem Triumphzug, wenn sie auf einem Streitwagen durch Rom zogen. Hinter ihnen stand ein Staatsdiener, der ihnen unablässig zuraunte: *„Bedenke, dass du sterblich bist.“* Mir saß zwar kein Staatsdiener im Nacken, aber eine Stimme in meinem Kopf erinnerte mich bei meinen Erfolgen an die schreckliche Brandnacht in Essen, in der unsere Kinder in Lebensgefahr geraten waren, und daran, wie schnell großem Glück noch größeres Unglück folgen konnte.

DAS CATAN-KARTENSPIEL FÜR ZWEI

Die *Siedler von Catan* haben ein Manko: Man kann nicht zufriedenstellend zu zweit siedeln. Für zwei Spieler ergibt es keinen Sinn, miteinander zu handeln, und ohne den Handel fehlt dem Spiel das Herz.

An einem ruhigen Dezemberabend 1995 saß ich in meinem kleinen Kellerraum und dachte über dieses Problem nach.

Ich erinnerte mich an das Sammelkartenspiel *Magic, the Gathering* des Autors Richard Garfield, das ich vor Kurzem mit Benjamin gespielt hatte. Es hatte uns richtig Spaß gemacht.

Magic ist kein abstraktes Stich-, Ablege-, Anlege- oder Sammel-Kartenspiel. Als ich mit Benjamin *Magic* spielte, erlebten wir eine spannende Geschichte, in der wir als Zauberer agierten, uns mit Karten duellierten und mächtige Wesen zur Hilfe herbeiriefen, um uns letztlich gegenseitig abstrakte Lebenspunkte zu rauben.

Warum nicht die Besiedlung von *Catan* für zwei Spieler nur mit Karten simulieren? Dieser Gedanke faszinierte mich. Ich sammelte Ideen. Eines Abends setzte ich mich an meinen Schreibtisch und skizzierte den Aufbau einer Siedlungsstruktur nur mithilfe von Karten.

Ich malte zunächst zwei Siedlungskarten mit einer Straßenkarte dazwischen. Über und unter der Straße sowie rechts und links der beiden Siedlungen skizzierte ich sechs Landschaften mit Würfelzahlen.

Mit dieser Siedlungsstruktur sollte jeder der beiden Spieler eine Partie beginnen. Im Spielverlauf würde ein Spieler sein Siedlungsgebiet, das ich später Fürstentum nannte, mit weiteren Straßen-, Siedlungs-, Landschafts- und Städtekarten vergrößern. Mit Ritter- und Ausbaukarten wie Getreidemühlen, Lagern und

© privat

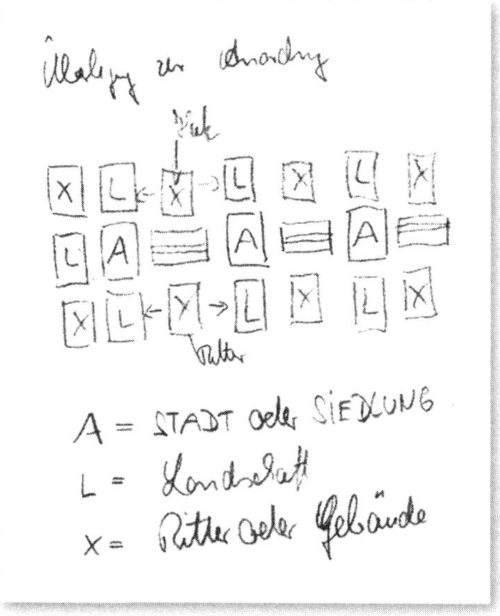

Bei den ersten Skizzen für ‚Catan – Das Kartenspiel für zwei' wird ein Fürstentum geboren.

Klöstern würden ihm unterschiedliche strategische Möglichkeiten zu Verfügung stehen, als Erster eine bestimmte Siegpunktzahl zu erreichen.

Auf was ich mich aber am meisten freute: Ich könnte mir und meinen Mitspielern einen Blick durch die Lupe auf schön illustrierte Häuser, Straßen und Gebäude auf *Catan* gönnen.

Wie immer, wenn ich wie ein Bluthund die Fährte zu einem Ziel aufgenommen hatte, breitete sich eine prickelnde Wärme in meinem Inneren aus. Aufgeregt überdachte ich noch einmal meine Ideen.

„Das wird nicht gut funktionieren", meldete sich prompt Gefährte Zweifel in meinen Gedanken. „Es sind zu viele Karten im Spiel, die ein Spieler auf der Hand halten muss. Zum einen die Karten, mit denen er sein Fürstentum ausbauen möchte, zum anderen die Rohstoffkarten, die er erhält, wenn die Zahl eine seiner Landschaften würfelt. Das wird sehr unübersichtlich."

Frustriert stimmte ich Gefährte Zweifel zu. Ich überlegte wie ich die Rohstoffkarten einsparen könnte …

Ich stellte mir vor, die Karten für den Ausbau des Fürstentums seien nicht länglich wie Skatkarten, sondern quadratisch …

Dann wäre diese Karte gut drehbar und ich könnte auf den vier Seiten der Landschaftskarten jeweils 0, 1, 2, oder 3 Rohstoffe der zugehörigen Landschaft abbilden …

Wie viele Rohstoffe ein Spieler in einer Landschaft besitzt, könnte er auf der unteren Seite ablesen. Wenn er Rohstoffe erhält oder für den Bau einer Karte abgibt, dreht er die entsprechenden Landschaften pro Rohstoff einfach um 90 Grad nach links oder nach rechts.

„Nicht übel", meinte Gefährte Zweifel, fing aber gleich wieder an zu stänkern: „Die Änderung des Zustands einer Karte durch Drehung hat Richard Garfield in seinem ‚Magic' bereits erfunden. Meinst du nicht, wir klauen ihm seine Idee?"

Ich entschied, dem Zweifel meines Gefährten diesmal nicht nachzugeben.

„Richard Garfield TAPPT seine Karten, was heißt, er stellt sie leicht schräg, um anzuzeigen, dass er sie in seinem Spielzug benutzt hat. Wir DREHEN unsere Landschaftskarten, um auf der unteren Seite der Karten die Anzahl der Rohstoffe anzuzeigen, über die wir verfügen können. Klar, Richard gab uns mit dem ‚Tappen' von Karten den Anstoß zu unserer Idee. Aber wir haben seinen Mechanismus nicht kopiert, sondern etwas Neues geschaffen. Wenn es uns Menschen verboten wäre, auf der Basis von Ideen unserer Mitmenschen neue Ideen zu entwickeln, säßen wir immer noch an den Lagerfeuern der Steinzeit. Können wir nicht endlich Frieden mit unserem Klau-Trauma schließen?"

Mit „Klau-Trauma“ streifte ich einen wunden Punkt in meiner Seele.

Als ich fünf Jahre alt war, spielte ich gern mit Frank, einem Jungen in der Nachbarschaft. Frank war wie ich ein Einzelkind. Doch während meine Mutter noch eine junge Frau war, kam mir Franks Mutter eher wie eine Großmutter vor. Frank war ein spätgeborenes Kind, und diesem Umstand entsprechend wurde er noch viel wohler behütet als ich und besaß auch wesentlich mehr Spielsachen.

Ich mochte es sehr, mit seinem großen Parkhaus zu spielen, die vielen Miniaturautos dort zu parken oder mit ihnen durch die Straßen einer kleinen nachgebauten Stadt zu flitzen. Ein kleines, äußerst detailreich gestaltetes Feuerwehrauto in Franks riesigem Fuhrpark hatte es mir besonders angetan. Ich war so sehr von ihm fasziniert, dass ich es eines Tages einfach in einer Tasche meiner Lederhose verschwinden ließ und mich danach eilig von Frank verabschiedete.

Schon auf dem Nachhauseweg fühlte ich mich unwohl. Das Feuerwehrauto in meiner Tasche drückte anklagend an meinen Oberschenkel. Zu Hause angekommen, versteckte ich es schnell in meinem Zimmer. Ich konnte mich an meiner Beute nicht erfreuen. Ich wusste, ich hatte unrecht getan. Der Anblick des Feuerwehrautos erinnerte mich daran und bestrafte mich mit einem immer schlechter werdenden Gewissen.

Als ich Frank ein paar Tage später wieder besuchte, stellte mich seine Mutter zur Rede und fragte mich unverblümt, ob ich Franks Feuerwehrauto gestohlen hätte. Während ich ein „Nein“ stotterte, spürte ich, wie mir mein Blut in den Kopf schoss und ihn wahrscheinlich in der Farbe der gestohlenen Spielzeugs leuchten ließ.

Ich fühlte, sie wusste, dass ich der Übeltäter war. Wer sonst sollte es auch gewesen sein. Der behütete Frank hatte außer mir keine Freunde, die ihn besuchten. Franks Mutter bekam wohl Mitleid mit mir und forschte nicht weiter.

Noch am gleichen Tag vergrub ich das schöne Feuerwehrauto an einer Ecke des Hinterhofs meines Zuhauses tief in der Erde. Dort ruht es wahrscheinlich noch heute.

Ich war als Fünfjähriger nicht mutig genug gewesen, mich zu meiner Tat zu bekennen und das Feuerwehrauto einfach zurückzugeben. Die Strafe für meinen Diebstahl war ein lang anhaltendes schlechtes Gewissen. Auch wurde ich von Franks Mutter nie mehr zum Spielen mit ihrem Sohn eingeladen.

Das war mir eine Lehre, dir nicht nur bewirkte, dass ich nie mehr etwas stahl; sie führte später auch dazu, dass ich davor zurückschreckte, mich am geistigen Eigentum einer Autorenkollegin oder eines Kollegen zu vergreifen. Wenn ich Spiele entwickelte, orientierte ich mich nie an Mechanismen bereits erfundener Spiele. Vielleicht wurden meinen Spielen auch aus diesem Grund frische Ideen und Originalität nachgesagt.

Ich ließ mich von Zweifeln nicht weiter beirren. Das Drehen von Landschaftskarten, um verschiedene Mengen Rohstoffe anzuzeigen, war eine eigenständige Idee. Danke, Richard Garfield für den Anstoß zu dieser Eingebung.

Im Herbst 1996 erschien meine *Catan*-Version für zwei Spieler. Die Vorbestellungen für die Neuerscheinung waren unerwartet hoch. Kosmos hatte damit gerechnet, in den ersten Jahren 10.000 bis 20.000 Exemplare zu verkaufen, was schon ein schöner Erfolg gewesen wäre. Aber es sollten wesentlich mehr werden.

1997 nahm die die Jury „Spiel des Jahres“ *Die Siedler von Catan – Das Kartenspiel für zwei Spieler* in ihre Auswahlliste von 1997 auf, und beim „Deutschen Spielepreis“ wurde es auf den zweiten Platz gewählt. Bis 2009, als wir das Spiel reformierten und es zunächst *Die Fürsten von Catan* und später dann *Catan – Das Duell* nannten, war es 1,4 Millionen Mal über die Ladentheke gegangen.

Als der Handel das Brettspiel 1996 noch stärker orderte als im Erscheinungsjahr zuvor und sich auch ein großer Erfolg für das Zweipersonenspiel abzeichnete, beschlich mich langsam die Ahnung, mit *Die Siedler von Catan* ein Ausnahmespiel entwickelt zu haben. Erstmals lagen die Verkaufszahlen eines meiner Spiele im Folgejahr höher als im Erscheinungsjahr. Claudia und ich hatten nun endlich die Mittel, uns räumlich zu verändern. So hielten wir ab 1997 nach einer Immobilie Ausschau, die Platz genug für ein Spieleentwickler-Studio und unsere privaten Wohnbedürfnisse bot.

Mitte 1996 begann ich mit der Entwicklung der heutigen *Seefahrer*-Erweiterung. Meines Wissens war *Die Siedler von Catan* das erste Spiel, dem eine Erweiterung folgte. Was damals eine Novität war, ist heute Alltag. Fast jedes erfolgreiche Spiel wird inzwischen mit einer oder mit mehreren Erweiterungen ausgebaut.

Viele vermuten, der Verlag habe mich zu den Erweiterungen und den vielen Ablegern gedrängt, um *Die Siedler von Catan* auszupressen wie eine Zitrone und die letzte Münze aus ihm herauszuholen. Diese Vermutung ist falsch. Immer war ich es, der dem Verlag eine neue Idee anbot, die natürlich gern gesehen und angenommen wurde.

Die Erweiterungen dachte ich mir nicht krampfhaft aus; sie waren im Spielsystem schon angelegt. Schon in meinem ersten Entwurf konnten Inseln entdeckt und besiedelt werden, was ich in der *Seefahrer*-Erweiterung wieder aufgriff. Hatte ich während der Entwicklung *Die Siedler von Catan* auf den wesentlichen Kern abgespeckt, bot sich mir durch den Erfolg nun die Gelegenheit, das Spiel mit Elementen zu bereichern, von denen ich mich zuvor schweren Herzens getrennt hatte.

Vielleicht, liebe Leserinnen und Leser, werden Sie jetzt verwundert feststellen, dass Sie noch ein paar Seiten in meinem Buch vor sich haben. Eigentlich, werden Sie vermuten, müsste ich auf meinem Weg nach *Catan* doch an meinem Ziel angekommen sein und damit auch das Buch ein Ende finden. Aber ich hatte 1995 mein Ziel noch nicht ganz erreicht. Es fehlten noch Spielelemente, wie beispielsweise bewegliche Ritterfiguren und Metropolen, die ich im zweiten Konzept *Kolonisation* nutzte und die eine größere strategische Vielfalt ermöglichten. Ich wusste damals, nach der *Seefahrer*-Erweiterung würde ich eine zweite Erweiterung in Angriff nehmen, die *Catan* zum dem Spiel werden lassen sollte, das ich mir zu Beginn meiner Entwicklungsarbeit gewünscht hatte. Erst 1998 sollte ich dieses Ziel erreichen.

AB DIE POST

In den Jahren 1996 und 1997 ging dank der Arbeit von TM bei Goldsieber im wahrsten Sinne des Wortes die Post ab. Fast alle Spiele, die wir in diesen zwei Jahren zur Verlagsreife gebracht hatten, tauchten auf der Auswahlliste zum „Spiel des Jahres“ oder in den Top Ten des „Deutschen Spielepreises“ auf.

1996 belegte mein Spiel *Entdecker* den zweiten Platz beim „Deutschen Spielepreis“ und wurde zum zweiterfolgreichsten Spiel des von uns betreuten Goldsieber-Programms. Nachdem ich mich 1993 bei der Entwicklung von *Kolonisation* vom Entdecken verabschiedet hatte, arbeitete ich parallel zu meinem Besiedlungsspiel an meinem ersten Entwurf zu *Kolonisation* mit dem Ziel weiter, ein reines Entdeckerspiel zu kreieren. Das gelang mir schließlich auch, und getreu dem Spielgeschehen nannte ich das Spiel einfach *Entdecker*.

Die Krönungen waren jedoch *Mississippi Queen* von Werner Hodel, das von der Jury zum „Spiel des Jahres“ 1997 gewählt wurde, und mein Strategiespiel *Löwenherz,* dem im gleichen Jahr der „Deutsche Spielepreis“ zugesprochen wurde.*

Natürlich war auch unser Freund Karl Hering wieder mit von der Partie. Braun gebrannt und muskelgestählt erschien er uns und meinte, inzwischen genug frische Luft gebunkert zu haben und des ewigen Sänftentragens müde zu sein. Als er von unserem Spiel *Ab die Post* von Helga und Hermann Huber hörte, in dem wagemutige Postpiloten in altersschwachen Doppeldeckern um die Wette fliegen, war er sofort Feuer und Flamme, sich bei uns als Pilot zu bewerben. Ein aufregendes Fliegerabenteuer sei nach dem langweiligen Sänftengerenne jetzt genau das Richtige für ihn.

Wir warnten ihn, dass er beim Wettfliegen all den vielen Orkanen und Stürmen nicht immer werde ausweichen können und

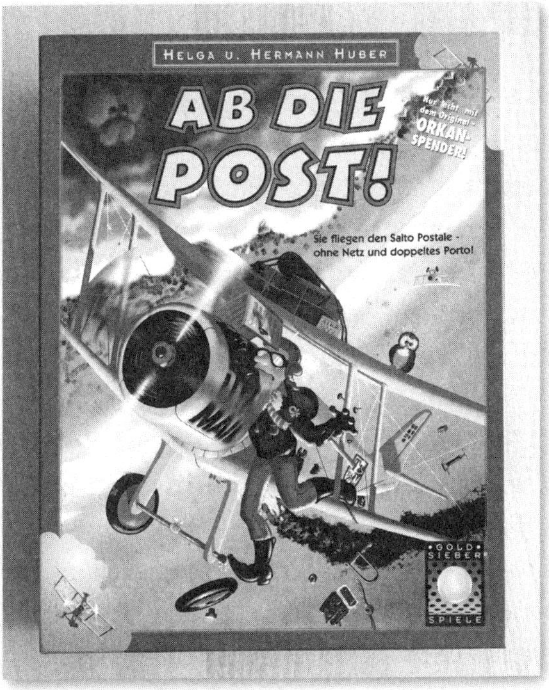

Auch bei ‚Ab die Post' stand Karl Hering kurz vor einer seiner vielen Bruchlandungen.

ihm die eine oder andere Bruchlandung bevorstehen werde. Doch das kümmerte Karl Hering nicht. Er meinte, er sei es gewohnt, zu Boden geschickt zu werden, ob mit oder ohne Doppeldecker, sei ihm letztlich wurscht.

So viel Heldentum wollten wir belohnen und bildeten Karl auf dem Cover kurz vor einer seiner zahlreichen Bruchlandungen ab. Von da an lautete sein Spitzname nicht mehr „Gräte" sondern „Bruchpilot".

Leider lief das 1996 erschienene Spiel nicht sehr erfolgreich, was durchaus an der Mitwirkung von Karl Hering gelegen haben könnte.

EIN ARBEITGEBER ZU VIEL

Mitte 1995 bis Mitte 1997 betreuten wir als TM-Verlag sowohl das Programm von Goldsieber als auch das von Kosmos. Offiziell war TM zwar nur für das Goldsieber-Programm zuständig, aber es ergab sich einfach, dass wir Reiner auch beim Testen der Spiele für Kosmos halfen. Reiner wiederum war als Redakteur für beide Programme verantwortlich. Ganz schön kompliziert.

In dieser Zeit trafen wir uns im großen Aufenthaltsraum des Dentallabors. An den Wochenenden wurde er von den Angestellten des Labors nicht benötigt und wir hatten viel Platz für unsere Arbeit.

Arbeit? Wenn eine Mitarbeiterin des Labors freitags etwas länger bleiben musste und uns fünf zusammensitzen und spielen sah, nicht selten auch lachen und feixen hörte, dachte sie wahrscheinlich, wir hätten es gut, unser Geld spielend zu verdienen.*

Tatsächlich wissen viele Menschen nicht, wie viel Aufwand in der Entwicklung und der redaktionellen Bearbeitung eines Spiels steckt. Manche glauben, ein Spieleautor kritzle eine vermeintlich tolle Idee auf ein Blatt Papier und schicke sie an einen Verlag. Der Verlag gebe dann die Illustration in Auftrag, produziere das Spiel und schon fließe das Geld.

So einfach geht das leider nicht. Die Redakteure größerer Verlage erhalten täglich mehrere Spielevorschläge. Um deren Wert beurteilen zu können, müssen sie sie spielen können. Daher hat ein Spiel meist nur dann eine Chance, wenn es als spielbares Muster mit einer einigermaßen verständlichen Regel eingereicht wird.

So saßen wir dann an manchem Wochenende vor einem Stapel von Spielemustern, die Reiner oder Wolfgang ausgewählt hatten und die in die engere Wahl für eine Veröffentlichung kamen.

Wir spielten sie alle. Oft nur bis zur Hälfte, wenn die Substanz eines Spiels zu dünn war. Solche Spiele schickte Wolfgang mit einem höflichen Ablehnungsschreiben, in dem er die Mängel des Spiels aufführte, an den Autor oder die Autorin zurück. Andere Spiele hatten zwar Substanz, waren aber noch nicht ausgereift. Diese Spiele behielten wir vorerst, entwickelten eigene Ideen dazu und teilten den jeweiligen Urhebern unsere Gedanken mit. Oft erhielten wir danach tatsächlich ein besseres Spiel. Nur wenige Spiele, die auf unseren Tisch kamen, waren schon fast perfekt.

Gut die Hälfte unserer Zeit galt der Gestaltung der Spiele, die wir zur Veröffentlichung ausgewählt hatten. Meist mussten wir ein neues, passendes Thema finden, das frisch wirkte und zu den anderen Spielen des jeweiligen Verlags passte. Hatten wir uns nach oft langen Diskussionen alle mit einem Thema angefreundet, beauftragte Wolfgang oder Reiner eine Illustratorin oder einen Illustrator mit ersten Entwürfen, die wir dann bei unserem nächsten Treffen sichteten, und wir besprachen, wie die Illustrationen fortgeführt werden sollten.

Ein ansprechender Titel musste her, spannende Untertitel mussten gefunden und animierende Schachteltexte verfasst werden. Schließlich hatten wir für jedes Spiel auch noch eine verständliche Regel zu schreiben.

Ja, es war viel Arbeit, bis ein Spiel endlich in Produktion ging. Aber es war eine Arbeit, die uns Freude bereitete. Das lag weniger an unserer Tätigkeit, sondern mehr an dem Spaß, den wir miteinander hatten. Wir verstanden und ergänzten uns gut und nur selten kamen Verstimmungen auf. Wenn, dann meist am dritten Tag, wenn wir fünf Männer viele Stunden zusammengehockt hatten, sich auf unseren Gesichtern eine gewisse Müdigkeit einnistete und sich in unseren Mägen leichte Aggression zu regen begann.

Allein für die Neuheiten in Nürnberg 1996 musste Reiner für Goldsieber und Kosmos zehn Spiele zur Verlagsreife bringen. Reiner war überlastet. Als die Goldsieber-Spiele ausgeliefert wurden, fuhr uns allen der Schreck in die Glieder: Auf jedem Spiel fehlte der Barcode.

Zehntausende von Spielen waren somit zunächst einmal unverkäuflich. Wie dieser Fehler passiert war, konnten wir nachträglich nicht mehr rekonstruieren; in jedem Fall aber wurde Reiner von Simba Toys dafür verantwortlich gemacht.

Nach dem Motto „Reiner für alle, alle für Reiner“ standen wir gemeinsam hinter ihm und zahlten 16.000,– DM für das nachträgliche Aufkleben von Barcodes auf die Schachteln.

Eine weitere Konsequenz unseres Missgeschicks war die Aufgabenteilung zwischen Reiner und Wolfgang. Wolfgang war ab 1996 verantwortlicher Redakteur für die Goldsieber-Spiele, Reiners Redaktionsarbeit beschränkte sich auf die Spiele von Kosmos.

Die Trennung der Arbeitsbereiche war segensreich. Wolfgang machte seine Arbeit sehr gut und die Neuheiten beider Verlage für die Nürnberger Spielwarenmesse 1997 wurden ohne Pannen ausgeliefert. Wir konnten eigentlich zufrieden sein. Aber es zermürbte uns, auf Dauer zwei Herren zu dienen. Zudem kündigten sowohl Simba Toys als auch Kosmos an, zukünftig neue Spiele-Produktlinien etablieren zu wollen. In der Folge wären Reiner und Wolfgang gezwungen gewesen, noch mehr Spiele redaktionell zu bearbeiten, und wir hätten uns öfter als nur einmal im Monat treffen müssen, um die vielen von Reiner und Wolfgang ausgesuchten Prototypen von Autoren zu testen und zu bearbeiten. Das war weder mir noch Peter möglich. Wir hatten beide noch einen Hauptberuf, den wir nicht vernachlässigen wollten.

Auch hatte ich durch die entspannte Situation im Dentallabor endlich mehr Zeit für meine Familie und meine eigenen Spieleentwicklungen. Diese Zeit war ich nicht bereit, für noch häufigere Redaktionstreffen mit TM zu opfern.

Wir mussten uns für einen Verlag entscheiden.

Axel Meffert von Kosmos war auch nicht zufrieden. Reiners Engagement für einen konkurrierenden Verlag war ihm naturgemäß ein Dorn im Auge. In Gesprächen mit mir hatte er wohl gespürt, dass wir nicht mit Goldsieber verheiratet waren und ich nicht glücklich mit der Situation war.

Axel Meffert war ein Macher und so zögerte er nicht lange und unterbreitete uns ein attraktives Angebot. Besonders die beiden Trümpfe, die er zusätzlich aus dem Ärmel schüttelte, beeindruckten uns. Der eine war ein Angebot an Fritz, die Öffentlichkeitsarbeit für ganz Kosmos zu übernehmen. Der andere war die Erlaubnis, unter unserer Marke *TM* pro Jahr ein eigenes Spiel zu produzieren, das von Kosmos vertrieben werden sollte.

Damit hatte Axel Meffert das Spiel gewonnen. Wir kündigten unseren Vertrag mit Simba Toys und unterschrieben einen Dienstleistungsverlag mit Kosmos.

Konsequenterweise nahmen wir Fritz, den frischgebackenen Mitarbeiter von Kosmos, in unsere TM-Reihen auf. Reiner und ich traten jeweils einen Teil unserer Anteile an ihn ab.

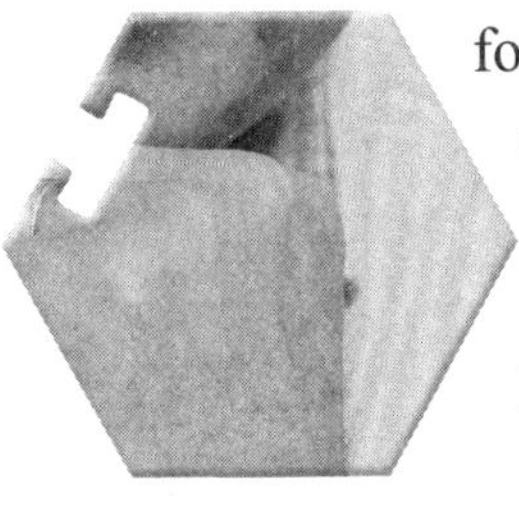

Auch bei Kosmos setzten wir unsere Erfolge fort. Allein 1998 tauchten drei unserer Spiele auf der Auswahlliste zum „Spiel des Jahres“ auf. Im Jahr 2008 gewannen wir mit *Keltis* von Reiner Knizia unser zweites „Spiel des Jahres“.

Axel Meffert war beeindruckt von den hohen Umsatzzahlen des *Catan*-Kartenspiels und wünschte sich weitere Zweierspiele von uns. Ein erstes sollte schon im Herbst 1997 zur Spielemesse in Essen erscheinen. Uns blieben gerade drei Monate Zeit, das gewünschte Spiel aus dem Hut zu zaubern.

Wir überlegten. Hatte Wolfgang nicht ein *Risiko*-Kartenspiel für zwei Spieler in der Schublade? Ein Spiel, das die Firma Parker mit der Begründung abgelehnt hatte, ein Zweierspiel passe nicht in ihr Programm?

Hatte er, und es war eine glückliche Fügung, auf ein gutes, fast fertiges Spiel zurückgreifen zu können. Allerdings mussten wir das Thema ändern. Schließlich war *Risiko* eine Marke der Firma Parker und keine von Kosmos.

Da Zweierspiele gern von Paaren gespielt werden, suchten wir nach einem berühmten Liebespaar, mit dem sich Frau und Mann identifizieren können und dem man zutraute, auch einmal gegeneinander zu intrigieren. Wir entschieden uns für *Cäsar und Kleopatra* und nannten so auch das Spiel.

Auch *Cäsar und Kleopatra* räumte Preise ab und verkaufte sich sehr gut. Spätestens damit hatten wir bei der Geburt der inzwischen legendären Kosmos-Marke *Spiele für 2* Pate gestanden. Wir sollten den beiden Pionierspielen noch viele schöne Zweierspiele folgen lassen.

DIE SIEDLER WEITER AUF ERFOLGSKURS

Als ich im März 1998 meine Kosmos-Lizenzabrechnung für das Jahr 1997 in den Händen hielt, traute ich meinen Augen kaum. Waren die Umsätze des Grundspiels von *Die Siedler von Catan* schon 1996 im Vergleich zum Erscheinungsjahr gestiegen, so waren sie im Vergleich zu 1996 nochmals beträchtlich gewachsen. Damit war es Kosmos gelungen, in den ersten drei Jahren weit mehr als eine Million Grundspiele zu verkaufen.

Jährliche Umsatzsteigerungen war ich von meinen vielen bisher veröffentlichten Spielen nicht gewohnt. Als handele es sich um ein ungeschriebenes Gesetz, war deren Umsatz jährlich mal mehr, mal weniger stark, aber verlässlich wie der tägliche Sonnenuntergang geschrumpft.

Als mir Reiner 1994 im Brustton der Überzeugung einen Millionenerfolg der *Siedler von Catan* prophezeit hatte, hatte ich nur mit einem gutmütigen Lächeln reagiert. Ich hatte ihm nicht geglaubt; seine optimistische Voraussage war mir ziemlich realitätsfremd erschienen.

Obwohl mir Claudia im Lauf unserer Ehe hin und wieder vorwarf, ich sei ein unverbesserlicher Optimist, was ich im Grunde auch bin, war ich im Glauben an den Erfolg der *Siedler von Catan* ein überzeugter Pessimist. Ich zweifelte nicht an der Qualität des Spiels – schließlich hatte ich erfahren, wie gut es bei meinen Mitspielern ankam. Aber ich hatte große Bedenken wegen des – zumindest für damalige Verhältnisse – recht komplexen Spielverlaufs. Auch wenn die Regel für ihre gute Verständlichkeit mit der „Essener Feder“ ausgezeichnet worden war, sah ich darin keinen Garanten für einen Erfolg. Ich glaubte, es gebe zu wenige Menschen, die sich nach dem Studium der Spielübersicht auf der

Vorderseite des Regelblattes auch noch die zweite Seite mit den detaillierten Regeln zumuten würden.

Reiner behielt schließlich, wie so oft, recht, und ich hatte mich getäuscht. Doch warum?

Der Preis „Spiel des Jahres" erzeugte in den deutschsprachigen Ländern eine große Aufmerksamkeit für *Die Siedler von Catan* oder einfach *Catan,* wie das Spiel heute heißt. Sie wirkte als Initialzündung, die viele Menschen im ersten Jahr zur Schachtel mit der gelben Sonne hinter der Siedlungssilhouette greifen ließ. Doch von dieser Initialzündung hatten meine drei in den Jahren zuvor mit dem roten Pöppel ausgezeichneten Spiele ebenfalls profitiert. Warum war dann ihr Umsatz jährlich zurückgegangen, während der Umsatz der *Siedler von Catan* in den ersten Jahren nach oben schoss?

Ich bin überzeugt, es lag an der großen Begeisterung, die das Spiel anfangs vor allem bei Studenten weckte.

Wer kennt den Drang nicht, seinen Mitmenschen ein tolles Erlebnis mitzuteilen? Wir lechzen geradezu danach, außerordentliche Erfahrungen mit anderen zu teilen. Ohne es zu wollen, werden wir zu Missionaren. Dann geben wir Sätze von uns wie: „Letzte Woche habe ich einen fantastischen Roman gelesen, den musst du dir unbedingt kaufen." Oder: „Gestern war ich im Kino, der Film war spitze, den musst du gesehen haben." Oder: „Wir haben am Wochenende ein neues Brettspiel kennengelernt, das war so was von cool. Kommt doch am Samstag vorbei. Wir bringen es euch gern bei."

Wenn ein Produkt bei vielen Menschen Begeisterung erzeugt, wird es von Mund zu Mund weiterempfohlen. Wenn die Empfehlungen fruchten, multiplizieren sie sich und wachsen gleich einem an einem Hang hinunterkullernden Schneeball zu einer Lawine an.

Erlebt ein Spiel einen solchen Hype, stellen ein etwas komplexerer Spielverlauf und die daraus resultierende längere Regel keine Hürde mehr dar. Mit missionarischem Eifer erklärten begeisterte Menschen ihren Freunden die Regeln der *Siedler von Catan*.

Die Mund-zu-Mund-Propaganda war um die Jahrtausendwende auch in anderen Ländern der Schlüssel zum Erfolg von *Catan*. Allerdings dauerte es wesentlich länger, da in diesen Ländern die Initialzündung der damals hauptsächlich im deutschsprachigen Raum bekannten Auszeichnung „Spiel des Jahres" fehlte.

Was aber begeisterte die Menschen an *Catan* so sehr? Diese Frage wurde mir von Journalistinnen und Journalisten so oft gestellt, dass ich sie fast im Schlaf beantworte kann. In meiner kurzen Standardantwort führe ich meist die folgenden drei Wesensmerkmale auf: Das Spiel ist interaktiv; jeder ist am Spielgeschehen jederzeit beteiligt. Es ist konstruktiv; was sich die Spieler aufgebaut haben, kann nicht zerstört werden. Das Spielfeld ist variabel; kein Spiel gleicht dem anderen.

Die Kombination dieser drei Eigenschaften war in der damaligen Zeit etwas Neues in der Welt der Brettspiele. Aber es gibt noch zwei weitere für den Erfolg *Catans* entscheidende Wesensmerkmale, die ich in Interviews meist unter den Tisch fallen lasse, da ich zu weit ausholen muss, um sie zu erklären.

Das eine ist das Würfelglück. Es werden nicht immer die Zahlen gewürfelt, die man für den Nachschub an Rohstoffen braucht. Es ist Pech, wenn ein Spieler beispielsweise zwei Siedlungen an Landschaften mit einer normalerweise ertragreichen „8" gegründet hat, die „8" aber partout nicht gewürfelt wird. Stattdessen kommt mehrmals hintereinander die statistisch eher seltenere „3", an deren Landschaften der Spieler weder mit einer Stadt noch einer Siedlung vertreten ist. „Blödes Würfelglück", „So ein Mist", „Schon wieder die ‚3'", „Das kann doch nicht wahr sein", sind dann typische Äußerungen, die sich dem Unglücklichen über die Lippen drängen. Jeder Mitspieler bekommt das Schicksal des Unglücksraben hautnah mit. Und wenn er dann verloren hat und verkündet, er habe eine blöde Pechsträhne gehabt, geben ihm seine Mitspieler recht und klopfen ihm tröstend und verständnisvoll auf die Schulter.

Der Verlierer hat sein Gesicht gewahrt, er hat nicht schlecht gespielt, er hatte diesmal einfach nur kein Glück. Vor der nächsten Partie muss er sich nicht fürchten. Denn wenn er dann wieder verliert, kann er seine Pechsträhne dafür verantwortlich machen. Gewinnt er aber trotz manch unglücklicher Würfelwürfe kann er als genialer Sieger auftrumpfen.

Bei einem rein strategischen Spiel ohne jeden Glücksfaktor sieht das anders aus. Wenn ich ein solches Spiel öfter hintereinander verliere, fühle ich mich zwangsläufig dümmer als meine Mitspieler und fürchte mich davor, es nochmals zu spielen, wieder zu verlieren und den Anschein meiner Unzulänglichkeit noch weiter zu vertiefen. Ich verliere die Freude an diesem Spiel, auch wenn ich es ansonsten toll finde.

Im Verbund mit den anderen oben genannten Wesensmerkmalen hat das Glücksmoment daher einen entscheidenden Anteil am Erfolg von *Catan*. Denn es gibt keine Verlierer bei *Catan,* es gibt nur Unglücksraben.

Obschon *Catan* ein Glücksmoment innewohnt, wird es nicht vom Glück dominiert. Wie bei *Doppelkopf* setzt sich auch bei *Catan* über mehrere Partien der versiertere Spieler durch. Das beweisen die Teilnehmer an nationalen oder internationalen Meisterschaften. Nicht ohne Grund sieht man in den oberen Rängen der Meisterschaftslisten immer wieder bekannte Namen.

Catan besitzt einen ausbalancierten Glücksfaktor. Mit ausbalanciert meine ich die Möglichkeit, auftretendem Würfelpech ak-

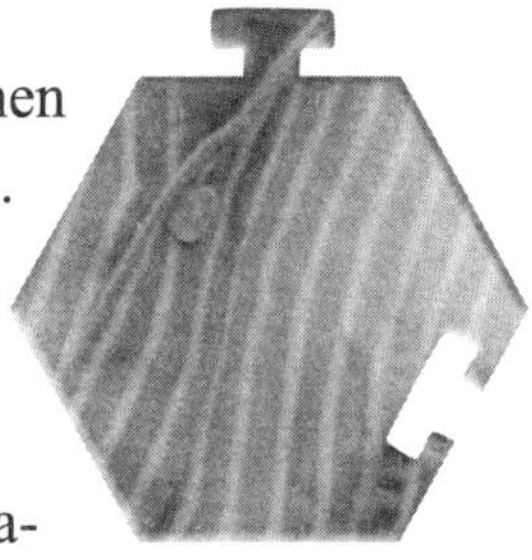

tiv entgegenzuwirken, es abmildern zu können und ihm so nicht hilflos ausgeliefert zu sein. Ich kann beispielsweise versuchen, meine ersten beiden Siedlungen an möglichst unterschiedlichen Landschaftsfeldern mit vielen verschiedenen Zahlen zu gründen. Damit mache ich mich vom Ergebnis der Würfelwürfe unabhängiger.

Ich sollte die Lage der Häfen berücksichtigen. Wenn ich meine Siedlungen beispielsweise an ertragreichen Weidelandschaften errichtet habe und mit guten Einkünften von Wolle rechnen darf, sollte ich den Wolle-Hafen im Auge behalten und dort möglichst bald eine Siedlung gründen. Dann kann ich meine Überschüsse an Wolle im Verhältnis 2:1 gegen einen dringend benötigten Rohstoff, der mir wegen unglücklicher Würfelwürfe versagt bleibt, günstig mit der Bank tauschen.

Es liegt mir fern, in diesem Buch Tipps für Spieleanfänger zu geben. Die Feinheiten des Spiels sollte jeder für sich entdecken, oder, wenn er dazu keine Geduld hat, sich Hilfe im Internet suchen. Aber einen Tipp kann ich mir nicht verkneifen: Versuchen Sie nie, am Anfang des Spiels die beiden Siegpunkte für die Längste Handelsstraße zu erringen. Das kostet Sie nur viele Rohstoffe für Straßen, die Ihnen im Gegensatz zum frühen Bau von Siedlungen oder Städten keine neuen Rohstofferträge bringen. Ich habe schon viele Anfänger gesehen, denen es zwar gelungen war, ihre Längste Handelsstraße mit Klauen und Zähnen bis zum Spielende zu verteidigen, die aber sonst nichts zustande brachten und mit nur vier Siegpunkten kläglich verloren.

Aber nicht nur mit meiner Spielweise kann ich Einfluss auf die Auswirkung der Würfelergebnisse nehmen, sondern auch mithilfe des zweiten Wesensmerkmals, das ich bei Interviews meist nicht erwähne: der sozialen Interaktion. Wer über sein Würfelpech jammert oder auf die geringe Anzahl seiner Siegpunkte hinweist, hat bessere Chancen auf eine gute Tauschaktion oder darauf, vom Räuber verschont zu werden, als ein schweigender Spieler. Hilfreich kann es auch sein, im rechten Moment gegen einen Führenden zu sticheln, um von sich selber abzulenken. Mein Sohn Benjamin weiß ein Lied davon zu singen.

Auch kann es sich lohnen, einem Mitspieler bei einem Handel gefällig zu sein, um von ihm später ebenfalls eine Gefälligkeit zu erbitten.

Alle fünf von mir aufgezählten Eigenschaften ergeben zusammen ein lebendiges, immer wieder neues Spielerlebnis, das sich wie ein kleines Stück Leben anfühlt, aber – egal, wie es ausgeht – immer ohne Konsequenzen bleibt und Lust auf das nächste Siedlerabenteuer erweckt. Es ist die besondere, fein abgestimmte Mixtur verschiedener Spielelemente, die viele Menschen anspricht. Eine Mixtur, von der ich zu Beginn der Entwicklung von *Catan* nichts wusste, die sich aber während der Entwicklung ganz natürlich ergab.

Ich erhielt viele Briefe von begeisterten *Catan*-Spielerinnen und Spielern, von denen ich den in meinen Augen schönsten gern zitiere:

„Liebes Catan-Team, Lisas DIE SIEDLER VON CATAN-Spiel fällt langsam, aber sicher auseinander, trotzdem würde sie es in kein Spiel der Welt umtauschen!!! Sie ist jetzt 19, und CATAN spielt Lisa schon, seit sie zwölf ist. Selbstverständlich ist ein Alter von sieben Jahren für ein Kosmos-Spiel kein Grund zum Auseinanderfallen, aber wo ihr liebes Siedler-Spiel schon überallhin *mitgeschleppt wurde …*

Zu Weihnachten 1995 bekamen Lisa und ihr Bruder die Insel geschenkt. Noch in derselben Nacht wurde die „Startaufstellung für Einsteiger" aufgebaut, gründlich studiert und bespielt. Ebenfalls an diesem Heiligabend wurde die Abneigung ihres Bruders gegen die Siedler durch einen Streit ausgelöst. Er wollte einfach nicht verstehen, dass der kleine „Siedler-Almanach" NICHT DIE SPIELANLEITUNG war!

Schon am nächsten Tag trat der Spiel-Karton seine erste Reise an; da ging es zwar nur bis zur Oma (gute 300 km), aber das sollte sich im Laufe der Jahre noch erheblich steigern. So ist Lisas Siedler-Spiel mittlerweile in nahezu sämtlichen europäischen Ländern gewesen, u. a. Belgien, Luxemburg, Frankreich, England, Schottland, Dänemark, Polen, Tschechien, Österreich, Italien, Spanien und unzählige Male in Holland.

Aber auch auf andere Kontinente ist es gekommen: So hatte es zum Beispiel in Venezuela heftige Regenfälle im Urwald zu überstehen, wurde in Benin (Afrika) von verwilderten Ziegen angefressen und besabbert oder stand eine Sommernacht in Spitzbergen vor der Hütte im Tauwasser. Es wurde beim Zelten als Kopfkissen missbraucht, stand in einer ziemlich luxuriösen Suite auf dem Mahagonitischchen oder wurde argwöhnisch von Eingeborenen betrachtet.

Die Kiste hat Rucksacktouren und All-inclusive-Urlaube hinter sich gebracht. Ja, selbst über den Wolken auf einem Interkontinentalflug irgendwo zwischen Frankfurt und Singapur wurde Lisas CATAN-Spiel schon gespielt! [...] Es ist meine Liebeserklärung an das beste Spiel der Welt und an euch geworden! Vielen Dank!!! Allerbeste Grüße von der Lisa"

Auch auf Spiele-Veranstaltungen wie der Messe in Essen erhielt ich direktes Lob von Fans, und nicht wenige bedankten sich herzlich bei mir für die vielen schönen Stunden, die sie mit *Catan* und ihren Freunden erlebt hatten. Darüber freute ich mich einerseits sehr; anderseits fühlte ich mich immer etwas unwohl dabei.

Schließlich war die Entwicklung von *Catan* keine entbehrungsreiche Schwerstarbeit für mich gewesen. Im Gegenteil: Sie hatte mir viel Freude bereitet und ich war mir nicht sicher, ob ich dafür Dank verdiente.

Eine erfolgreiche Autorin oder ein erfolgreicher Autor eines Buches wird zu Lesungen in Buchgeschäfte eingeladen. Dort sitzen sie dann vor interessierten Menschen und lesen aus ihrem Werk.

Spieleautoren wurden in den 90er-Jahren auch eingeladen, ihr Werk in der Öffentlichkeit zu präsentieren – vornehmlich in Spielzeugläden und Kaufhäuser. Nun ergibt es wenig Sinn für einen Spieleautor, vor einem Publikum Passagen aus der Regel seines neuesten Spiels zu zitieren. Also saßen wir in der Regel stumm zwischen Verkaufsregalen an einem Tisch, auf dem unser neuestes Spiel aufgebaut war und um Aufmerksamkeit heischte. Die wenigsten unserer Zunft sind geborene Marktschreier.

Bedingt durch den Erfolg von *Catan,* erhielt auch ich viele Anfragen – besonders in der Vorweihnachtszeit. Ich erinnere mich gut an diese Veranstaltungen. Die Menschen rauschten zwischen den Spielzeugregalen hin und her, griffen hier und da gehetzt zu und eilten zur Kasse. Manche schenkten mir und meinem sorgfältig auf meinem Tisch aufgebauten Spiel im Vorüberhasten einen kurzen, fast mitleidigen Blick, dann waren sie endlich auch schon an der Kasse. Das Weihnachtsgeschenk war im Sack, geschafft!

Ich fühlte mich wie ein Ladenhüter, kurz beäugt, für uninteressant befunden und zurückgelegt. Ganz selten kam es vor, dass eine Kundin oder ein Kunde an meinem Tisch stehen blieb und sich für mein Spiel interessierte oder gar nach einem Autogramm fragte.

Die gegenteilige Erfahrung machte ich auf 1997 auf einer von Kosmos organisierten Rundreise, die mich zu Karstadt-Filialen in

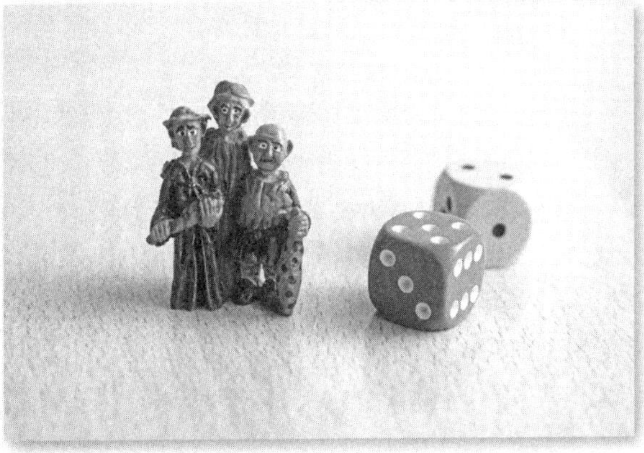
© lichtpunkt, Michael Ruder

Chef, Lucky und Bert bilden gemeinsam den „Räuber von Teuber". So böse sehen sie doch gar nicht aus, oder?

ganz Deutschland führte. Diesmal standen die Menschen Schlange vor meinem Tisch. Kein Wunder, denn ich hatte für jeden ein kleines, aber feines Geschenk in meinem Gepäck: den Räuber von Teuber. Die kleine Räubertruppe hatte ich aus Spaß am Gestalten in Wachs modelliert, einen Abdruck von ihr hergestellt, mit Zinn ausgegossen und bemalt. Kosmos ließ im Laufe der Zeit mehrere tausend Kopien meines kleinen Räubertrupps aus Kunststoff herstellen, und so fanden viele meiner Räuber ihren Weg zu den Fans, auch ohne dass diese bei mir Schlange stehen mussten.

CATAN GOES WEST

Für die USA und alle anderen englischsprachigen Länder hatte ich Ende 1995 einen Lizenzvertrag mit der Firma Mayfair geschlossen. Kosmos besaß damals noch keine Lizenzabteilung, sodass ich Anfragen aus dem Ausland selbst bearbeitete.

Im Frühjahr 1996 veröffentlichte Mayfair *The Settlers of Catan* in den Vereinigten Staaten.

Leider hatten sich die Redakteure von Mayfair kaum an der deutschen Vorlage orientiert. So ließen sie die Landschaften und Rohstoffkarten nicht ansprechend illustrieren, sondern bebilderten sie mit billig wirkenden Ausschnitten von Landschaftsfotografien. Auf Reiners preisgekrönten Regelaufbau und die in ihrer Schlichtheit auffallende Illustration eines Dorfes vor einer gelben Sonne verzichteten sie.

Das Ergebnis war ein hässliches, billig wirkendes Spiel, auf dessen Cover als fantasieloses Highlight allein der Titel *The Settlers of Catan* auf einem großen Holzbrett prangte. Mir schien es, als hätten die damaligen Mitarbeiter von Mayfair mit solchen Holzbrettern vor ihren Köpfen an ihren Schreibtischen gesessen, als sie mein Spiel redaktionell bearbeiteten.

Ich war enttäuscht von der Lieblosigkeit, mir der die rund 5.000 Spiele der ersten amerikanischen Ausgabe gestaltet worden waren. Aber ich fand mich schnell damit ab. Die USA waren in den 90er-Jahren kein Markt für Brettspiele, wie wir sie in Deutschland kannten. Jenseits des großen Teichs waren damals Cosims, Rollenspiele und die aufkommenden und sehr populären Sammelkartenspiele wie *Magic, the Gathering* angesagt. Daher rechnete ich mir ohnehin keine Chancen für einen Erfolg meines Brettspiels in den USA aus. Das hätte ich auch nicht getan, wenn das Erscheinungsbild der ersten englischsprachigen Ausgabe von

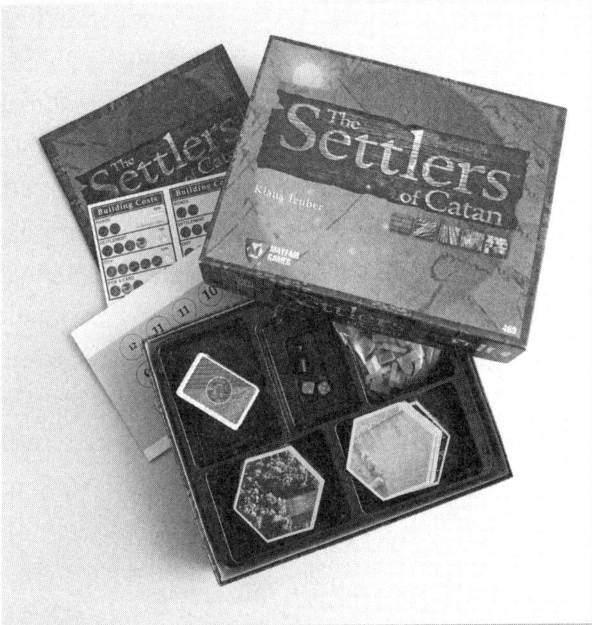

1996 erschien im Mayfair Verlag die erste englischsprachige Version von ‚Die Siedler von Catan'.

The Settlers of Catan hochwertiger und ansprechender ausgesehen hätte.

Dennoch sorgte ich mich um Mayfair. Die äußerst sparsamen Mittel, mit denen die erste Ausgabe von *The Settlers of Catan* gefertigt worden war, schienen von schlechten wirtschaftlichen Verhältnissen des kleinen Verlages zu zeugen.

Tauchte da am Horizont etwa wieder mein vertrauter Bekannter, der Pleitegeier, auf? Wollte er sich diesmal bei Mayfair einnisten?

Ja, das wollte er und tat es auch: Ende 1996 war Mayfair zahlungsunfähig. Das erfuhr ich allerdings erst, als ich auf der Nürnberger Spielwaremesse 1997 den Amerikaner Pete Fenlon traf.

Meine Begegnung mit ihm war für mich ebenso schicksalhaft wie die mit Reiner Müller oder Axel Meffert. Damals ahnte ich noch nicht, dass Pete meine Siedler unter seine Fittiche nehmen und sie bis heute zusammen mit meinem Sohn Guido auf ihrem amerikanischen Weg begleiten und fördern sollte.

Pete hatte sein Studium in Geschichte, Anthropologie und Jura abgeschlossen. Seine Liebe galt jedoch der Entwicklung von Spielen, insbesondere von Rollenspielen, und der Erstellung von Karten fantastischer Welten wie beispielsweise Mittelerde. Mitte der 90er-Jahre war er Präsident der amerikanischen Firma Iron

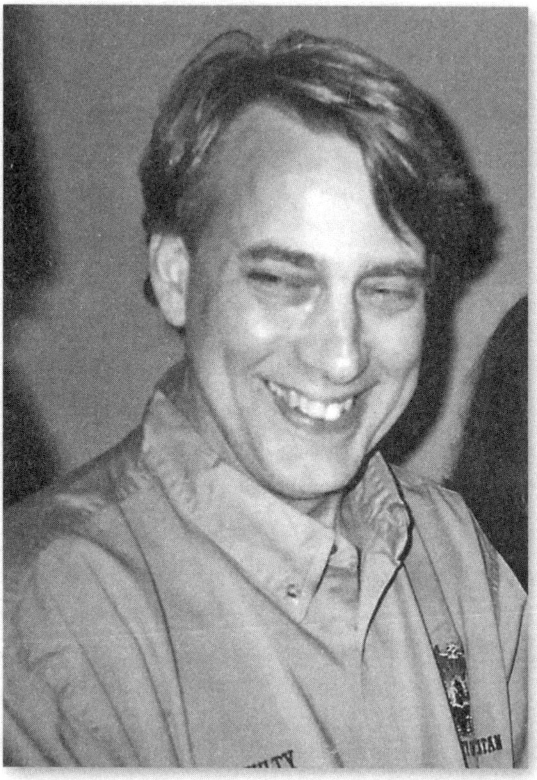

Pete Fenlon sollte später noch eine entscheidende Rolle für ‚Die Siedler von Catan' spielen.

Crown Enterprises (ICE), die er 1980 mitbegründet hatte und die sich hauptsächlich mit *Rolemaster,* einem Rollenspielsystem einen Namen machte.

Pete blickt zurück:

„1995 schickte ICE einen Kollegen nach Essen. Er sah CATAN, versäumte aber, es zu spielen bzw. zu kaufen. Stattdessen spielte und kaufte ein anderer Kollege CATAN: der schon legendäre Spielesammler Keywood Cheeves. Er brachte es am Freitag nach der Spiel 95 in Essen zu ICE. Wir spielten es während unserer ‚Happy Hour', einer wöchentlichen Zusammenkunft, bei der wir neue Spiele testeten.

Genau wie Keywood verliebten wir uns sofort in CATAN. Ich war ganz besonders beeindruckt, da ich erkannte, wie wundervoll das Spiel meine ‚Top-Ten-Eigenschaften von Spielen' in sich vereinigte. Wie ich später im ‚Game Design Merit Badge Manual for Scouts' (Spieldesign-Verdienstabzeichen-Handbuch für Scouts) schrieb, sind tolle Spiele:

1. *EIN VERGNÜGEN!*
2. *interaktiv*
3. *gesellig*
4. *leicht zu erlernen*
5. *schwer zu meistern*
6. *umfangs- und zeitmäßig handhabbar*
7. *flüssig*
8. *ins Spielgeschehen einbeziehend*
9. *von großem Wiederspielwert*
10. *preislich erschwinglich*

CATAN besaß alle diese Eigenschaften. Als ich an jenem Freitag unsere ‚Happy Hour' verließ, dachte ich: ‚Nie habe ich ein besseres Brettspiel als CATAN gespielt.' Ich war hingerissen.

Ich beschloss daher, mit Klaus Teuber, dem Designer des Spiels, Kontakt aufzunehmen und die Rechte für die Veröffentlichung von CATAN in englischer Sprache zu erwerben.

In der darauffolgenden Woche – weniger als zwei Wochen nach Ende der Spiel Essen '95 – rief ich Klaus an. Im Verlauf eines sehr kurzen Gesprächs teilte er mir mit, dass ich leider zu spät gekommen war. Die von meinem alten Kameraden Darwin Bromley geleitete Firma Mayfair Games hatte bereits ein Abkommen getroffen, um CATAN in Nordamerika zu veröffentlichen. Ich war sehr enttäuscht.

CATAN blieb trotzdem ein Lieblingsspiel bei ICE. Wir erwarben mehrere Exemplare und spielten es bei jeder Happy Hour. Ich begann darüber nachzudenken, dass CATAN und nicht Monopoly unsere Verbindung zur Popkultur sein sollte. Das Monopoly-Erlebnis war negatives Marketing. Das CATAN-Erlebnis hingegen machte Spaß und war gesellig und ansteckend.

Etwas mehr als ein Jahr später, gegen Ende 1996, verfügte ICE über ziemlich viele Barmittel. Wir hatten großen Erfolg mit unserem Middle-earth Collectible Card Game. Zur gleichen Zeit war Mayfair Games zahlungsunfähig. Der Misserfolg ihres Sim City Card Game erwies sich als ihr Verderben.

Mayfairs Team kannte mich und meine Freunde von ICE sehr gut. Wir waren gemeinsam im Abenteuerspiel-Business groß geworden. Wir unterhielten Vertriebs- und Marketingpartnerschaften und pflegten echte Freundschaften. Darwins Mutter mochte meine Mutter und umgekehrt. Es war daher nicht überraschend, dass sich die Familie Bromley und ein paar andere Mayfair-Anteilseigner zwecks einer Art von Rettung oder Aufkauf an ICE wendeten.

Mayfair hatte ein riesiges Angebot an Abenteuerspielen. Das Gleiche war der Fall bei ICE. Beide Firmen veröffentlichten vollständige Sortimente von Rollenspielen, interaktiven Spielbüchern, Sammelkartenspielen, Miniaturenspielen, Brettspielen usw. Wir besaßen bereits Lizenzen für Middle-earth, Narnia, Sherlock Holmes und Hero Games. Sie besaßen Lizenzen für DC Comics und viele andere Sortimente. Das schien zwar gut zusammenzupassen, das Spieleangebot war aber zu unüberschaubar.

Aber Mayfair hatte CATAN. Und wir wollten CATAN unbedingt haben. Also sagte ich Mayfair, dass wir ihre Firma kaufen würden, sollte Klaus Teuber es uns gestatten, die Lizenzrechte für CATAN auf uns zu übertragen. Darwin und sein Team willigten ein, diese Mission zu unterstützen."

Mit einer kleinen Gruppe von Mayfair-Leuten im Gefolge passte mich Pete in Nürnberg ab, als ich gerade einen Messestand verließ, um zu meinem nächsten Termin zu eilen. So standen wir gemeinsam – sozusagen zwischen Tür und Angel – für ein paar Minuten zusammen und Pete trug sein Anliegen vor. Pete war von schlanker Statur, angenehmem Äußeren und machte einen sehr menschlichen und kultivierten Eindruck auf mich.

Mein Schulenglisch war damals etwas eingerostet und einer seiner Begleiter half zu übersetzen. Eines der ersten neuen Wörter, die ich von Pete lernte war *sophisticated.* Mit diesem Wort verband ich seitdem die Charaktereigenschaften, die ich an Pete im Lauf unserer gemeinsamen Zeit zu schätzen lernte. Übersetzen kann man *sophisticated* mit gebildet, niveauvoll und feinsinnig.

Während ich bei den Leuten von Mayfair nicht so recht gewusst hatte, woran ich mit ihnen war, genügte mir ein kurzer Blickwechsel mit Pete, um eine Atmosphäre gegenseitigen Vertrauens und Verstehens zu schaffen. Es kam mir vor, als kannten wir uns schon viel länger und hätten viele Gemeinsamkeiten. Die hatten wir tatsächlich, wie wir später voneinander erfuhren. Dennoch erbat ich mir Bedenkzeit für meine Entscheidung.

Ich vereinbarte mit Pete einen Besuch von Guido, der mir mittlerweile stundenweise zuarbeitete. Ich bat Guido, offenstehende Fragen mit Pete zu klären.

Pete erinnert sich:

„Bald danach kamen Guido und seine Freundin Emily tatsächlich nach Charlottesville. Von Anfang an verstanden wir uns sehr gut. Er war jung, aber ein sehr seelenverwandter Mensch. Mit seiner Neugier, Klugheit, Einfühlsamkeit und Wärme nahm Guido uns allen die Nervosität. Wir führten ein offenherziges Gespräch. Unser Produktdirektor Coleman Charlton und ich sagten ihm, warum CATAN unserer Meinung nach so besonders sei. Ich erklärte, dass ich glaubte, CATAN könne die breitere Kultur erobern und zu einem weltweit herausragenden Spiel werden – vielleicht nach Ablauf einer gewissen Zeit und womöglich nicht während meiner Amtszeit. Ich hatte mir bereits eine Vision zu eigen gemacht.

*Guido hörte zu. Wir informierten ihn über ICE, ihre Tätigkeit und ihr Team. Er sagte mir, dass er seinem Vater Bericht erstatten werde und dass es hinsichtlich der Rechte*übertragung *bald eine Entscheidung geben werde. Dann machten Emily und er sich auf nach New Orleans.“*

Guido rief mich an und erzählte mir von seinem sehr angenehmen Treffen mit Pete. Er riet mir, der Übertragung der Lizenzrechte zuzustimmen, was ich dann auch gern tat.

Guido war eher zufällig in den Vereinigten Staaten sesshaft geworden. Anfang 1995 hatte er sich mit einem riesigen Rucksack auf dem Rücken von uns verabschiedet und war zusammen mit einem Freund zu einem mehrmonatigen großen Abenteuer nach Mexiko aufgebrochen. Das Abenteuer nahm leider kein gutes Ende. Guido hatte Geld in ein Projekt investiert, das nicht wie gewünscht Gewinne abwarf, sondern ihn seine ganzen Erspar-

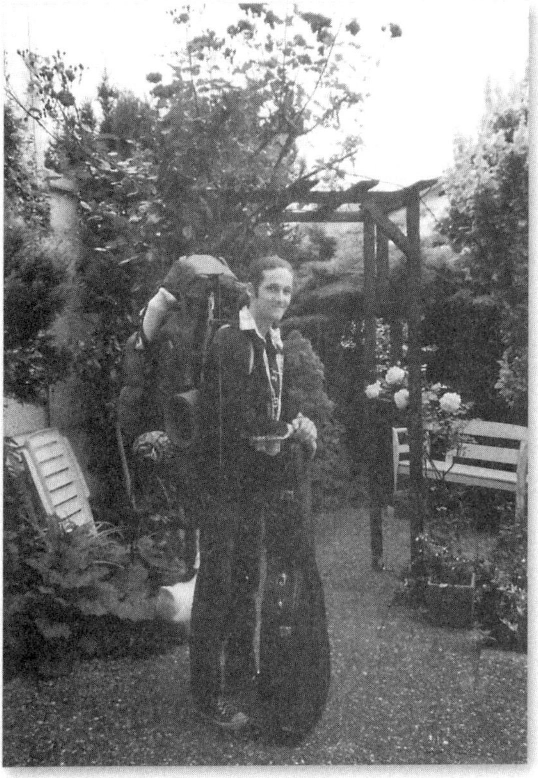
© privat

Guido 1995, kurz vor dem Aufbruch zu seinem Mexiko-Abenteuer.

nisse für den Rest seiner Reise kostete. In seiner Not wandte sich Guido an die Deutsche Botschaft in Mexiko City. Ein netter Botschaftsangestellter half ihm, telefonischen Kontakt mit uns aufzunehmen und seine Rückreise nach Deutschland zu organisieren. Wir bezahlten die Reisekosten, und der Botschaftsangestellte half Guido mit etwas Taschengeld aus. Mit kaum mehr als ein paar Dollar in der Tasche war Guido mit dem Zug nach New York unterwegs. Da sein Flieger aber erst eine Woche später abflog, wusste er nicht, wie er die Zeit bis dahin überbrücken sollte.

Sein rettender Engel erschien in der Gestalt einer jungen Studentin, mit der er während der Bahnfahrt ins Gespräch kam. Sie lud Guido zum Abendessen in ihre WG in New York ein, die sie sich mit einer Kommilitonin teilte. Guido musste beim gemeinsamen Dinner einen guten Eindruck auf die beiden jungen Frauen gemacht haben, denn sie boten ihm für die Woche bis zu seinem Abflug Kost und Logis in ihrer WG an.

Eine der beiden jungen Frauen, Emily, wurde seine Freundin und sollte ein paar Jahre danach seine Frau werden.

Wenige Wochen später kam Emily zu Besuch nach Deutschland. Es war ein verregneter Sommer, wie ich ihn bisher noch nie erlebt hatte. Emily dachte, nasse Sommer seien normal in Deutschland, und sehnte sich nach der Sonne Kaliforniens, wo sie ihre Kindheit verbracht hatte. So harrten Guido und Emily die meiste Zeit in Guidos Einzimmerwohnung aus, in der Hoffnung, die Sonne werde sich vielleicht doch für ein paar Stunden blicken lassen. Zu allem Überfluss wohnten in den benachbarten Zimmern ein zu Gewalt neigender Alkoholiker und ein psychisch kranker Mann.

Claudia und ich waren uns sicher: Wenn die beiden all diese Widrigkeiten überstünden, dann würden sie zusammenbleiben. Und so kam es. Allerdings war Emily nicht bereit, den vermeintlich beständigen Regen und die lästigen, sich stetig regenerierenden Pfützen in Deutschland längere Zeit zu ertragen. So folgte unser erstgeborener Sohn im Frühjahr 1997 seiner Emily endgültig in das Land der unbegrenzten Möglichkeiten, und die beiden richteten ihren Lebensmittelpunkt zunächst in New Orleans und später in Kalifornien ein. In New Orleans begann Guido ein Studium in der Fachrichtung *International Affairs* und schloss es später mit dem *Master of Business Administration* ab.

Wenn uns Guido und Emily in den ersten Jahren ihrer Partnerschaft im Sommer besuchten, brauchten wir keine Wettervorher-

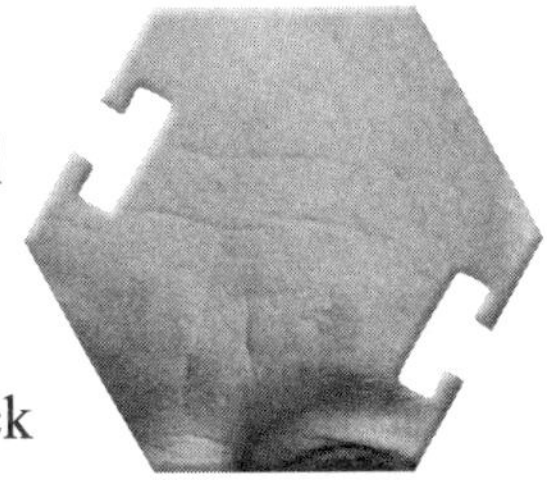

sage. Wenn Emily kam, brachte sie jedes Mal Regen mit. Wir freuten uns, unsere Schwiegertochter in spe zu sehen, fürchteten aber das Nass, das sie zuverlässig in ihrem Gepäck mit sich zu führen schien.

Heute ist das anders. Gegen den Klimawandel, der Mitteleuropa in den letzten Jahren zunehmend heiße und trockene Sommer beschert, kommt selbst Emily nicht mehr an.

Nach seinem Besuch bei Pete beriet und unterstützte mich Guido zunehmend bei Angelegenheiten, die unsere englischsprachige Lizenz und die neue geplante dritte Edition von *The Settlers of Catan* betrafen. Unter dem Dach von ICE blieb Mayfair selbstständig, doch nun war es Pete, der sich um die Ausstattung des Spiels kümmerte, was man der gesteigerten Qualität deutlich anmerkte.

Leider klafften die thematischen Hintergründe der deutschen und der englischen Version immer noch weit auseinander. Während die Siedler der Kosmos-Ausgabe in einer mittelalterlichen Umgebung ihre Schafe hüteten, erschlossen in der dritten Edition der amerikanischen Version Pioniere die Ostküste Nordamerikas. Das ursprüngliche Motiv *Catans,* das Dorf vor der Sonne, fehlte auch in dieser Edition. Erst 2015 sollten beide Ausgaben das gleiche Cover und damit weltweit das heutige einheitliche Erscheinungsbild erhalten.

Ein paar Jahre später, als Guido uns besuchte, unternahmen wir gleich nach seiner Ankunft einen längeren Spaziergang. Guido genoss es, nach einem langen Flug den heimatlichen Duft der Felder und Wälder hinter unserem Haus zu atmen und seinen Blick über die fruchtbare, sanft wellige, mit Grün und Gelb gesprenkelte Landschaft des vorderen Odenwalds schweifen zu lassen. Wir plauderten über dies und das, über viel Privates, aber auch über Geschäftliches. Wir sprachen über die Catan GmbH, die ich zu gründen gedachte und in der Claudia, unsere Kinder und ich Gesellschafter sein sollten. In diesem Zusammenhang informierte ich Guido über meine Suche nach einem kompetenten Mitarbeiter, der sich Vollzeit um die Belange internationaler Lizenzen kümmern sollte. Guidos stundenweise Zuarbeit, die er neben seinem Studium leistete, war zwar hilfreich, aber sie reichte nicht aus, mich so weit zu entlasten, dass ich wieder mehr Zeit für die Entwicklung von Spielen gewann.

Guido sah mich mit einer Mischung aus Erstaunen und Betroffenheit an, und die kurze Frage, die er mir stellte, klingt mir heute noch in den Ohren: „Warum kann ich das nicht machen?"

Nun war ich es, der eine erstaunte Miene aufsetzte, dachte ich doch immer, Guido plante nach seinen positiven Erfahrungen mit der Deutschen Botschaft in Mexiko eine Karriere im diplomatischen Dienst. Meine Überraschung verflog und wich einem Gefühl großer Freude.

Um seine Berufswahl nicht zu beeinflussen, hätte ich es nie gewagt, ihn zu fragen, ob er in unserer Firma mitarbeiten wollte. Ich umarmte Guido und begrüßte ihn herzlich als meinen ersten Kollegen in unserer neuen Firma.

Als wir im Jahr 2002 die Catan GmbH gründeten, wurde neben mir auch Guido als Geschäftsführer bestellt. Guido hatte sein Studium abgeschlossen, kümmerte sich von da an mit voller Kraft um die Belange der englischsprachigen Lizenz und unterstützte mich auch in anderen Geschäftsfeldern.

Guido verstand sich sehr gut mit Pete und dank der beiden stiegen die Umsätze langsam, aber stetig an. Guido beschreibt die Situation in den USA:

„Im Vergleich zu CATANS steilem Aufstieg in Deutschland vom Augenblick seines Erscheinens an ging seine Verbreitung in den

Vereinigten Staaten langsamer vor sich. Anfänglich hatte lediglich eine kleine Gruppe von Liebhabern europäischer Brettspiele von CATAN gehört. Bald wurden Collegestudenten und Familien auf CATAN aufmerksam.

Eines meiner bevorzugten Sachbücher ist ‚Tipping Point: Wie kleine Dinge Großes bewirken können' von Malcolm Gladwell. Der Autor beschreibt in diesem Buch, wie verschiedene kleine Faktoren eine Sache an die Oberfläche bringen können – zum Beispiel, wie es möglich ist, dass Produkte ganz plötzlich zu einem Erfolg werden. Als ich das Buch las, dachte ich sofort an CATANs Marktentfaltung. Pete Fenlon und Mayfair machten in konsistenter Weise eine Menge kleiner Dinge richtig. Mit der Zeit führte das dann zu einer Trendwende, d. h., CATAN wurde zunehmend einem breiten Publikum bekannt."

Im Jahr 2009 erhielt *The Settlers of Catan* in den USA eine Art Initialzündung. In der angesehenen amerikanischen Zeitschrift *Wired* erschien ein Artikel mit dem Titel *Monopoly Killer: Perfect German Board Game Redefines Genre*. Das war der Startschuss für weitere renommierte Zeitungen und Zeitschriften, über *The Settlers of Catan* zu schreiben. In der Folge dieser Medienpräsenz bekannten sich Film- und Sportgrößen sowie Prominente des Silicon Valley öffentlich dazu, gern *The Settlers of Catan* zu spielen.

Reid Hoffmann, der Mitbegründer von LinkedIn, ließ 2014 mit unserer Erlaubnis eine kleine Auflage einer Adaption der Mechanismen von *The Settlers of Catan* drucken, die er *The Startups of Silicon Valley* nannte. Er verschenkte die Spiele an Geschäftspartner und Freunde. Dank Guido fand eines dieser seltenen Exemplare seine Heimat in meinem Spieleschrank.

Unter den vielen Ländern, in denen *Catan* mittlerweile erfolgreich vertrieben wird, sind die USA heute das Land mit den jährlich höchsten Verkaufszahlen.

CATAN DIGITAL

Der Beginn des digitalen Zeitalters für *Catan* stand unter keinem guten Stern.

Bereits Ende 1995 hatte ich mit der Firma United Soft Media (USM) einen Vertrag für die Umsetzung des Brettspiels *Die Siedler von Catan* und des *Catan Kartenspiels für 2 Spieler* geschlossen. Letzteres war zwar noch nicht veröffentlicht, befand sich aber schon in einem späten Stadium der Entwicklung. USM gehörte zur Verlagsgruppe Langen Müller, die damals auch die Anteilsmehrheit an Kosmos besaß. Ihr damaliger Chef war Michael Fleissner, der heutige Geschäftsführer von Kosmos.

Ich fand es spannend, ein Brettspiel wie *Catan* in ein Spiel für den PC zu übertragen. Von der digitalen Umsetzung erwartete ich mir eine Unterstützung des Brettspiels. Mithilfe eines Tutorials würden Menschen, die nicht gern Regeln lasen, leicht an das Spiel herangeführt, und Anfänger konnten ihre Spielstärke im Spiel mit cleveren Computerspielern steigern. Ich freute mich auf die neue Aufgabe, schrieb fleißig Konzepte für die digitale Umsetzungen beider Spiele und erstellte Exceltabellen für künstliche Computergegner (KI) mit Informations-, Analyse- und Entscheidungsebenen, die sogar spielbar waren – wenn auch nur mühsam. Ich investierte zwischen 1996 und 1998 viele hundert Stunden Arbeit in beide Projekte. Und dann … passierte sehr wenig.

USM war damals ein kleineres Unternehmen und suchte sich für die Programmierung des Brett- und des Kartenspiels einen starken Partner, die Firma 7th Level aus den USA. Die digitale Umsetzung eines modernen Brettspiels war Mitte der 90er-Jahre Neuland und daher ein schlecht einschätzbares Wagnis.

So beauftragte USM die Firma 7th Level zunächst mit der im Vergleich zum Brettspiel günstigeren Programmierung des Kartenspiels. Aus den Erlösen wollten sie die digitale Umsetzung des Brettspiels finanzieren. Leider ging 7th Level in Konkurs. Der Pleitegeier ließ grüßen.

USM versuchte zu retten, was zu retten war, und übernahm den verantwortlichen Programmierer des Kartenspiels. Der gab sich alle Mühe, die Programmierung zu Ende zu führen. Doch nach insgesamt fast zwei Jahren Entwicklungsarbeit scheiterte das Projekt. Das Programm spielte sich zu umständlich und befand sich auch nicht auf dem neuesten Stand, da die inzwischen von mir entwickelten Erweiterungen für das Kartenspiel nicht implementiert waren und der Programmierer sich auch nicht in der Lage sah, sie nachträglich einzubauen.

So hatte die Programmierung des Kartenspiels USM nur Kosten, aber keine Einnahmen beschert. Damit fehlten ihnen die Mittel, die digitale Umsetzung des Brettspiels zu finanzieren. 1998 hoben USM und ich unseren Vertrag einvernehmlich auf. Es sollte einige Jahre dauern, bis sich USM der Produktion der digitalen *Catan*-Spiele wieder annahm – diesmal mit erfolgreichem Ausgang.

1998 kam endlich die Programmierung des *Catan*-Brettspiels in die Gänge. Ravensburger Interactive Media, ein Ableger des Ravensburger Spieleverlags, finanzierte das Projekt als Publisher, und die frisch gegründete Entwicklerfirma Funatics Development übernahm die Programmierung.

Die Funatics-Leute hatten Erfahrungen mit Siedlern, da sie vor der Gründung ihrer eigenen Firma bei Blue Byte beschäftigt gewesen waren. Dort hatten sie bei der Entwicklung des bereits von mir beschriebenen Computerspiels *Die Siedler* mitgearbeitet. So bekam Blue Byte unser Ansinnen mit, *Die Siedler von Catan* als PC-Spiel zu veröffentlichen.

Die Leute von Blue Byte schickten mir ein förmliches Schreiben, in dem sie mich aufforderten, im Titel unseres Spiels nicht das Wort „Siedler“ zu verwenden. Die Verwechslungsgefahr mit ihrem eigenen Spiel sei zu hoch, Sollte ich mich weigern, hätte ich mit rechtlichen Konsequenzen zu rechnen.

Das war ein harter Schlag für alle Beteiligten. Im Titel der *Siedler von Catan* war damals „Siedler“ mit großen und der Rest, also auch „Catan“, mit viel kleineren Buchstaben gesetzt worden. Alle Fans nannten das Brettspiel „Die Siedler“ und nicht *Die Siedler von Catan* oder gar *Catan.*

Was tun? Ich beriet mich mit meinem Anwalt Dr. Johannes Delmere, der nicht nur Jurist, sondern auch Brettspieler aus Leidenschaft ist und der unsere Firma bis zum heutigen Tag klug beraten und so manche Kuh für uns vom Eis geholt hat.*

Johannes schlug mir vor, eine Vereinbarung mit Blue Byte zu treffen, in der wir uns verpflichteten, bei digitalen *Catan*- Spielen auf das Wort „Siedler“ zu verzichten. Im Gegenzug sollte Blue Byte kein Brett- oder Kartenspiel mit dem Wort „Siedler“ im Titel veröffentlichen dürfen.

Diese Vereinbarung, die ich letztlich dann auch unterschrieb, erschien mir als saubere und wohl einzige Lösung, einen unter Umständen langwierigen Rechtsstreit zu vermeiden.

Jetzt war ich sehr froh, 1994 darauf gedrungen zu haben, das Brettspiel nicht nur *Die Siedler,* sondern *Die Siedler von Catan* zu nennen. So hatten wir mit „Catan“ zumindest ein Wort sowohl im Titel des Brettspiels als auch im Titel seiner digitalen Version.

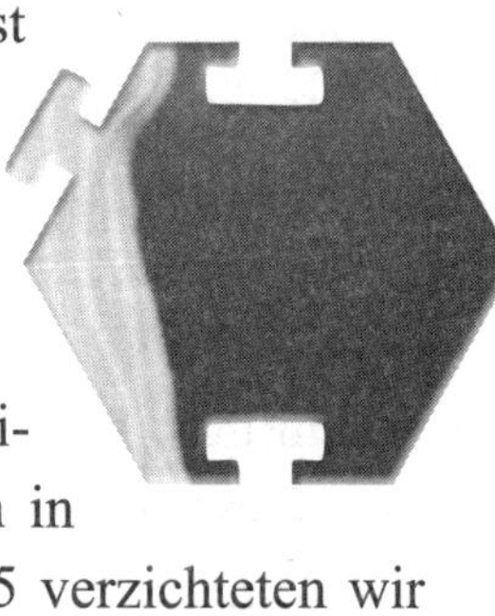

Wir nannten das PC-Spiel schließlich *Catan, die erste Insel.* Konsequenterweise änderten wir darauf hin beim Brettspiel das Erscheinungsbild des Titels: „Catan“ erschien fortan in großen Lettern, „Siedler“ in kleinen. Ab 2015 verzichteten wir ganz auf das Wort „Siedler“. Seitdem heißen das Brettspiel, das

Kartenspiel, die Erweiterungen und ihre digitalen Brüder einheitlich *Catan*. Zur Unterscheidung der einzelnen Spiele dient ein Untertitel.*

Catan, die erste Insel war für die damalige Zeit eine außergewöhnlich atmosphärische Umsetzung eines Brettspiels für den PC. Die Computerspieler wurden durch animierte, lebhaft agierende Figuren dargestellt, die das Spielgeschehen mit mehr oder weniger tiefsinnigen, manchmal lustigen Kommentaren begleiteten. Man hatte fast den Eindruck, es mit lebendigen Mitspielern zu tun zu haben. Nur, und das war der Minuspunkt, spielten sie nicht immer sehr gescheit, und erfahrene *Catan*-Spieler fanden es schnell reizlos, ihr strategisches Geschick mit ihnen zu messen.

Obwohl ich mit sehr viel Mühe mit der Konzeption einer künstlichen Intelligenz gegeben hatte, übernahm sie der für die KI verantwortliche Programmierer bei Funatics nur teilweise. Er ließ bei seiner Programmierung auch eigene Vorstellungen einfließen, was ich in der Hoffnung, die KI werde dann noch besser als von mir konzipiert spielen, durchaus begrüßte. Leider tat sie das nicht. Bei der Behebung von Fehlern und Spielschwächen verhedderte sich der Programmierer immer mehr im wild durcheinandergewachsenen Dschungel seines Programms und fand sich gegen Ende selbst kaum mehr darin zurecht. Manche unlogischen oder schwachen Spielzüge der KI blieben bei der Veröffentlichung von *Catan, die erste Insel* leider ohne Korrektur. Kurz danach verließ der KI-Programmierer Funatics mit den Worten, niemals mehr ein Brettspiel programmieren zu wollen.

Dass es auch anders geht, bewiesen Jahre später Sebastian Mellin und Alexander Zbiek von der Firma Brettspielwelt. Für unsere im Jahr 2008 erschienene Eigenproduktion *Catan, Städte und Ritter* programmierten sie die KI der Computergegner, immer noch basierend auf meinen alten Exceltabellen, so gut und sauber, dass mancher Spieler überrascht feststellte, *Catan* doch nicht so gut zu beherrschen, wie er glaubte. Selbst ich konnte nicht jedes Spiel gegen die starken Computergegner gewinnen. Wer sich nicht die eigene Spielschwäche eingestehen wollte, unterstellte den Programmierern Betrügereien. So mutmaßten nicht wenige, das Programm manipuliere die Würfelwürfe zugunsten der Computergegner.

Ich konnte diesen Verdacht durchaus nachvollziehen. Wenn ich am Tisch spielte, drei Runden hintereinander die „7" würfelte und jedes Mal die Hälfte meiner Karten abgeben musste, konnte ich dafür nur meinem großen Pech die Schuld geben. Passierte mir das Gleiche am PC, war dafür ganz klar das unfaire Programm verantwortlich, das die Würfel zugunsten meiner Computergegner manipulierte.

Manch einer musste wohl kurz davor gestanden haben, seinen PC in die Ecke zu donnern, nachdem er wieder gegen die Computergegner verloren hatte. Von einem offenbar besonders frustrierten Spieler erhielt ich im Jahr 2009 per E-Mail die folgenden Zeilen:

„Leider muss ich hier das schreiben. Der angebliche Zufallswürfel beim Computerspiel von CATAN ist alles andere als zufällig. Ich frage mich echt, was einen Menschen bewegt, sich, entschuldigen Sie bitte den Ausdruck, so asozial zu verhalten, dass er das Programm so geschrieben hat, dass man gar nicht gewinnen kann. Im Brettspiel sieht es i. d. R. immer anders aus, zumindest die Würfelergebnisse.

Na ja, leider hat die Fake-‚Zufalls'-Einstellung der Würfel mich dazu bewegt, *CATAN nicht mehr zu spielen."*

Ich schrieb ihm höflich zurück, dass die Würfelzahlen absolut zufällig fielen, die Computergegner einfach nur gut spielten und selbst ich bei der Kampagne ein Szenario dreimal wiederholen musste, um weiterzukommen. Ein paar Tage später erhielt ich seine Antwort:

„Mal eine ehrliche Frage: Glauben Sie eigentlich den Scheiß, den Sie mir schreiben?“

Es folgten noch viele E-Mails in immer rüderem Ton, die ich nicht mehr beantwortete. Die letzte E-Mail, in der er sein Geld zurückverlangte, erhielt ich von ihm im Jahr 2013, vier Jahre nach seiner ersten Mail. Ich war froh, dass der Spuk vorbei war.

Seitdem war ich von meinem Ehrgeiz geheilt, mich bei digitalen *Catan*-Spielen für eine besonders starke künstliche Intelligenz einzusetzen. Meine Erkenntnis war: Je stärker die künstliche Intelligenz bei einem würfelbasierten Computerspiel ist, desto mehr Menschen unterstellen dem Programm eine Manipulation der Würfelwürfe.

Für *Catan* sah ich es seitdem als vollkommen ausreichend an, wenn die Computergegner Anfängern auf unterhaltsame Art das Erlernen des Spiels ermöglichten und Fortgeschrittene in die strategischen Feinheiten *Catans* einführten. Gut geschult kann ein Spieler dann sein Können – ohne sich vor einer Blamage fürchten zu müssen – mit anderen Menschen am Tisch oder, wenn es an Zeit und Gelegenheit zu einem Treffen mangelt, heute auch online auf der Onlineplattform *Catan Universe* messen.

Im Jahr 2001 wurde die Programmierung des *Catan*-Kartenspiels von der Firma TriNodE Entertainment nochmals gänzlich neu gestartet. Der damalige Projektleiter hieß Arnd Beenen. In Arnd fand ich einen kompetenten Partner, der für eine zügige und gelungene digitale Umsetzung des Kartenspiels sorgte. Arnd blickt zurück:

„Ich übernahm damals die Projektleitung und war gleichzeitig der Hauptprogrammierer. Das erwies sich als sehr stressige Kombination, aber der Zeitrahmen war knapp und das Budget

überschaubar. Als TriNodE-Team versuchten wir alles, um das ambitionierte Projekt trotzdem optimal umzusetzen.

Die größte Herausforderung dabei war neben den unzähligen Karten des Spiels die ausgefeilte KI, welche Klaus in eigener Regie in äußerst aufwendigen Exceltabellen angefertigt hatte. Klaus war es nach den Erlebnissen mit CATAN – Die erste Insel wichtig, dass seine KI 1:1 umgesetzt wurde. Aber wie sollten wir dies in der kurzen Zeit schaffen und gleichzeitig ermöglichen, die KI weiter optimieren zu können? Unsere Idee war letztendlich, einen Excel-Interpreter zu programmieren, der die Originaltabellen schlicht einlas und direkt verarbeitete. Ein unkonventioneller Weg, der aber die Lösung brachte. Klaus war von dem fertigen Spiel sehr angetan.“

Über Umwege landete das Spiel dann doch wieder bei USM als Publisher, die es 2001, knapp sechs Jahre nach der Erstellung meines ersten Konzeptes, veröffentlichten.

Als würde der Pleitegeier hinter mir in meinem Schatten wandeln und dort auf potenziclle Opfer lauern, musste nach 7th Level auch TriNodE Entertainment Konkurs anmelden. Arnd Beenen stand auf der Straße. Doch nicht lange. Da ich seine Qualitäten schätzen gelernt hatte, bot ich ihm 2002 eine Stelle in unserer neu gegründeten Catan GmbH an. Arnd sollte sich um alle digitalen Belange von *Catan* kümmern. Das tat er und tut er, inzwischen als Head of Digital, auch heute noch sehr erfolgreich für uns.

EIN BLICK ÜBER DEN ZAUN

Den lustigsten Fan-Brief erhielt ich 1997 von einem etwa 10-jährigen Jungen, der mir mit krakeliger Schrift sein besonderes Anliegen schilderte:

„Lieber Klaus Teuber, ich finde ‚Die Seefahrererweiterung' toll. Ich habe lange nachgedacht. Ob ich dazu nicht den Krieg erfinden kann. Doch ich hatte Pech. Deshalb frage ich dich, ob du mir helfen kannst. Dein Oliver"

Ich schrieb Oliver einen freundlichen Brief zurück, in dem ich ihm erklärte, dass *Catan* mit Krieg ein ganz anderes Spiel wäre und dass es ihn sicher nicht begeistern würde, wenn sein Vater ihm seine liebevoll aufgebauten Siedlungen und Städte zerstören könnte.

Oliver war nicht der Einzige, der sich Krieg auf *Catan* wünschte. Ich erhielt viele ähnliche E-Mails – meist von jüngeren Spielern, teilweise mit konkreten Vorschlägen oder sogar ausgearbeiteten Szenarien, in denen sich die Spieler gegenseitig mit Panzern zu Leibe rücken und mit Bomben die Siedlungen und Städte ihrer Mitspieler ausradieren konnten.

Ich hatte *Catan* als ein friedliches Spiel konzipiert, in dem die Teilnehmer nicht gegeneinander kämpften, sondern miteinander handelten und kooperierten, als ein Spiel, in dem jeder Spieler, auch wenn er verlor, seine Würde wahren und stolz auf sein von ihm erschaffenes kleines Reich blicken konnte. Offenbar erreichte meine Botschaft, ein Miteinander sei befriedigender als ein Gegeneinander, nicht jeden Spieler.

Viele kluge Leute haben sich schon Gedanken darüber gemacht, ob man mit Literatur, Bildern und Filmen oder ganz allgemein mit Kunst, zu der ich in vielerlei Hinsicht auch Spiele zähle, gegen Missstände in der Gesellschaft ankämpfen und den

Menschen Impulse für mehr Miteinander und für mehr Toleranz geben kann.

Ich glaube, Reportagenfotos aus Kriegs- und Krisengebieten sind am ehesten dazu in der Lage, unseren dicken Panzer der Gleichgültigkeit etwas aufzubrechen. Sie sind über die modernen Medien allgegenwärtig und erreichen viele Menschen. So wie das Pressefoto des Jahres 2019 von John Moore, das mich kürzlich tief berührte: Ein kleines, vielleicht dreijähriges Mädchen steht verzweifelt weinend neben seiner asylsuchenden Mutter, die an der Grenze zur USA, hilflos an einen Laster gelehnt, von einem Grenzbeamten durchsucht wird.

Literatur hat es da etwas schwerer. Wer liest beispielsweise schon ein Buch über den Holocaust, wenn er diesen kategorisch leugnet. Mit politischer Literatur erreiche ich leider oft nur Menschen, die ohnehin meiner Meinung sind und diese bestätigt wissen wollen.

Spiele und Bücher, die mit einem erhobenen Zeigefinger daherkommen und schon im Titel ihre Intention offenbaren, wie beispielsweise „Sei tolerant“ oder „Füreinander und Miteinander“ wirken wenig anziehend. Die Botschaften sind zwar gut gemeint, aber die meisten Menschen wollen sich bei der Lektüre eines Buches entspannen oder mit einem Spiel Spaß haben und etwas Urlaub vom Alltag genießen. Sie werden daher eher nicht zu Büchern und schon gar nicht zu Spielen greifen, deren Titel ihnen Erziehungseinheiten versprechen.

Bücher und Spiele können Botschaften jedoch auch subtil und hintergründig – ohne einen erhobenen Zeigefinger – vermitteln. In einigen meiner Spiele habe ich kleine Botschaften versteckt – so auch in meinem Science-Fiction-Spiel *Die Sternenfahrer von Catan*.

In vielen Science-Fiction-Filmen sind Aliens böse. Sie wollen die Erde unterjochen, die Menschheit vernichten oder versklaven. Diese Vorstellung ist unserer Vergangenheit und leider auch noch unserer Gegenwart geschuldet, in der stärkere Völker schwächere Völker in blutigen Kriegen ausrotten. Warum sollten außerirdische Zivilisationen Schwächeren gegenüber anders agieren als wir? Eine mögliche Antwort auf diese Frage gibt uns der bekannte Astronom und Schriftsteller *Carl Sagan*. In seinem 1980 veröffentlichten Buch *Unser Kosmos* schrieb er:

„Wir können nicht das Geringste tun, um das Eindringen einer fortgeschrittenen Zivilisation in unser Sonnensystem zu verhindern, denn sie wäre uns wissenschaftlich und technologisch turmhoch überlegen. Bösartige Absichten brauchen wir ihr dennoch nicht zu unterstellen, scheint doch schon alleine ihr langer Bestand darauf hinzudeuten, dass ihre Vertreter mit ihresgleichen und anderen leben gelernt haben."

Dieses Zitat stellte ich an den Anfang des Almanachs für das Spiel *Die Sternenfahrer von Catan**, das ich 1998 konzipierte. Leider wurde es in der englischsprachigen Ausgabe nicht übernommen. In diesem Spiel, das auf den catanischen Grundregeln für Ernten, Handeln, Bauen basiert, erkunden die Spieler mit ihren Raumschiffen fremde Sonnensysteme und errichten dort auf unbewohnten Planeten Kolonien. Unterwegs treffen sie auf fremde Völker.

Allerdings nicht auf böse Aliens, gegen die man sofort die Bordkanonen zücken muss, um sie zu Staub und Asche zu atomisieren. Im Gegenteil: Die Außerirdischen sind uns freundlich gesinnt. Auch wenn wir für sie exotisch aussehen und wir einer für sie fremdartigen Kultur angehören, reichen sie uns im Spiel friedlich die Hand und kooperieren mit uns.

Ich vermute, die Angst vor dem Fremden stammt noch aus der prähistorischen Zeit, als die Menschen auf der Suche nach Nahrung durch eine Umwelt voller Tücken stapften. Alles, was fremd war, ob Menschen oder Tiere, konnte eine große Gefahr für das Leben des ganzen Stamms bedeuten.

Vielleicht, so hoffte ich, bewirkt die positive Erfahrung mit den freundlichen Außerirdischen in meinem Sternenfahrer-Spiel im Unterbewusstsein des einen oder der anderen, ihr Schild der Angst und Abneigung gegenüber anders aussehenden und sprechenden Menschen ein klein wenig zu senken.

Aber auch ohne versteckte Botschaften und ohne erhobenen Zeigefinger helfen Spiele insbesondere Kindern bei ihrer Sozialisation.

Kinder erfahren beim Spielen, dass sie nicht immer die erste Geige spielen und nicht immer die Besten sein können. Anfangs reagieren sie mit Unmut oder Geschrei auf eine Niederlage. Ich kenne das.

Irgendwann, falls sie sich dem Spiel mit seiner Option einer Niederlage nicht ganz verschließen, akzeptieren sie notgedrungen die Leistungen ihrer Spielkameradinnen und -kameraden. Dann ist es kein so großer Schritt mehr, dem Sieger mit einem Kopfnicken oder gar einem zaghaften Lächeln Respekt zu erweisen. Wer es gelernt hat, Menschen gegenüber seinen Respekt zu bekunden, wird in vielen Situationen auch toleranter handeln.

Aber nicht nur Kinder, auch Erwachsene profitieren vom gemeinsamen Spiel. Wer spielt, erfährt oft mehr über seine Mitspieler als nach stundenlangen Gesprächen. Masken fallen eher, wenn Menschen eine Rolle in einem Spiel annehmen. Gefühle wie Begeisterung und Ärger, aber auch Genugtuung oder Schadenfreude überwinden schneller die natürliche Zurückhaltung und tragen zu einem lebendigen, spannenden Spielerlebnis bei.

Innerhalb der Regeln eines Spiels können sich die Spieler ausprobieren, sich auch mal ungestraft ganz anders verhalten als im normalen Alltag.

Ich erinnere mich, wie Claudia und ich mit einem befreundeten Pärchen ein semikooperatives Spiel ausprobierten. Unser Freund, ein liebenswürdiger, hilfsbereiter Zeitgenosse, hatte partout keine Lust, sich kooperativ zu verhalten. Seine Spielzüge dienten in erster Linie dazu, sich selbst als besten Spieler gegen das System des Spiels zu profilieren. Dabei nahm er auch in Kauf, unseren gemeinsamen Sieg zu gefährden. Er empfand ganz offensichtlich großen Spaß an seiner Spielweise. Seine Frau blickt ihn mit einem Mal ganz erstaunt an, so als sähe sie ihn zum ersten Mal, und meinte: „Ei, Achim, so kenn ich dich ja gar nicht."

Im Spiel kann man auch mehr über sich selbst erfahren und sich mitunter über die eigenen Gefühle und Reaktionen wundern. Idealerweise ist der Alltag beim Spielen ausgeblendet. Wer spielt, befindet sich in einem sorgenfreien Raum, hat nicht mit Konsequenzen im realen Leben zu rechnen, wenn er etwas falsch macht oder verliert.

Manchmal wird man beim Spielen aber auch vom Alltag eingeholt. Diese Erfahrung machten Claudia und ich, als wir vor vielen Jahren mit einem befreundeten Lehrerpaar das traditionelle Kartenspiel *Einer ist immer der Arsch* zockten. Jeder bekommt bei diesem Spiel die gleiche Anzahl Karten auf die Hand, und es ist das Ziel, möglichst schnell seine Karten loszuwerden. Wer als Erster keine Karten mehr auf der Hand hält, avanciert zum Boss, der Zweitschnellste wird Vorarbeiter und der Letzte ist der Arsch. Der Arsch hat in der nächsten Runde nicht nur einen Spielnachteil, der ihm den Aufstieg in eine höhere Position erschwert, sondern er muss auch alle Dienste leisten, die an einem fröhlichen Spieleabend so anfallen.

An jenem Abend ereilte unsere Freundin das Pech, über mehrere Runden hinweg auf der untersten Stufe der Rangordnung zu stagnieren. Sie musste die Karten austeilen, für Nachschub an

Getränken sorgen, das Fenster öffnen, wenn es einem von uns zu warm war, oder es wieder schließen, wenn es jemandem zog. Als unsere Freundin wiederholt von uns auf eine – eigentlich unnötige – kleine Dienstreise geschickt wurde, brach sie plötzlich in Tränen aus und schluchzte: „Immer sind wir die Ärsche, in der Familie, in der Schule und jetzt sind wir es auch noch bei diesem blöden Spiel.“ Ihr Freund und Lehrerkollege vergoss zwar keine Tränen, nickte seiner Partnerin aber traurig zu.

Wir nahmen unsere Freundin in den Arm und trösteten sie. Dann spielten wir etwas anderes. Das Kartenspiel *Einer ist immer der Arsch* fassten wir danach niemals mehr an.

Beim gemeinsamen Spiel werden gesellschaftliche Schranken jeder Art überwunden. Wenn ein Großvater mit seiner Tochter und seiner Enkelin zusammensitzt und die Würfel rollen lässt, spielt das Alter keine Rolle. Jeder unterwirft sich den gleichen Regeln. Jeder hat die gleichen Chancen; Glück und Pech können jeden treffen, unabhängig von seinem Alter, seiner Abstammung oder seiner Bildung. Besonders Kinder lieben es, im Spiel den Erwachsenen gleichgestellt zu sein und für eine gewisse Zeit mit ihnen auf Augenhöhe zu agieren. Bei eher glücksbetonten oder gedächtnisfordernden Spielen haben Kinder oft die Nase vorn und freuen sich dann riesig über einen Sieg über die vermeintlich übermächtigen Großen. Das schafft Selbstvertrauen.

Bei *Catan*-Weltmeisterschaften* treffen die besten Spieler aus verschiedenen Nationen aufeinander. Im Jahr 2018 reisten 76 Teilnehmer aus mehr als 40 verschiedenen Ländern zur *Catan*-Weltmeisterschaft in Köln an. Bunt durcheinander gewürfelt saßen Frauen und Männer aus Israel, Russland, China und Spanien oder Vertreter aus den Vereinigten Arabischen Emiraten, der Türkei, den USA und Vietnam an den Turniertischen und bauten Straßen, Siedlungen und Städte um die Wette. Die Atmosphäre war nicht ernst oder von politischen Anfeindungen geprägt. Ganz im Gegenteil. Die Stimmung war ausgelassen und heiter. Man verständigte sich meist auf Englisch miteinander oder notfalls auch mit Zeichensprache, was nicht schlecht funktionierte. Als ich meinen Blick über die Tische mit den vielen aus ganz unterschiedlichen Kulturen stammenden Teilnehmern schweifen ließ, sah ich keine politischen, religiösen oder ideologischen Schranken, die sich trennend zwischen den Menschen erhoben. Ich sah nur Menschen aus aller Welt, die ihre Freude am Spiel miteinander teilten.

Sieger wurde ein quirliger, sehr sympathischer Mexikaner, dem bei der Siegerehrung alle anderen Teilnehmer zujubelten und ihren Respekt bekundeten.

Wer oft und gern mit der Familie oder lieben Freunden spielt, wird bald spüren, dass es ihr oder ihm gar nicht so sehr ums Gewinnen geht. Ein Sieg und die ihn begleitende Genugtuung sind ein Moment, der rasch vergeht. Viel länger und nachhaltiger ist die Freude an einem spannenden Spielgeschehen und am lebhaften Zusammenspiel aller Beteiligten. Auch zu dieser Erfahrung passt der Spruch von Konfuzius: *Der Weg ist das Ziel.*

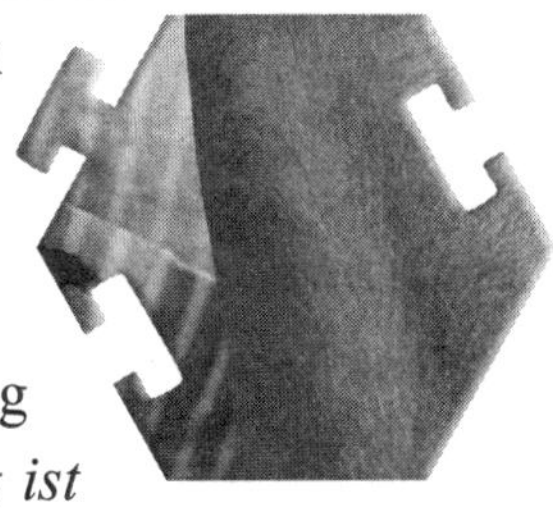

Reine Spielfreude, die sich von der Begeisterung für das gemeinsame Spielerlebnis und vom Wunsch, *dabei sein zu wollen,* nährte, erlebte ich am eindrucksvollsten auf der *Spiel 2015* in Essen, als das 20-jährige Jubiläum von *Catan* mit dem *Catan – Big Game* gefeiert wurde.

In einer großen Messehalle standen hunderte Tische aneinander, auf denen fortlaufend und zueinander passend *Catan-Seefahrer*-Spielpläne ausgelegt worden waren. Alle spielten das gleiche

Spiel. Über tausend Menschen nahmen an den Tischen Platz. Ich saß mittendrin. Mein Sohn Benjamin, der zu dieser Zeit bereits für unsere Firma tätig war, und Arnd Fischer, der seit 2014 bei Kosmos Produktmanager für *Catan* ist, hatten mich dazu überredet. Arnd Fischer blickt zurück:

„Benjamin und ich standen auf einer kleinen Bühne in einer großen Halle des Messegeländes in Essen. Vor uns saßen und standen in einem wogenden Rhythmus 1040 Menschen. Alle waren gekommen, um gemeinsam mit Klaus eine Jubiläumsrunde CATAN zu spielen. Unglaublich, aber wahr. Wir feierten 20 Jahre CATAN mit dem größten CATAN Big Game aller Zeiten.

In den wenigen Monaten zuvor musste unendlich viel organisiert werden. Zum Glück trafen wir überall auf ebenso begeisterte ‚Mitspieler': Die Macher der ‚Spiel'*, die Messe Essen, internationale Partner und Sponsoren sagten schnell zu. Verschiedenste KOSMOS-Abteilungen traten in Aktion und ein Team von 30 CATAN-Fans war vor, während und nach dem Event als Helfer unentbehrlich. Wir ließen spezielles Spielmaterial anfertigen und testeten die Spielregeln in viel zu kleinen Runden. Aber wie simuliert man auch den Ablauf mit* über *1.000 Spielern? Es blieben also einige Unwägbarkeiten bestehen.*

Je näher der große Tag kam, umso angespannter wurde ich. Als sich die Türen der Halle öffneten und das Ticketsystem spontan versagte, kam ein Anflug von Panik auf. Aber die meisten Spieler können offenbar mit einer gewissen Downtime umgehen und nahmen es deshalb wohl gelassen. Schließlich waren alle untergebracht und wir konnten auf der Bühne den Startschuss geben.

‚Eine Fünf, es ist eine Fünf gewürfelt.' Die Würfelzahl wird von uns immer für alle Spieler angesagt. ‚Jaaaa!' kommt von einem Teil der Spieler, ein langgezogenes ‚Neiiiiiin!' vom Rest. CATAN schürt Emotionen, das kenne ich aus unzähligen Spiel-

runden, aber so laut hatte ich sie noch nie gehört. Was für eine Stimmung!

Ich weiß nicht mehr, was ich auf dieser Bühne vor den vielen Menschen alles gesagt und getan habe. Ich war dann doch wohl ein wenig aufgeregt. Ich erinnere mich aber gut, dass Benjamin mir irgendwann mal spürbar den Ellbogen in die Rippen stupste und sagte: ‚Ganz ruhig. Das läuft alles!'

Und tatsächlich, als dann die die La-Ola-Wellen kamen, war mir klar, dass sich die Mühen gelohnt hatten. Es war ein grandioses Erlebnis. Und ich möchte es in jedem Fall wieder erleben. Vielleicht irgendwann mal in einem Fußballstadion? Mit CATAN ist alles möglich!"

Die Stimmung war in der Tat ausgelassen. Bei jeder Würfelzahl, die Benjamin oder Arnd für alle verkündeten, wurde aus vielen Kehlen gestöhnt, gejubelt oder verhalten geraunt. Es wurde mit den Tischnachbarn gehandelt und gefeilscht, gelacht und geflachst.*

Ich war sehr gerührt. Die Fans hatten *Catan* ein wundervolles Geschenk zum Geburtstag gemacht, das schönste, das sie ihm geben konnten: ihre reine Freude.

DAS ENDE MEINES WEGES NACH CATAN

1998 erfüllte ich mir einen besonderen Wunsch.

Die Landschaftsfelder von *Catan* drängten es mir geradezu auf, mit ihnen die Geografie von Ländern oder Gebieten unserer Erde nachzubilden. Das archetypische Spielprinzip *Ernten, Handeln, Bauen* als der Motor, der alle Kulturen in der menschlichen Geschichte antrieb und zur Blüte führte, präsentierte sich mir als tolle Möglichkeit, Geschichte in einem Spiel lebendig werden zu lassen.

So lag es nahe, meinen Neigungen zur Geografie wie auch zur Geschichte zu folgen und eine historische Erweiterung für *Catan* zu entwickeln.

Der Bau der gigantischen Pyramiden und das Leben und Wirken der alten Ägypter hatten mich von jeher fasziniert, und so kam es nicht von ungefähr, dass mein erstes historisches Szenario den Titel *Cheops* trug. Auf der Vorderseite des Spielplans sind der Nil, das Rote Meer und ein Teil der Sinai-Halbinsel abgebildet. Die Siedler, die nun keine Cataner mehr sind, sondern Ägypter, bauen wie gewohnt Straßen, Siedlungen und Städte, müssen aber auch Steine abbauen, um damit die Pyramide errichten zu können. Andernfalls ist ihnen der Fluch des Pharaos gewiss.

Die Rückseite des Spielplans zeigt Vorderasien, das Alexander der Große mithilfe der Siedler siegreich mit seinem Heer durchquert. Wer Alexander beim Städtebau zur Seite steht, hat gute Chancen auf den Sieg.

Die Box mit den beiden historischen Szenarien *Cheops* und *Alexander der Große* erschien 1998 und war zu unser aller Freude ein großer Erfolg. Ich liebte es, ein historisches Thema zu recherchieren und mir Gedanken zu machen, wie ich es mit den spielerischen Mitteln von *Catan* zum Leben erwecken könnte.

Ich war auf den Geschmack gekommen, und mit der erfolgreichen Markteinführung der ersten Szenarien dieser Art fühlte ich mich aufgefordert und legitimiert, auf der Basis des catanischen Spielsystems weitere geografische und historische Szenarien zu gestalten.

Ich war fleißig und veröffentlichte in den nachfolgenden Jahren viele Ausgaben von Ländern oder Inseln wie Mallorca, Korsika und Hawaii oder entführte die Spieler zu historischen Schauplätzen, die in Schachteln mit den Titeln *Troja*, *Die große Mauer*, *Abenteuer Menschheit* oder *Kampf um Rom* steckten. Zuletzt wurde 2018 das gemeinsam mit meinem Sohn Benjamin entwickelte eigenständige *Catan*-Spiel *Der Aufstieg der Inka* veröffentlicht.

Als 1998 mit *Städte und Ritter* die zweite Erweiterung erschien, war *Catan* für mich vollendet. Erst jetzt, in der Kombination mit seinen beiden Erweiterungen *Seefahrer* und *Städte & Ritter* war die Entwicklung von *Catan* in meinen Augen abgeschlossen.

Die Erweiterung *Seefahrer* ermöglicht es, große, individuelle Inselwelten zu erschaffen und unbekanntes Land, dessen Felder anfangs verdeckt ausliegen, zu erkunden.

Die Erweiterung *Städte & Ritter* schenkt *Catan* durch den schrittweisen Ausbau von Städten zu Metropolen eine größere Spieltiefe. Die beweglichen Ritter erhöhen die strategische Vielfalt. Die Bedrohung durch Barbaren, denen alle Spieler mit ihren Rittern gemeinsam die Stirn bieten, war das letzte i-Tüpfelchen zu einem runden, gelungenen Spiel, so wie ich es mir am Anfang meiner Entwicklung vorgestellt hatte.

Aufgrund des anhaltenden, großen Erfolges von *Catan* und des dadurch angewachsenen Arbeitspensums beschloss ich 1998, meinen alten Beruf an den Nagel zu hängen und zukünftig als freier Spieleautor tätig zu sein.

Ich informierte meine Kollegen Hans und Werner von meinem Vorhaben, das Dentallabor zu verlassen. Die beiden bedauerten mein Ausscheiden aus der Firma, akzeptierten es aber. Ich glaube, es war ihnen nicht entgangen, dass ich meine Arbeit im Labor zwar noch gewissenhaft erfüllte, zunehmend aber mit weniger Enthusiasmus und Elan.

Nach einer Übergangszeit von einem halben Jahr, in dem ich nur noch halbtags im Labor arbeitete, kehrte ich dem Betrieb, der 22 Jahre meine berufliche Heimat gewesen war, Ende 1998 den Rücken – nicht ohne Bedauern.

Ende 1998 wurde auch unser neues Doppelreihenhaus fertiggestellt. Unser altes Reihenhaus und die beiden neuen lagen gerade mal 50 Meter auseinander. Es war wohl der kürzeste Umzug, den die von uns engagierte Spedition jemals zu leisten gehabt hatte.

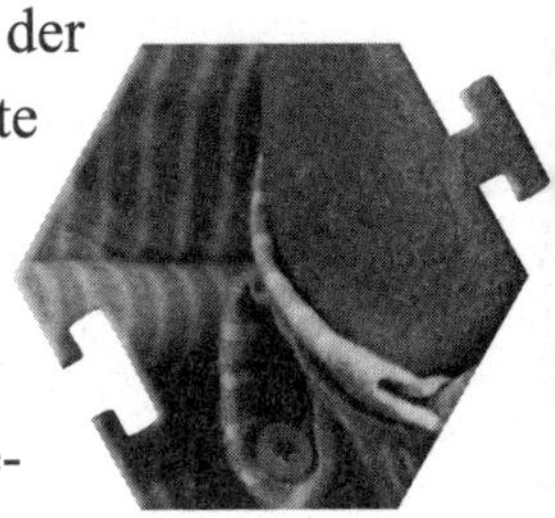

Claudia und ich waren Reihenhaus-Fans und die beiden aneinandergrenzenden und miteinander verbundenen Reihenhäuser schienen unseren Bedürfnissen wie auf den Leib geschneidert. Das eine Reihenhaus diente unserem privaten Leben, das andere daneben nutzte ich als Büro oder Studio, wie auch immer man die Räumlichkeiten nennen will, in denen Spiele entwickelt, getestet und gebastelt, Journalisten empfangen, E-Mails geschrieben, Konferenzen abgehalten und Telefonate geführt werden. Tätigkeiten, denen ich mich als freier Spieleautor nun ganztägig widmen konnte. Claudia dankte es mir, dass unser privater Bereich zukünftig von meinen beruflichen Aktivitäten verschont bleiben würde.

Lange hatte ich nicht von ihm geträumt, meinem Berufswunsch-Geist. Doch eines Nachts, kurz vor Weihnachten 1998, erschien er mir mit einer Vase, die – gefüllt mit bunten Blumen – vor seiner geisterhaften Kontur schwebte.

„Bravo, Gratulation, Klaus!", skandierte er mit fröhlicher Stimme. „Endlich hast du es geschafft und verdienst dir deine Brötchen allein mit deiner Tätigkeit als Spieleautor.

Mir darfst du übrigens auch gern zu meinem Erfolg gratulieren, schließlich war ich nicht ganz unschuldig an deinem beruflichen Werdegang. Also schenkst du mir die Blumen einfach zurück, und wir sind quitt."

Der Geist lachte keckernd, und der Blumenstrauß verschwand samt Vase im Nichts.

„Schön für dich, dass du deine Aufgabe erfüllen konntest", antwortete ich wenig beeindruckt. „Da du offenbar immer nur mein Wohl im Auge hattest, bist du wohl ein guter Geist. Deine Spezies scheint in heutigen Zeiten, in denen immer mehr mächtige Politiker von allen guten Geistern verlassen zu sein scheinen, selten geworden zu sein."

„Da irrst du. Die Zufälle und somit auch die Geister, von denen manche Menschen glauben, sie seien deren Verursacher, sind in ihrem Wesen weder gut noch schlecht. Zufälle kümmern sich nicht um die Menschen und deren Schicksal. Sie geschehen einfach. Ob die Folgen eines Zufalls gut oder schlecht sind, unterliegt allein dem subjektiven Empfinden der Menschen. Erinnere dich, als du von Reiner Müller gehört hattest. Es war dein freier Wille, ihn an einem Sonntag zu besuchen und dich nicht faul auf der Couch zu fläzen. Die Folge deiner Entscheidung war für dich sehr gut, während sie für einen anderen schlecht war."

„Wieso war sie für einen anderen schlecht?"

„Ganz einfach: Ohne den Besuch bei Reiner Müller wäre dein Barbarossa nicht erschienen und ‚Spiel des Jahres' geworden.

Ein anderer Autor hätte sich dann über den Preis und den damit verbundenen Geldsegen freuen dürfen."

„Du gestehst mir also einen freien Willen zu? Bin ich nicht mein Leben lang von dir manipuliert worden?"

„Manipulation? Oh, welch böses, böses Wort! Sei gewiss, ich habe dich nie manipuliert. Ich habe nur Weichen in die Strecke deines Lebens eingebaut. Oder sagen wir lieber, ich habe dir Abzweigungen gezeigt, die du nehmen konntest. Erinnere dich an dein letztes Schuljahr vor deinem Abitur. Du hattest dich aus freien Stücken entschieden, meine Abzweigung zu nehmen und den Physikunterricht zu schwänzen. Das lag an deinem Charakter, dem Ineffektivität zuwider ist. Du hast dich lieber beim Skatspiel mit deinen Klassenkameraden vergnügt, als die Schulbank zu drücken und den Worten eines Lehrers zu lauschen, die du ohnehin nicht verstandest. Alles, was ich getan habe, war es, dir diese Abzweigungen zu offenbaren. Es war deine Entscheidung, sie zu nehmen oder nicht. Allerdings kannte ich deinen Charakter."

„Wenn mein Charakter entscheidet, der auf der Grundlage meiner Gene von Menschen wie meinen Eltern, Lehrern und Freunden ohne mein eigenes Zutun geformt wurde, sind mir die Abzweigungen dann nicht vorherbestimmt, und ich habe gar keine Chance meinem Schicksal zu entgehen?"

Der Geist schwieg einen Augenblick.

„Wir sind beide keine Philosophen, die sich mit der Frage beschäftigen, wieviel Einfluss ein Mensch auf sein Schicksal hat und in welchem Maße er für seine Taten verantwortlich ist. Hast du denn das Gefühl, du warst und bist Herr deines Willens und deiner Entscheidungen?"

„Ja, schon."

„Dann war und ist es so."

Der Geist schwebte etwas höher, als wolle er sich bald verabschieden.

„Mein Werk ist nun vollbracht, und mein Kollege ist auch sehr zufrieden, dass sich der Wunsch seines Schützlings Claudia erfüllt hat. Sie ist frei und unabhängig in der Gestaltung ihres Lebens."

Der Geist hielt kurz inne und fuhr mit gutmütiger, leicht belustigter Stimme fort: „Offenbar schließt sie dich nach wie vor sehr gern darin mit ein."

Ich ahnte, ich würde niemals mehr von meinem Berufswunsch-Geist träumen. Seine Mission war beendet. Ich konnte mich nicht entscheiden, ob ich darüber froh oder traurig sein sollte. Der Geist verblasste und währenddessen richtete er seine letzten Worte an mich:

„Du wirst dich auch morgen nicht an deinen Traum mit mir erinnern. Aber in ein paar Jahren wirst du ein Buch über deinen Weg nach CATAN schreiben. Dann wirst du mich erfinden, um deine Geschichte ein wenig lebendiger erzählen zu können. Vielmehr, du wirst glauben, mich zu erfinden, wenn ich aus den Tiefen deines Unterbewusstseins in dein Bewusstsein aufsteige."

Das Letzte, was ich in meinem Traum von meinem Berufswunsch-Geist vernahm, war sein typisches keckerndes Lachen.

EPILOG

Die Tage zwischen Weihnachten und Neujahr 1998 nutzten Claudia und ich, um unser Wohnhaus und mein Spieleentwickler-Studio im angrenzenden „Arbeitshaus“ fertig einzurichten.

Die beiden Zimmer meines Studios befanden sich im ersten Stock. Den einen Raum nannte ich Testzimmer. Hier stand ein großes Regal mit vielen meiner Spiele, aber auch Spielen meiner Kollegen, die ich interessant fand. Eine kleine Küchenzeile mit Geräten zur Kaffee- und Teezubereitung sollte dem leiblichen Wohl meiner Gäste dienen, die zukünftig an einem großen Tisch in der Mitte des Zimmers Platz nehmen würden.

Den anderen Raum nannte ich mein Büro. In den Regalen dieses Raums stapelten sich Geschichts- und Sachbücher. Der großzügige Schreibtisch mit Computer und Drucker, der später auch meinen beiden Söhnen Platz zum Arbeiten bieten würde, dominierte das Zimmer.

Im Erdgeschoss und im Keller befanden sich mein Spiele-Archiv und meine Werkstatt. In Letzterer stand eine große Säge, die die Herzen jedes Fernsehteams, das mich später besuchte, höher schlagen ließ.

Hier konnten sie filmen, wie ein Spieleautor seine Spielfiguren produzierte. Action pur! Meist hatte ich bei solchen Gelegenheiten keine aktuellen Spielfiguren herzustellen. So portionierte ich für die Kamera eine Holzleiste in viele kleine Stücke, die später im Abfalleimer verschwanden. Für eine Szene von zwei bis drei Sekunden, bei der ich dramatisch mit einer Schutzbrille auf der Nase emsig vor mich hinsägte, genügte das.

Die beiden kleinen Zimmer im Dachgeschoss waren für Gäste und für Guido reserviert, wenn er uns mit seiner Familie besuchte.

Zufrieden durchschritt ich Anfang Januar 1999 mein neues Reich. Hier ließ es sich weitaus komfortabler arbeiten als in meinem ehemaligen kleinen Refugium. Ich fand es keineswegs bescheiden, sondern angemessen und völlig ausreichend für meinen neuen Beruf als freischaffender Spieleautor.

Dass man das auch anders sehen konnte, erfuhr ich zwei Jahre später.

Ich erhielt eine E-Mail von einem Mitarbeiter des japanischen Videospieleherstellers Capcom. Er schrieb mir, sein Chef Yoshiki Okamoto würde mich gern besuchen, da er ein großer Fan meines Spieles *Die Siedler von Catan* sei und es gern in Japan herausbringen würde. Ich informierte mich: Mr. Okamoto war ein berühmter Game-Designer und ein Direktor von Capcom, der in den Jahren um die Jahrtausendwende viele, sehr erfolgreiche Videospiele entwickelt hatte. Ich war sehr neugierig und lud den prominenten Japaner ein.

So kam Mr. Okamoto-san mit zwei seiner Angestellten im Tross ins ländliche Roßdorf. Wir saßen an meinem großen Tisch und spielten mehrere Partien *Catan*. Auf Wunsch Mr. Okamotos sollte jeder Teilnehmer vor jedem Spiel 20 Euro in ein Glas stecken, dessen Inhalt dann der Gewinner einstrich. An diesem Tag wurde der ohnehin reiche Mr. Okamoto noch um ein paar Scheinchen reicher, denn bis auf eines gewann er alle Spiele.

Sicher, Mr. Okamoto spielte sehr gut, aber ich gewahrte eher selten, dass einer seiner Mitarbeiter ihm den Räuber vor die Nase setzte oder nicht zuvorkommend und freudig mit ihm handelte.

Ich bemerkte, wie Mr. Okamoto mich beobachtete, als ich mich fleißig um das Wohl meiner Gäste kümmerte, grünen Tee zubereitete, Kaffee kochte, Cola oder Mineralwasser einschenkte und Knabbereien reichte. Irgendwann raunte er einem seiner Mitarbeiter ein paar japanische Worte zu. Dieser übersetze sie mir

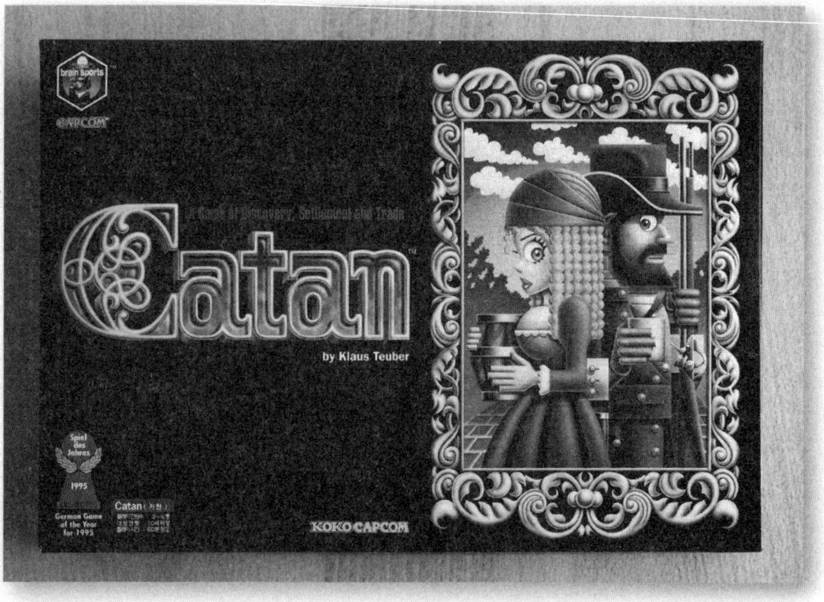

2002 erschienen ‚Die Siedler von Catan' in Japan.

ins Englische. So erfuhr ich, dass sich Mr. Okamoto fragte, ob ich crazy – was ich für mich mit wunderlich oder leicht verrückt übersetzte – oder weise sei. Anscheinend hatte er erwartet, mich in einem prächtigen Saal anzutreffen, in dem Bedienstete uns umsorgten. So aber war er in seinen Augen wohl in der bescheidenen Behausung eines Eremiten gelandet.

Da ich während unserer Spiele, von einer Erkältung geplagt, ungeniert in die Hand nieste und mir die Nase mit einem Taschentuch putzte, was – wie ich später erfuhr – in der japanischen Öffentlichkeit absolut verpönt ist, und abends Claudia und nicht ich die Kreditkarte zückte, um unser Abendessen in einem guten Restaurant zu begleichen, kam er wohl eher zu der Erkenntnis, ich sei „crazy".

Das hinderte Mr. Okamoto jedoch nicht daran, mich während Zwischenstopps auf dem Frankfurter Flughafen noch zweimal zu besuchen und ein paar Partien *Catan* mit mir zu spielen. Im Jahr 2002 brachte er *Catan* unter dem Label KOKO CAPCOM in Japan heraus. Das Spiel verkaufte sich nur mäßig. Was nicht verwunderlich ist, denn Capcom war ein Hersteller von Videospielen und besaß keine Vertriebsstruktur für Brettspiele.

*

Ein paar Monate nachdem ich das Dentallabor verlassen hatte, meldeten Hans und Werner Konkurs an. Wer jetzt denkt, mein Ausscheiden sei der Grund dafür, liegt falsch.

Auch wenn Hans, Werner und ich es fast zehn Jahre geschafft hatten, das Labor über Wasser zu halten, rächten sich letztendlich doch die Folgen des Booms in den 70er-Jahren. Die Kapitaldecke der GmbH war zu dünn, um Zeiten mit zu wenigen Aufträgen zu überbrücken, und die Lohnkosten waren immer noch zu hoch. Nach dem Konkurs, der Dank der umsichtigen Vorgehensweise von Hans und Werner fast alle Gläubiger befriedigte, gründeten die beiden eine neue Firma. Sie übernahmen etwa die Hälfte der alten Belegschaft und kauften das Mobiliar und die Gerätschaften der in Konkurs gegangenen Firma.

Das neue Dentallabor, das nach einer Übergangszeit wieder unter dem Namen Teuber firmierte, war gesund. Mit nur der halben Belegschaftsstärke erwirtschaftete es im ersten Jahr seines Bestehens den gleichen Umsatz wie die Vorgängerfirma. Auch heute noch, in einer abermals schwierigen Zeit für die Dentalbranche, die diesmal von den wirtschaftlichen Schäden des Zahntourismus betroffen ist, geht es dem Unternehmen dank des klugen und umsichtigen Handelns von Hans gut.

Mindestens einmal im Jahr habe ich das Bedürfnis, meine alten Kolleginnen und Kollegen aus meiner Zahntechnikerzeit wiederzusehen. Dann lade ich Hans, Werner und einen Teil der Belegschaft von damals in ein Restaurant ein, und beim Abendessen erinnern wir uns nicht nur an schlechte Zeiten, sondern auch an viele schöne oder lustige Begebenheiten.

*

Der gute Karl Hering half uns im Jahr 2002 noch einmal aus der Patsche, als wir, TM, für Kosmos ein *Herr der Ringe*-Spiel mit dem Untertitel *Die Gefährten* zum Film *Herr der Ringe* (ich weiß, das klingt kompliziert) herbeizaubern sollten. Knapp war die Zeit, die uns dafür zur Verfügung stand. Zu knapp, um geeignete Spieleautoren damit zu beauftragen. Also mussten wir selber ran.

Wir waren mit dem Ergebnis unserer Arbeit zufrieden, viele Spielekritiker leider nicht. Kein Wunder. Was erwarteten wir auch, wenn wir Karl Hering als Autor angaben?

Karl Hering war beleidigt. Er hatte zumindest ein paar anständige Rezensionen wie bei seinem Spiel *Bakschisch* erwartet, das wir 1995 unter seinem Namen veröffentlicht hatten. Er sprach vom Missbrauch seines Namens und kündigte uns die Freundschaft.

Zuletzt hörten wir, Karl Hering habe sich bei der NASA als Astronaut für eine Marsmission beworben. Wir hofften für die NASA, sie würden Karl Hering nicht in die Astronautenstiefel steigen lassen. Ein Raumschiff mit Karl Hering an Bord würde nie den Mars erreichen.

*

Im Jahr 2002 beschlossen wir, Änderungen am Material und am Erscheinungsbild der *Catan*-Spiele vorzunehmen. Wir, das waren Axel Meffert, der Vertrieb von Kosmos und unsere TM-Truppe, die damals noch allein für die redaktionellen Belange der Kosmos-Spiele im Familien- und Erwachsenenbereich zuständig war. Nach vielen Treffen und Diskussionen nahm der neue Auftritt von *Catan,* der von dem Motto *Fantasie wird lebendig* begleitet wurde, Gestalt an.

Brauchte man bei den ersten Ausgaben des *Catan*-Basisspiels und seiner beiden Erweiterungen eine große Portion Fantasie, um sich Siedler in dem schwarzen Silhouettendorf oder dem Schiff vorzustellen, fiel das bei den Covern der neuen Ausgaben leichter: Farbe und Licht hauchten den Motiven Leben ein.

Auch an das Material legten wir Hand an. Die Rohstoff- und Entwicklungskarten sowie die Landschaftsfelder wurden neu illustriert, und ich hatte einen Rahmen für das Basisspiel entwickelt, mit dem das Spiel schneller aufgebaut und das Verrutschen der Landschaftsfelder verhindert werden konnte.

Die beiden bisher genannten Änderungen waren harmlos im Vergleich zur dritten, zu der sich Kosmos entschlossen hatte: Die abstrakten Holzfiguren der Straßen, Siedlungen und Städte wurden durch detailliert modellierte Kunststofffiguren ersetzt.

Damit trafen wir die Herzen vieler Siedler. Nein, leider war unser Pfeil nicht so edel wie der Amors, der die Liebe der Getroffenen zu *Catan* hätte erblühen lassen. Im Gegenteil: Nicht wenige Fans fühlten sich von einem billigen Plastikpfeil, einem hässlichen Fremdkörper, verletzt, der ihre Liebe zu natürlich gewachsenem Material beleidigte und sie auf die Barrikaden steigen ließ.

Die Folgen waren viele an Kosmos und mich gerichtete E-Mails und Briefe, in denen sich die Verfasser über die „hässlichen und billigen Plastikfiguren“ in ihrem Lieblingsspiel empörten. Noch heute, 17 Jahre nach der Umstellung des Materials der Figuren von Holz auf Kunststoff, gibt es entsprechende Kommentare auf den Verkaufsplattformen im Internet.

Heiko Windfelder*, heute Programmleiter Spielware und Mitglied der Geschäftsleitung bei Kosmos, kennt die Debatte:

„Nicht Lehm oder Erz, nein: Holz oder Kunststoff – das war jahrelang die am heftigsten diskutierte Frage. Erst verlagsintern. Dann, als wir den Wechsel der Spielmaterialien von Holz auf Kunststoff umgesetzt hatten, in der ganzen Spielewelt.

Gründe für die Entscheidung gab es mehrere: Zum einen Produktionsfragen, denn das Holz war bei größeren Auflagen nicht immer schnell und günstig zu bekommen. Zum anderen passten die detailliert modellierte Figuren zum damaligen Motto ‚Fantasie wird lebendig'.

Für manche Fans war das allerdings so verwerflich wie einst Bob Dylans Tausch der Akustik- mit der E-Gitarre.

Sie vermissten die Emotionalität des Werkstoffs Holz, doch andere fanden diese Emotionalität gerade bei den im Detail gestalteten Siedlungen und Städten.

Klassizität stand gegen Modernität.

Abstraktion gegen Gestaltung.

Und das Wort der Stunde war: Kompatibilität!

Denn Getreide und Erz passen zusammen, Holzversionen und Kunststoffversionen irgendwie nicht.

Hinzu kam unter dem Motto ‚Fantasie wird lebendig' auch eine Veränderung bei den Karten, den Illustrationen und beim Rahmen. Wie also umgehen mit den verschiedenen Versionen am Markt?

Dazu erreichten den Verlag Fragen über Fragen, übrigens bis heute, auch wenn es natürlich weniger sind. Aber es zeigt, wie hartnäckig sich die Catanboxen in den Spielerregalen halten.

Es gab ganze Übersichtstableaus über die Kompatibilität zwischen Spielen und Ergänzungen, und im Verlag saßen Experten, die die schwierigsten Fragen beantworten konnten.

Nur in den USA nicht, denn dort machte man diesen Wechsel nicht mit. So ist nun die Welt auch heute noch aufgeteilt: in Holz in der englischsprachigen und Kunststoff in der nicht englischsprachigen Welt.

Vielleicht wird es ja irgendwann wieder eins, versöhnlich, das wäre im Sinne von CATAN. Wobei: Zu CATAN passt ja auch die Unterschiedlichkeit. Der eine hat was, was der andere möchte, und da heißt es drüber sprechen, handeln und sich einig werden.

Ich selber stehe ja auf der Seite der … nein, das spielt jetzt wirklich keine Rolle, zumal ich beides im Schrank stehen habe, Holz wie Kunststoff.“

Ha, auch ich habe beide Versionen in meinem Spieleschrank stehen. Aber auf welcher Seite stand ich damals, als die Entscheidung für die Kunststoffversion fiel?

Wie viele Erfindungen der Menschheit birgt Kunststoff Segen und Fluch zugleich in sich. Als ehemaliger Zahntechnikermeister, der langlebige Prothesen aus Kunststoff fertigte, die es Menschen ermöglichen, härtere Speisen zu kauen und sie dadurch besser verdauen zu können, sah ich Kunststoff in der Form von Gegenständen, die Leben verlängern oder retten, als segensreichen Werkstoff an.

Heute beunruhigen und erschrecken uns die Nachrichten von den katastrophalen Verunreinigungen der Weltmeere. Verpackungen und Wegwerfartikel aus Kunststoff erweisen sich als Fluch.

Da Spielfiguren für mich keine Wegwerfartikel waren und sind und mir die detaillierte Darstellung der Straßen, Siedlungen und Städte auf der Basis von Kunststoff gefiel, hatte ich 2002 die von Kosmos gewünschte Umstellung der *Catan*-Figuren von Holz auf Kunststoff unterstützt. Auch heute gefallen sie mir noch, und wenn ich *Catan* spiele, greife ich zur Schachtel mit den Kunststofffiguren. Ich hoffe, man möge mir das verzeihen und mich dafür nicht eines Tages vierteilen.

*

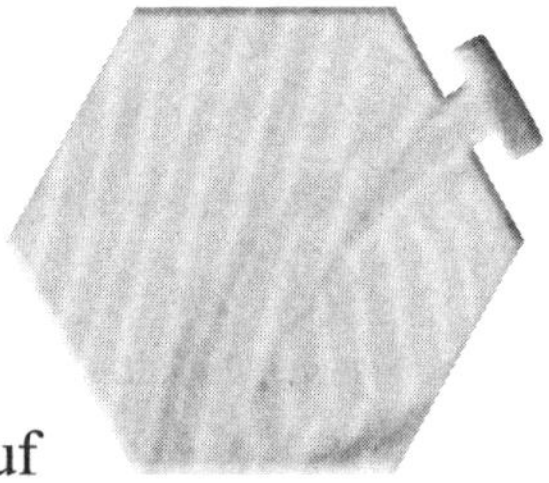

Im Herbst 2003 erschien der Roman *Die Siedler von Catan* von Rebecca Gablé.

Ich hatte Frau Gablé ein paar Jahre zuvor auf der Buchmesse in Frankfurt kennengelernt. Da ich ihren ersten Waringham-Roman *Das Lächeln der Fortuna* mit großer Begeisterung gelesen hatte, fragte ich sie, ob sie nicht Lust habe, in einem Roman die Geschichte der Besiedlung *Catans* zu erzählen. Zu meiner großen Freude sagte Frau Gablé zu.

Wir trafen uns in Köln. Ich hatte inzwischen die Handlung des Romans, wie sie mir vorschwebte, grob skizziert, und auch Rebecca Gablé hatte sich Gedanken gemacht. Als wir begannen, uns gegenseitig unsere Ideen für den Roman mitzuteilen, waren wir sehr überrascht. Unsere Vorstellungen deckten sich weitestgehend. Es folgten Monate einer harmonischen und konstruktiven Zusammenarbeit. Es fiel mir zwar nur die Rolle des Kritikers zu und viel zu kritisieren hatte ich nie, aber es war sehr spannend die Entstehung des Romans sozusagen „live“ miterleben und begleiten zu dürfen.

*

Im Jahr 2005 wurde *Catan* zehn Jahre alt und zu diesem Anlass erschien eine 3-D-Edition*, die das Basisspiel und die Erweiterung *Städte & Ritter* enthielt.

Bereits 1998 hatte mich eine pure Lust gepackt, die Hügel, Gebirge, Felder, Wälder und Weiden *Catans* in dreidimensionaler Ansicht zu schaffen. Ich griff zu den Werkzeugen aus meiner Zeit als Zahntechniker und modellierte mit ihnen Landschaften aus Wachs, die ich mit vielen kleinen Bäumen, Schafen, Büschen, Getreideähren und Grasflächen schmückte. Nach der Abformung der Landschaften goss ich die Formen mit Kunststoff aus und bemalte die so entstandenen Modelle detailliert und liebevoll mit den Farben der Natur.

Als ich mein Werk vollendet hatte, genoss ich es, meine Augen gleich einem Vogel über die paradiesisch anmutende Insellandschaft gleiten zu lassen. Ich fand, auf *Catan* war die Welt noch in Ordnung.

Zwar hatte ich die dreidimensionalen Landschaften in erster Linie zum eigenen Vergnügen geschaffen, aber Kosmos war sehr angetan davon und schlug mir vor, zum zehnjährigen *Catan*-Jubiläum im Jahr 2005 eine limitierte 3-D-Edition auf den Markt zu bringen. Natürlich war ich einverstanden und so ließ Kosmos im Jubiläumsjahr 2.500 Exemplare für den deutschsprachigen Raum produzieren. Mayfair orderte sogar 5.000 3-D-Editionen. Billig war sie nicht, die Luxusversion von *Catan*. Immerhin musste ein Liebhaber damals € 289,– dafür hinblättern. Nach einem Jahr war die 3-D-Edition ausverkauft. Sebastian Rapp, von 2000 bis 2014 Produktmanager für *Catan* bei Kosmos, sammelte eigene Erfahrungen mit der 3-D-Edition:

„Das ‚3-D-CATAN hat mich während der ersten fünf Jahre, die ich mit CATAN befasst war, beschäftigt. Klaus hatte seine bemalten 3-D-Landschaften bereits 1998 vorgestellt. Es gäbe also viel zu erzählen. Zwei Details sind mir aber besonders in Erinnerung geblieben. Da ist zum einen der berühmte Druckfehler. Unter allen limitierten Editionen dieser Welt ist das 3-D-CATAN

vermutlich die Einzige, die eine Editiom ist, wie man unten auf der Schatzkiste sehen kann. Sämtliches Material wurde vor Produktion geprüft und freigegeben, nur bei den Kisten erfolgte vor der Bedruckung keine Freigabe. Denn was sollte da schon schiefgehen ...

Das Zweite ist die Sache mit den ‚fehlenden' Deckeln der Figurenboxen. Für jede Farbe gab es eine eigene Aufbewahrungsbox. Diese wurden paarweise aufeinandergesetzt. Die obere deckte die untere ab, daher gab es nur für die oberen eine Abdeckung. Vier Aufbewahrungsteile, nur zwei Deckel. Skandalös.

Es erreichten uns einige Anfragen, ob wir zwei weitere Deckel zur Verfügung stellen könnten, was leider nicht machbar war. Dann kam der Sonntagnachmittag der Spielemesse in Essen. An der Catan-Theke baute sich ein Mann vor mir auf und forderte zwei weitere Deckel. Es folgte eine verbale Auseinandersetzung, an deren Ende er ohne Deckel seiner Wege ging. Ich konnte die Deckel ja nicht herzaubern. Ein Jahr später war er wieder da und forderte die Deckel. Mit dem gleichen Ergebnis. Daraus entwickelte sich über die folgenden Jahre ein Ritual, das aber mit jedem Jahr entspannter wurde: ‚Hallo, ich habe keine Deckel für Sie.' – ‚Ich weiß, ich komme trotzdem.' Irgendwann habe ich ihn nicht mehr gesehen, da ich aufgrund zunehmender Verpflichtungen immer weniger an der Theke war. Aber wer weiß, vielleicht kommt er ja immer noch jedes Jahr vorbei ...“

*

Die dritte Erweiterung zu *Catan, Händler & Barbaren*, erschien 2007. Zehn Jahre zuvor hatte ich im besten Glauben behauptet, *Städte & Ritter* sei die letzte Erweiterung. Ich hatte mich getäuscht. Für die Veröffentlichung der vielen Ideen zu Varianten und Szenarien, die sich in meiner Schublade angesammelt hatten, war das Format einer Erweiterung am besten geeignet.

*

USM brachte im April 2008 *Catan – Die erste Insel* für javafähige Mobiltelefone heraus. Später folgten digitale Umsetzungen für Smartphones und Tablets. Hatte die Zusammenarbeit mit USM im digitalen *Catan*-Bereich anfangs etwas gehapert, entwickelte sie sich zu unserer Zufriedenheit zunehmend erfolgreich. Der vorläufige Höhepunkt, den USM 2017 realisierte, ist *Catan Universe*. Bei *Catan Universe* handelt es sich um eine digitale Plattform, die es Spielern aus aller Welt ermöglicht, an ihren Geräten, egal, ob es sich um Computer, Smartphones oder Tablets handelt, miteinander zu siedeln.

*

Wir fünf von TM arbeiteten bis 2009 weiterhin erfolgreich für Kosmos. Ab 2009 waren wir leider nur noch vier. Fritz verließ Kosmos und damit auch uns, nachdem ihm Differenzen mit einigen Mitarbeitern von Kosmos als unüberbrückbar erschienen waren.

Fritz arbeitete weiter in der Spielebranche. Auf Messen liefen wir ihm öfter über den Weg und unterhielten uns freundlich miteinander. Die Herzlichkeit und Verbundenheit zwischen uns und Fritz war aber unwiderruflich verloren.

*

Im Jahr 2011 erhielt unsere Firma Catan GmbH Zuwachs. Benjamin erinnert sich:

„Nachdem ich mein Studium mit dem ‚Master of European Business' abgeschlossen und einige Berufserfahrung, unter anderem bei Firmen in Japan und Argentinien, gesammelt hatte, stand ich vor der Entscheidung, wie es beruflich bei mir weitergehen sollte. Ich erinnerte ich mich an das Angebot meines Vaters und meines Bruders Guido, dass ich jederzeit in der Catan GmbH anfangen könne, wenn ich wolle.

Ich überlegte nicht lange.

Spiele zu spielen und auch teilweise Ideen für die Entwicklung von Prototypen beizusteuern habe ich schon immer geliebt. Mit meinem Vater und Guido hatte ich von jeher ein enges und gutes Verhältnis. Mit ihnen zusammen eine Marke wie CATAN weiterzuentwickeln, deren Werte ich gut und gern vertreten konnte, und somit etwas wirklich Sinnvolles mit meiner Zeit und Energie anstellen zu können, reizte mich. Ja, warum nicht auch mit der Familie arbeiten?

Als ich 2011 in der Catan GmbH anfing, mussten sich mein Vater und mein Bruder erst mal warm anziehen. Ich hatte viele Ideen im Gepäck, mit denen ich die Strukturen der Catan GmbH umzukrempeln gedachte …

Heute, knapp zehn Jahre später, kann ich sagen, dass ich sehr glücklich bin, nicht nur einen spannenden Arbeitsplatz, sondern meine Berufung gefunden zu haben."

Guido und ich waren sehr froh, dass Benjamin seinen Weg zu uns gefunden hatte. Beileibe nicht nur, weil Benjamin Guidos Bruder und mein Sohn war.

Wir brauchten dringend einen Mitarbeiter, der sich um das von uns vernachlässigte Marketing und um die Pflege der Kontakte zu den *Catan*-Unterlizenznehmern von Kosmos kümmerte. Auch für die Entwicklung weiterer *Catan*-Produkte und von Spielen jenseits von *Catan* wünschte ich mir einen kreativen und vertrauenswürdigen Partner.

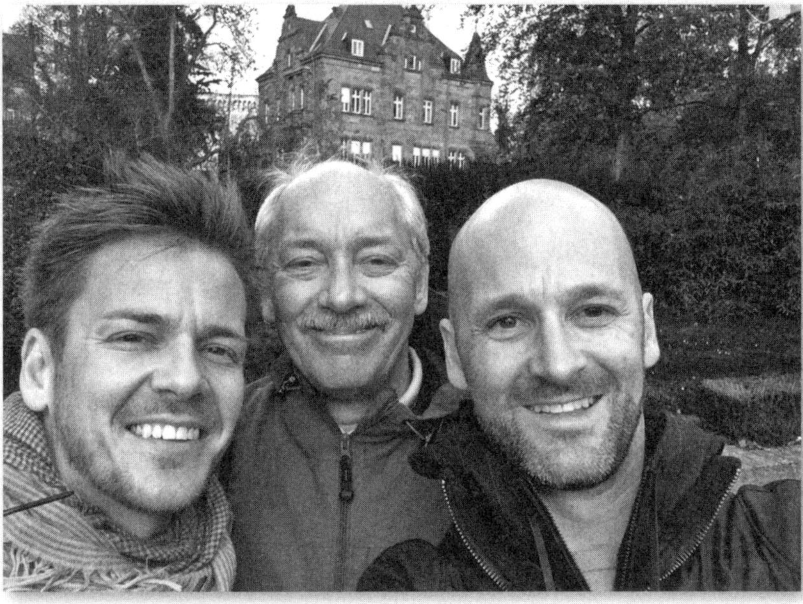

2012 waren wir komplett: Benjamin, Guido und ich.

Da Guido und ich Benjamin sehr gut kannten und wir seine Fähigkeiten zu schätzen wussten, war er unser absoluter Wunschkandidat. Als Benjamin seine Stelle antrat, stellten wir uns gern dem frischen Wind, den er in unsere Firma brachte. Er blies uns gewiss nicht zu unserem Schaden um die Ohren.

Ich bin sehr glücklich über die Zusammenarbeit mit meinen beiden Söhnen. Sie hatten ihren Weg nach *Catan* gefunden, weil ihre jeweiligen Aufgaben in unserer Firma ihren Neigungen entsprachen. Beide hatten mir versichert, eine Nachfolge in meinem damaligen Dentallabor wäre für sie niemals infrage gekommen. Unter anderem hätten sie mich als Kinder zu oft spät abends müde und erschöpft nach Hause kommen sehen.

Ich glaube, hätte es *Catan* nie gegeben, wäre Guido ein angesehener Diplomat und Benjamin ein erfolgreicher Manager geworden. Ob sie in diesen Berufen glücklicher geworden wären? Das ist eine Frage, deren Antwort sich in der Unendlichkeit der Zeit verliert.

*

Im Frühjahr 2012 verstarb Axel Meffert. Die Mitarbeiter von Kosmos trauerten um einen großartigen Chef und ich um einen fairen und aufrechten Geschäftspartner, der mir in den letzten Jahren vor seinem Tod zum Freund geworden war. Sehr gern hätte ich unsere Freundschaft, die unsere Frauen mit einbezog, weiter vertieft.

*

Im Jahr 2013 beendeten wir unsere Redaktionsarbeit für Kosmos und beschlossen, TM aufzulösen. Der Hauptgrund war Reiner, der inzwischen auf siebzig zuging und seinen Lebensabend zusammen mit seiner Frau ganz den privaten, schönen Dingen widmen wollte.

Das letzte erfolgreiche Spiel, das wir als TM-Team unter der Federführung von Wolfgang gemeinsam redaktionell bearbeiteten, hieß *Die Legenden von Andor* von Michael Menzel, das 2013 mit dem Preis „Kennerspiel des Jahres“, dem anspruchsvolleren Bruder von „Spiel des Jahres“, ausgezeichnet wurde.

Michael Menzel war auch der Illustrator, der die Motive auf den Schachteln der dritten und der vierten deutschen Ausgabe der *Catan*-Spiele von 2010 und 2015 neu illustrierte.

Benjamin wurde 2011 assoziiertes Mitglied von TM, und so waren wir in den letzten Jahren unseres über 20-jährigen Bestehens wieder zu fünft.

Wolfgang wurde nach der Auflösung von TM von Kosmos als Redakteur übernommen und ist dort heute Teamleiter Programm in der Redaktion Erwachsenenspiel.

*

Peter, Wolfgang, Benjamin und ich treffen uns auch heute noch zum Testen und Spielen unserer Entwürfe und der Spiele, die Wolfgang redaktionell für Kosmos betreut. Wir nennen uns heute immer noch TM, obwohl unsere Firma schon ein paar Jahre nicht mehr existiert.

*

Seit 2014 entwickle ich neue Spiele gemeinsam mit Benjamin. Mit Ausnahme von *Catan*-Spielen waren unsere Schöpfungen leider nicht sehr erfolgreich. Aber wir hatten und haben viel Spaß miteinander und das war und ist uns Lohn genug für unsere gemeinsame Arbeit.

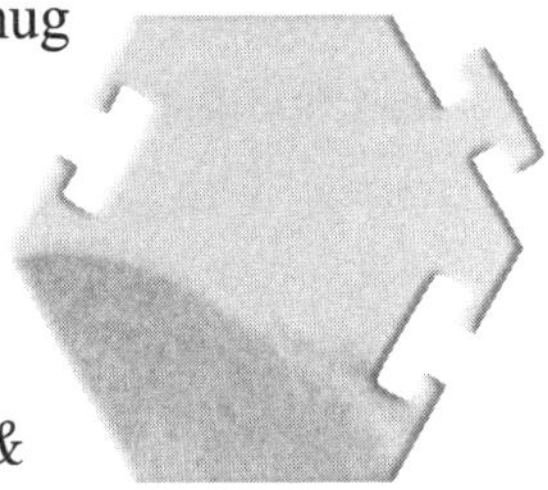

*

Die vierte Erweiterung zu *Catan*, *Entdecker & Piraten,* erschien 2014. Die Grundidee dazu hatte ich schon 1996, als ich die Erweiterung *Seefahrer* entwickelte. Die zentrale Frage, die ich mir zu Beginn der Entwicklung stellte, lautete: Sollen die Spieler ihre Schiffe auf den Meerwegen starr wie Straßen aneinandersetzen oder sollen sie diese frei über das Meer ziehen können?

Ich entschied mich damals für die erste Möglichkeit, da die Regeln für das Aneinandersetzen von Schiffen mit wenigen Sätzen erklärt war und ich die Menschen, die sich die erste Erweiterung für *Catan* kauften, nicht mit zu vielen Regeln überfordern wollte. Aber die zweite Möglichkeit ging mir nicht aus dem Kopf. Ich stellte mir kleine, mit Siedlerfiguren beladene Schiffe vor, mit denen die Spieler in unbekannte Gewässer vordrangen, neue, unbewohnte Inseln entdeckten und diese besiedelten. Ganz so wie die Wikinger, die mit ihren Entdeckungsfahrten Pate bei der Entstehung von *Catan* gestanden hatten.

Diese Vorstellung faszinierte mich im Lauf der Jahre immer stärker, bis ich nicht widerstehen konnte, sie in der vierten Erweiterung zu realisieren.

*

Guido und Benjamin hatten inzwischen weitestgehend das operative Geschäft unserer Catan GmbH übernommen, was mir mehr Zeit für die Entwicklung von Spielen schenkte. Als eine ihrer wichtigsten Aufgaben sahen und sehen es meine beiden Söhne an, die Zusammenarbeit zwischen unseren verschiedenen Lizenzpartnern zu fördern. Hierzu veranstalteten sie ab 2014 jährlich ein Meeting mit unseren Partnern, das wir ab 2016 „*Catan*-Konklave“* nannten.

Ein wichtiges Thema der ersten Meetings waren die beiden sehr unterschiedlichen Versionen, die es von *Catan* gab.

Die englischsprachige Ausgabe unterschied sich sowohl im Erscheinungsbild als auch bei der Gestaltung der Karten und Landschaften stark von der Kosmos-Ausgabe. Nach langen Verhandlungen, die vom Goodwill unserer beiden Lizenzpartner, den Geschäftsführern Pete Fenlon von Mayfair (ab 2015 Catan-Studio) und Michael Fleissner von Kosmos geprägt waren, einigten sich schließlich alle Partner auf eine neue, weltweit weitestgehend einheitliche Ausgabe von *Catan,* die erstmals im Jahr 2015 erschien.

*

Im Jahr 2015 verkaufte Mayfair mit unserem Einverständnis die englischsprachigen Vertriebsrechte von *Catan* an die Firma Asmodee, die inzwischen weltweit zu den Großen der Spielebranche gehört.

Pete Fenlon verließ Mayfair und gründete das Studio CSI, das sich seitdem als Tochter von Asmodee um die Redaktion und die Vermarktung von *Catan* in den englischsprachigen Ländern kümmert.

*

Im Jahr 2016 starben Fritz und Reiner. Auch wenn die beiden zuletzt nicht mehr an unseren Treffen teilnahmen, war es für uns doch so, als wären sie schmerzhaft aus unserer Mitte gerissen worden. Besonders Reiners Tod nahm mich schwer mit. Viel hatten wir gemeinsam erlebt. Viel hatten wir gemeinsam erreicht. Unsere gemeinsame Zeit war unwiderruflich zu Ende.

*

Im Jahr 2018 erschien der gemeinsam mit Benjamin entwickelte *Catan*-Ableger *Catan – Der Aufstieg der Inka*. Etwas ganz Neues wohnte den vielen Schachteln inne, was allerdings nur diejenigen erkannten, die eingeweiht waren: Der Räuber und die Dickicht-Figuren, mit denen im Spiel untergegangene Siedlungen und Städte markiert wurden, waren die ersten Spielfiguren aus dem Haus Kosmos, die aus dem Biokunststoff PE hergestellt wurden. Da der Kunststoff aus nachwachsenden Zuckerrohrpflanzen hergestellt wird, die beim Wachstum CO_2 gebunden haben, ist die Ökobilanz von Bio-PE positiv, selbst wenn die aus diesem Kunststoff hergestellten Figuren später verbrannt und nicht recycelt werden sollten. Ein weiterer positiver Aspekt ist die Herstellung der Biofiguren in Deutschland und nicht in Fernost, wodurch weitere CO_2-Emissionen beim Transport vermieden werden.

Michael Fleissner liegt die Umstellung der Materialien von erdölbasiert auf Bio sehr am Herzen und so hat er sie zur Chefsache gemacht. Guido, Benjamin und ich hoffen, dass in nicht allzu ferner Zukunft alle Figuren der *Catan*-Spiele aus nachwachsenden Rohstoffen hergestellt werden. Das würde nicht nur gut zur Philosophie von Kosmos und CSI, sondern auch gut zur Philosophie unserer Marke *Catan* passen und vielleicht der ewigen Diskussion, ob Spielfiguren aus Holz oder Kunststoff die bessere Wahl seien, die Basis entziehen oder ihr zumindest die Schärfe nehmen.

*

Wenn ich zurückblicke, hatte ich viel Glück, auf Menschen zu treffen, die mich auf meinem Weg nach *Catan* unterstützten oder ein Stück begleiteten. Claudia, meine Söhne Guido und Benjamin, meine Freunde von TM und nicht zuletzt Reiner, der mir wohl auf dem schwierigsten Stück des Weges beistand.

Ihnen allen gebührt mein großer Dank. Aber auch den sehr fähigen und engagierten *Catan*-Produktmanagern Sebastian Rapp und Arnd Fischer, dem Vertrieb mit Frau Schuhmacher und der Geschäftsleitung von Kosmos mit Axel Meffert, sowie seinen Nachfolgern Michael Fleissner und Heiko Windfelder, die alle den großen Erfolg von *Catan* in den nicht englischsprachigen Ländern stets gestützt und gefördert haben.

Für den Erfolg von *Catan* in den englischsprachigen Ländern danke ich der Mannschaft von Mayfair – allen voran Pete Fenlon.

Im Jahr 2020 feiert *Catan* sein 25-jähriges Jubiläum. Nicht zuletzt deswegen habe ich dieses Buch geschrieben. 25 Jahre sind eine Zeit, deren Länge mir bewusst wird, wenn mir nicht wenige gestandene Väter oder Mütter sagen, er oder sie hätte früher als Kind gern mit den Eltern auf *Catan* gesiedelt und spiele es jetzt mit großer Freude mit seinen bzw. ihren Kindern.

Bei diesen Vätern und Müttern sowie allen Freunden von *Catan,* die mich in E-Mails, Briefen oder persönlichen Gesprächen auf Messen und Spieleveranstaltungen zu den in den letzten 25 Jahren erschienenen Erweiterungen oder Variationen zu *Catan* ermutigt haben, bedanke ich mich.

Ganz herzlich bedanke ich mich auch bei meiner Lektorin Juliane Voorgang, die die Entstehung dieses Buches sehr fachkundig und sensibel begleitet hat. Fachkundig auch deshalb, weil sie seit ihrer Kindheit begeisterte *Catan*-Spielerin ist.

War das blanker Zufall? Oder hatte sich da ein gewisser Geist nicht zurückhalten können, doch noch einmal eine Weiche zu stellen?

Das letzte Wort überlasse ich gerne Heiko Windfelder:

„Für den Kosmos Verlag war CATAN ein unglaublicher Glücksfall. Ohne CATAN wäre Kosmos nicht das Medienhaus, das es heute ist. Ich kann mich noch gut erinnern, wie ich, ganz frisch im Verlag und damals für den Buchverkauf zuständig, von der Auszeichnung gehört habe. Die Bedeutung dieser Auszeichnung war mir damals nicht bewusst. Axel Meffert, dem damaligen Geschäftsführer, schon eher. Aber welch grandiosen und langen Weg

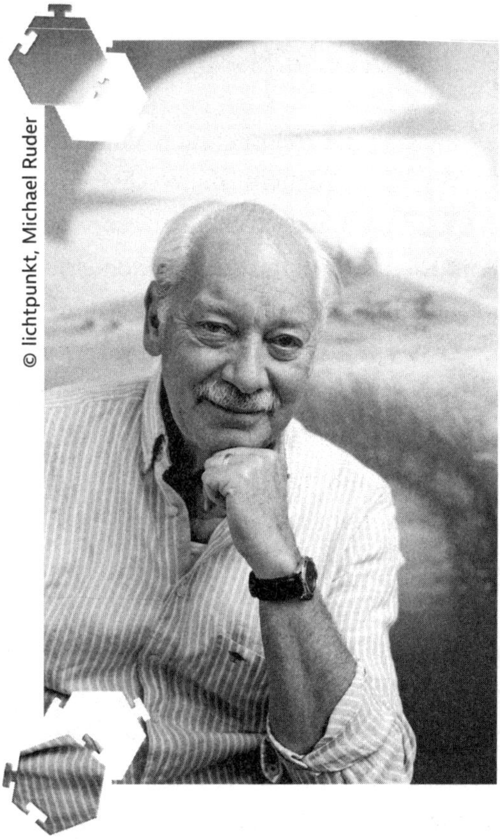

CATAN nehmen würde, das hat auch er sich nicht ausmalen können. Schritt für Schritt hat Klaus eine ganze CATAN-Welt geschaffen, und Axel Meffert und sein Team haben mit diesem breiten Angebot rasch neue Vertriebswege gewonnen, die dann mit weiteren Spielen und Experimentierkästen weiter ausgebaut wurden.

So wurde aus dem CATAN-Verlag ein Verlag mit CATAN, und alles profitiert gegenseitig voneinander. Aber nie hat Kosmos vergessen, was das Herz des Ganzen war und auch bis in die Zukunft bleiben wird: CATAN – DAS SPIEL prägt und profiliert seitdem das Haus, sowohl als Orientierungspunkt für die Spieleprogramme im Inneren als auch als die große strahlende Sonne nach außen.“

NACHWORT – CATAN UND NOCH LANGE KEIN ENDE

Engagierte Spieler überrascht längst nicht mehr, dass vielen erfolgreichen Spielen nach einer Weile Erweiterungen folgen. Und so, wie Tesa, Tempo oder Uhu emblematisch jeweils für eine ganze Produktgattung stehen, werden solche Veröffentlichungen – sicher etwas augenzwinkernd – bisweilen als „schon wieder eine Seefahrer-Erweiterung" klassifiziert. Und das völlig unabhängig davon, um welches Spiel oder um welche Erweiterung es sich handelt. Das kommt nicht von ungefähr, denn der erste durchschlagende Ausbau eines Spiels war nun mal die Seefahrer-Erweiterung für *Catan*.

Kritische Zeitgenossen schmähen Erweiterungen gern als Maßnahmen des Marketings. Im Auge behalten sollte man aber solche Erweiterungen, die einen spielerischen Mehrwert schaffen. Zum Beispiel, wenn der Zusatz die Zahl der Mitspieler verändert oder raffinierte neue Spielmöglichkeiten erschließt.

Plattformstrategien sind nichts Neues. Man kennt sie aus dem Automobilbau. Modelle, die völlig verschieden erscheinen, haben die gleiche technische Grundform. Aus einer Art Baukasten entstehen dann durch Module wie unterschiedliche Antriebe oder Assistenzsysteme andersgeartete Fahrzeuge. *Catan* ist unter anderem auch deshalb bemerkenswert, weil die Grundidee eine wundervolle, ausbaufähige Plattform bietet. Man muss dazu ja nur einen Blick auf die breit gefächerte Palette von Erweiterungen, Zusätzen, Szenarien, eigenständigen Spielen oder Sonderausgaben werfen, die die zum *Catan*-Imperium gehören.

Dass die *Catan*-Plattform so gut funktioniert, liegt natürlich an dem klugen Grundgerüst mit den wabenförmigen Plättchen, die sich zu immer wieder neuer Ausgangslage auslegen lassen, am Tauschen und Verhandeln, am ausgewogenen Zusammenspiel zwischen eigener Planung und den Launen des Würfelglücks – und was noch alles zu den Merkmalen dieses besonderen Spiels zu zählen ist.

Noch wichtiger aber ist, dass dieses Grundgerüst in unseren Zeitgeist passt und sich nahtlos in das Grundmuster unseres Lebens einfügt. Auch wenn es sich immer wieder als mühsames und zähes Unterfangen erweist, so entwickelt sich Europa doch beharrlich in die gleiche Richtung. Der europäische Gedanke enthält alle *Catan*-Elemente. Es gilt, Schranken abzubauen, Grenzen zu öffnen, Straßen, Schienen, Wasserwege, also Verbindungen und Netze durch ganz Europa zu ziehen. Die Bautätigkeit wird nicht einfach unkontrolliertem Wildwuchs überlassen. Handel ist keine von Gier getriebene Einbahnstraße, sondern ein freies und freiwilliges Geben und Nehmen im beiderseitigen Interesse der Partner, um zu einem erfolgreichen Abschluss zu kommen. Dass dabei jeder seine eigenen Strategien und Ziele verfolgt, ist völlig in Ordnung, solange die Balance insgesamt stimmt. Denn Wachstum bringt Wohlstand. Nicht mit der Gießkanne für alle gleich, sondern manchen etwas mehr, anderen, die weniger Glück haben oder nicht ganz so geschickt sind, etwas weniger. Genau wie bei *Catan!* Das ist ja kein butterweiches Wohlfühlspiel, sondern lebt vom spannenden Wettbewerb. Doch trotz der herausfordernden Konkurrenz ist das Geschehen auf ein friedfertiges Miteinander ausgerichtet. Insgesamt gibt es doch immer stetige Verbesserungen für alle.

Kunst und Kultur nehmen häufig langfristige gesellschaftliche Entwicklungen vorweg oder bilden sie ab. *Catan* ist Spiegel und Projektionsfläche zugleich. Spiegel in dem Sinn, dass der langsame, schrittweise Aufbau im Spiel unserem liberalen, mühsamen, den Ausgleich suchenden Weg als zukunftsweisende Lebensform in Demokratie und grenzüberschreitendem Zusammenleben entspricht. Und Projektionsfläche, weil in vielen von uns die Sehnsucht nach einer einsamen Insel steckt. Nach einem neuen Aufbruch, der alles Bisherige hinter sich lässt und mit Vertrauen in die Zukunft eine geheimnisvolle Welt erkundet.

Es ist mittlerweile sehr schwer, einen Überblick über die vielen Erweiterungen, Zusätze, Sonderausgaben, Varianten, Szenarien und kreativen Neuschöpfungen zu behalten, die uns *Catan* beschert hat. Wie schön zu wissen, dass die Möglichkeiten noch immer nicht ausgeschöpft sind und dass noch viele neue Inseln aus dem unendlichen Meer der Vielfalt auftauchen werden, in die wir als Spieler mutig vordringen, um sie zu erkunden.

Siedler, die eine unbekannte Insel entdecken und für sich bewohnbar machen, sind motiviert durch die Hoffnung auf ein friedliches, gesichertes Leben. Wir alle streben nach einem friedlichen, gesicherten Leben. *Catan* ist ein Spiel. Ein symbolträchtiges Spiel der Gesellschaften. Ein Gesellschaftsspiel im wahrsten Sinn des Wortes.

Tom Werneck

CATAN LUDOGRAFIE

2019	CATAN – Sternenfahrer (überarbeite Auflage)	Kosmos Verlag
2019	CATAN – Big Box 2019	Kosmos Verlag
2019	CATAN Junior – Mitbringspiel	Kosmos Verlag
2019	CATAN – Escape Room – Überfall der Barbaren	Escape Events
2019	CATAN – Szenarien für Städte und Ritter – Die Legende der Eroberer	Kosmos Verlag
2018	CATAN – Crop Trust	Kosmos Verlag
2018	A Game of Thrones Catan 5-6 Player Extension	Fantasy Flight Games
2018	CATAN – Der Aufstieg der Inka	Kosmos Verlag
2017	CATAN Hawaii	Kosmos Verlag
2017	A Game of Thrones CATAN: Die Bruderschaft der Nachtwache	Fantasy Flight Games / Kosmos
2017	CATAN – Szenarien für Seefahrer – Die Legende der Seeräuber	Kosmos Verlag
2016	CATAN – Länderszenarien – Polen	Catan GmbH / Kosmos Verlag
2016	CATAN – Big Game Event Kit	Catan GmbH / Kosmos Verlag
2016	CATAN – Big Box 2016	Kosmos Verlag
2015	CATAN – Länderszenarien – Rickshaw Run	Catan GmbH
2015	CATAN Szenarien – Big Game, Big Honor	Catan GmbH
2015	CATAN – Länderszenarien – New York	Catan GmbH
2015	CATAN – Das Duell	Kosmos Verlag
2015	CATAN – Das Spiel – kompakt	Kosmos Verlag
2015	CATAN – Schokoladen Edition	Gamesformotion
2014	Die Siedler von Catan – Hispania Edition	Catan GmbH
2014	CATAN – spezial – World Championship	Catan GmbH
2014	Die Siedler von Catan – Das alte Ägypten	Kosmos Verlag
2014	CATAN Junior	Kosmos Verlag
2013	Die Siedler von Catan – Korsika Edition	Catan GmbH
2013	Catan Geographies – New England	Mayfair
2013	WIEN CATAN	Kosmos Verlag
2013	Catan – Entdecker & Piraten – Ergänzung für 5 und 6 Spieler	Kosmos Verlag
2013	Star Trek Catan – Federation Space	Mayfair
2013	CATAN – Erweiterung – Entdecker & Piraten	Kosmos Verlag
2012	Die Siedler von Catan – Mallorca Edition	Catan GmbH
2012	Die Fürsten von Catan – Goldene Zeiten	Kosmos Verlag
2012	CATAN Szenarien – Beste Freunde	Mayfair
2012	Catan Geographies – New York	Mayfair
2012	Madagascar Catan Junior	Kosmos Verlag
2012	Catan Family Edition	Mayfair

2012	CATAN – Baden Württemberg	Kosmos Verlag
2012	CATAN – Star Trek	Kosmos Verlag
2011	Die Siedler von Catan – Thüringen Edition	Catan GmbH
2011	CATAN – Aufbruch der Händler	Kosmos Verlag
2011	Die Fürsten von Catan – Finstere Zeiten	Kosmos Verlag
2011	CATAN Szenarien – Die Ölquellen	Catan GmbH
2011	Catan Geographies – Penn-Jersey	Mayfair
2011	CATAN – Das schnelle Kartenspiel	Kosmos Verlag
2010	Catan Histories: Settlers of America – Trails to Rails	Mayfair
2010	Die Siedler von Catan – Österreich Edition	Catan GmbH
2010	CATAN – Szenarien – Die Helfer von CATAN	Kosmos Verlag
2010	Die Siedler von Catan – Der Schokoladenmarkt	Kosmos / Ritter Sport
2010	Die Fürsten von Catan	Kosmos Verlag
2010	Catan Geographies – Delmarva	Mayfair
2010	Die Siedler von Catan – Jubiläumsausgabe	Kosmos Verlag
2009	CATAN – Szenarien für Erweiterungen – Schätze Drachen und Entdecker	Catan GmbH
2009	Die Siedler von Catan – Bayern Edition	Catan GmbH
2009	Catan Geographies – Indiana & Ohio	Mayfair
2009	Die Siedler von Catan – Das Würfelspiel XXL	Kosmos Verlag
2009	Die Siedler von Catan – Das Würfelspiel „Extra“	Catan GmbH / Download
2008	Die Siedler von Catan – Nordrhein-Westfalen Edition	Catan GmbH
2008	Die Siedler von Catan – Deutschland Edition	Kosmos Verlag
2008	Catan – Händler & Barbaren – Ergänzung für 5 und 6 Spieler	Kosmos Verlag
2007	Die Siedler von Hessen	Catan GmbH
2007	Die Siedler von Catan – Erweiterung – Händler & Barbaren	Kosmos Verlag
2007	Die Siedler von Catan – Die Kolonien – Jubiläums – Szenario für Seefahrer	Kosmos Verlag
2007	Die Siedler von Catan – Das Würfelspiel „Plus“	Catan GmbH
2007	Die Siedler von Catan – Das Kartenspiel: Künstler & Wohltäter	Kosmos Verlag
2007	CATAN – Das Würfelspiel	Kosmos Verlag
2006	Die Siedler von Catan – Kampf um Rom	Kosmos Verlag
2006	Die Siedler von Catan – Die große Karawane	Catan GmbH
2006	Die Siedler von Catan – Die Fischer von Catan	Edition Spielbox
2006	Simply Catan	SimplyFun Games
2005	Ereignisse auf Catan	Kosmos Verlag
2005	Die Siedler von Catan: Der große Fluss	Catan GmbH
2005	Die Siedler von Catan: Atlantis – Szenarien & Varianten	Kosmos Verlag

2005	Die Siedler von Catan – 3D-Edition	Kosmos Verlag
2003	Die Siedler von Catan – Das Kartenspiel: Barbaren & Handelsherren	Kosmos Verlag
2003	Die Kinder von Catan	Kosmos Verlag
2002	The Settlers of Zarahemla	Inspiration Games
2002	The Settlers of Canaan	Cactus Game Design
2002	Die Siedler von Catan – Travel-Box	Kosmos Verlag
2002	Die Siedler von Catan – Abenteuer Menschheit	Kosmos Verlag
2001	Sternenschiff Catan	Kosmos Verlag
2001	Die Siedler von Catan: Historische Szenarien II	Kosmos Verlag
2000	Die Sternenfahrer von Catan – Ergänzung für 5 und 6 Spieler	Kosmos Verlag
2000	Die Siedler von Catan: Das Buch zum Spielen	Kosmos Verlag
2000	Die Fürsten der Völker	Kosmos Verlag
2000	Die Siedler von Catan: Das Buch zum Spielen	Kosmos Verlag
1999	Die Sternenfahrer von Catan	Kosmos Verlag
1999	Die Siedler von Nürnberg	Kosmos Verlag
1998	Catan – Städte & Ritter – Ergänzung für 5 und 6 Spieler	Kosmos Verlag
1998	CATAN – Erweiterung – Städte & Ritter	Kosmos Verlag
1998	Die Siedler von Catan: Historische Szenarien I	Kosmos Verlag
1998	Die Siedler von Catan – Das Kartenspiel: Zauberer & Drachen	Kosmos Verlag
1998	Die Siedler von Catan – Das Kartenspiel: Wissenschaft & Fortschritt	Kosmos Verlag
1998	Die Siedler von Catan – Das Kartenspiel: Ritter & Händler	Kosmos Verlag
1998	Die Siedler von Catan – Das Kartenspiel: Politik & Intrige	Kosmos Verlag
1998	Die Siedler von Catan – Das Kartenspiel: Handel & Wandel	Kosmos Verlag
1997	Catan – Ergänzung für 5 und 6 Spieler – Seefahrer	Kosmos Verlag
1997	Die Siedler von Catan – Das Kartenspiel: Das Turnier-Set	Kosmos Verlag
1997	CATAN – Erweiterung – Seefahrer	Kosmos Verlag
1996	Die Siedler von Catan -Das Kartenspiel: Das Turnier-Set	Kosmos Verlag
1996	CATAN – DAS SPIEL – Ergänzung für 5 und 6 Spieler	Kosmos Verlag
1995	CATAN – Das Spiel (ehemals Die Siedler von Catan)	Kosmos Verlag

REGISTER